宁春生 主编

智慧农业
苏州实践

苏州市农业农村局
苏州乡村振兴研究院 编

苏州大学出版社
Soochow University Press

图书在版编目(CIP)数据

智慧农业苏州实践 / 苏州市农业农村局，苏州乡村振兴研究院编；宁春生主编. -- 苏州：苏州大学出版社, 2024. 8. -- ISBN 978-7-5672-4739-0

Ⅰ. F327.533

中国国家版本馆 CIP 数据核字第 2024U9U431 号

书　　　名：	智慧农业苏州实践 ZHIHUI NONGYE SUZHOU SHIJIAN
主　　　编：	宁春生
编　　　者：	苏州市农业农村局　苏州乡村振兴研究院
策划编辑：	刘　海
责任编辑：	刘　海
装帧设计：	吴　钰
出版发行：	苏州大学出版社(Soochow University Press)
出 品 人：	蒋敬东
社　　　址：	苏州市十梓街1号
邮　　　编：	215006
印　　　刷：	苏州工业园区美柯乐制版印务有限责任公司
网　　　址：	www.sudapress.com
E - mail：	liuwang@ suda.edu.cn　　QQ：64826224
邮购热线：	0512-67480030
销售热线：	0512-67481020
开　　　本：	787 mm×1 092 mm　1/16　印张：20　字数：349 千
版　　　次：	2024 年 8 月第 1 版
印　　　次：	2024 年 8 月第 1 次印刷
书　　　号：	ISBN 978-7-5672-4739-0
定　　　价：	98.00 元

凡购本社图书发现印装错误，请与本社联系调换。服务热线：0512-67481020

《智慧农业苏州实践》编委会

主　　编：宁春生

副 主 编：王　纯　袁中金

编委会成员：(按姓氏笔画排序)

王志丰　王国锋　冯瑞兴　朱烨宁

任志强　刘好丽　李　刚　李　俊

李跃文　张育馨　张瑜洋　陆明敏

陆健龙　陈东海　范建设　尚正永

周　行　周予迪　柳玉梅　侯爱敏

庾美夏　蒋荣隽　蒋澄刚

前 言

国际经验证明，智慧农业改革是一把双刃剑，既有潜力全面赋能农业、农村和农民，也时常通过造成"数字鸿沟"拉大贫富差距、造成社会问题，并可能由于技术至上主义带来生态环境破坏等不良后果。随着智慧农业改革从试点引路走向全面推广，如何在实践中降低试错成本，高效、低碳、可持续地推进智慧农业改革，不仅需要操作层面的经验，更需要理念和价值观的指引。

苏州智慧农业改革起步早、起点高、成效突出，并于 2020 年 2 月获批为首批智慧农业国家试点，为探索改革的实现路径和实现形式积累了丰富的经验，初步揭示了智慧农业在促进农业、农村、农民现代化进程中的巨大潜力。在我国智慧农业从试点引路走向全面发展的关口，对苏州智慧农业改革试点经验进行总结、提炼和示范推广具有重要意义。因此，苏州市农业农村局组织精兵强将编写了《智慧农业苏州实践》一书。该书全方位展现了苏州智慧农业改革的总体方案设计和大量场景、品牌、基地、标准的建设实践，从理论和实践两个层面总结了苏州智慧农业推进农业农村现代化的鲜活经验，目的是让后发地区的智慧农业改革享受到追随式创新的红利，降低成本和门槛，提高效率和效益。

本书有以下三个特点。

一是实践基础深厚。苏州农业农村发展一直走在前面，是智慧农业国家试点的深厚基础，也是本书写作的重大背景。改革开放以来，苏州一直是全国农村改革发展的典型，自 2011 年被列为全国农村改革试验区以来，苏州共承担了 21 项国家级改革试点任务，基本形成了城乡融合发展的体制机制和政策体系。2014 年，苏州启动了农业信息化"三年行动"。2016 年和 2017 年，全国"互联网+"现代农业工作会议连续两次在苏州召开。2019 年，苏州在全国率先发布农业农村现代化指标体系。自 2020 年 2 月苏州获批智慧农业国家试点以来，苏州智慧农业改革试点任务有序推进，成效突出，取得了十分丰富的经验，也得到了多方的高度肯定。

二是研究视角独特。随着现代信息技术在农业领域的广泛应用，以智慧农业为表现形态的农业智能革命已经到来。近年来，各地智慧农业试点蓬勃发展，也有一些针对试点经验和操作经验的研究总结。然而，技术没有善恶，成效只存在于外部。如果不从全局战略层面、遵循一定的价值观与理念看待和指引智慧农业这一影响深远的改革，轻则大量投入效益低下，重则可能带来建设性破坏。本书将智慧农业改革实践纳入农业农村现代化宏伟图景，基于对苏州实践的深度调研和系统思考，全面、生动地展示了智慧农业改革对推动农业现代化、农村现代化、农民现代化的赋能作用，使针对战术层面的研究有了更加坚实的理念和价值观标尺，为智慧农业研究提供了独特视角。

三是成果价值较高。 本书通过理论探索与案例解析，总结智慧农业助力苏州农业农村现代化的理论、规律和经验，填补了智慧农业领域相关研究的诸多空白，其价值突出体现在理论和实践两个方面。首先，智慧农业目前还缺少理论指导，从农业农村现代化的高度对苏州这样的先行先试地区的多年实践进行理论总结，对智慧农业理论的发展具有重要价值，同时也是对农业农村现代化理论的丰富；其次，本书总结了苏州智慧农业实践中行之有效的效能化驱动、一体化推进、标准化指引、平台化服务、全链化发展、多元化参与、特色化集成、品牌化示范、园区化建设和精准化激励等可资推广的经验，并单列一篇，将苏州智慧农业6大生产场景和9个各具特色的智慧农村示范村案例进行了生动具体的深入剖析，可以让读者直观"触摸"到苏州智慧农业实践的具体做法、可喜成效和成功秘诀，相当于为读者提供了一份操作指南，有利于减少后发地区摸着石头过河的试错成本。

总体而言，本书既可供智慧农业相关从业人员、智慧农业管理者及研究者阅读和参考，也可作为高等院校智慧农业相关专业的参考书。

最后，衷心感谢全程参与苏州智慧农业改革实践的相关工作人员，让我们能够走进可观、可感、可触、可及的新时代鱼米之乡智慧农业现实图景。

目录

导　言 …………………………………………………………………… 001

上篇　理论总结篇 ……………………………………………………… 003

　第一章　苏州智慧农业改革试点的实践 …………………………… 005

　　一、苏州智慧农业改革试点的基本情况 ………………………… 005

　　二、苏州智慧农业改革试点的总体设计 ………………………… 006

　　三、苏州智慧农业改革试点的工作进展 ………………………… 012

　第二章　苏州智慧农业推动农业现代化的成效 …………………… 018

　　一、农业现代化及其在我国的推进 ……………………………… 018

　　二、苏州智慧农业助推农业产业体系现代化的成效 …………… 023

　　三、苏州智慧农业助推农业生产体系现代化的成效 …………… 027

　　四、苏州智慧农业助推农业经营体系现代化的成效 …………… 030

　第三章　苏州智慧农业推动农村现代化的成效 …………………… 035

　　一、农村现代化及其在我国的推进 ……………………………… 035

二、苏州智慧农业推进农村人居环境现代化的成效 …………… 038

三、苏州智慧农业推进乡村治理现代化的成效 ………………… 045

第四章 苏州智慧农业推动农民现代化的成效 ………………… 053

一、农民现代化及其在我国的推进 ………………………………… 053

二、苏州智慧农业推进农民生产方式现代化的成效 …………… 057

三、苏州智慧农业推进农民生活方式现代化的成效 …………… 062

四、苏州智慧农业推进农民思想观念现代化的成效 …………… 064

中篇 经验总结篇 ……………………………………………………… 069

第五章 效能化驱动 ……………………………………………………… 071

一、智慧农业发展的效能目标 …………………………………… 071

二、苏州智慧农业发展的效能目标设定及其相关部署 ………… 074

三、苏州智慧农业发展的效能实现结果 ………………………… 075

第六章 一体化推进 ……………………………………………………… 082

一、智慧农业"三农"一体化推进的理论和政策依据 ………… 082

二、苏州智慧农业"三农"一体化推进的实践经验 …………… 083

第七章 标准化指引 ……………………………………………………… 087

一、标准化指引的内涵与意义 …………………………………… 087

二、国家智慧农业相关标准的推进情况 ………………………… 088

三、苏州智慧农业标准的建设实践 ……………………………… 090

四、苏州智慧农业标准的特点 …………………………………… 092

目录

第八章 平台化服务 ·················· 094
 一、平台化及其价值 ·················· 094
 二、苏州智慧农业农村平台化服务的总体架构 ·················· 097
 三、苏州智慧农业农村平台化服务的作用 ·················· 103

第九章 全链化发展 ·················· 108
 一、全链化及其必要性 ·················· 108
 二、苏州智慧农业全链化发展的总体特点 ·················· 110
 三、苏州智慧农业全链化发展的作用 ·················· 113

第十章 多元化参与 ·················· 116
 一、多元化参与及其相关政策 ·················· 116
 二、苏州智慧农业发展中对多元参与的激励 ·················· 117
 三、苏州智慧农业农村参与主体及其发挥的作用 ·················· 118

第十一章 特色化集成 ·················· 126
 一、以1个通用基础模块确保共性技术支撑和均等服务 ·················· 127
 二、以N个服务自选模块激发基层自主性 ·················· 128
 三、以X个特色产业模块实现千村千面 ·················· 129
 四、小结与理论思考 ·················· 131

第十二章 品牌化示范 ·················· 132
 一、农业品牌化的内涵、意义与政策 ·················· 132
 二、苏州智慧农业品牌化示范的独特性 ·················· 134
 三、苏州智慧农业品牌化示范案例 ·················· 135

第十三章　园区化建设 ·················· 146
一、智慧农业园区化建设的优势分析 ·················· 146
二、苏州智慧农业的园区化发展概况 ·················· 147
三、苏州智慧农业园区化发展典型案例 ·················· 148

第十四章　精准化激励 ·················· 152
一、激励对象精准化 ·················· 152
二、激励环节精准化 ·················· 156
三、激励方式精准化 ·················· 161

下篇　未来思考篇 ·················· 165

第十五章　基于苏州实践的智慧农业发展思考 ·················· 167
一、苏州智慧农业实践反映出的共性问题 ·················· 167
二、基于苏州智慧农业实践的全局思考 ·················· 172

案例篇 ·················· 181

第十六章　智慧农场（大田）生产场景案例 ·················· 183
一、基本情况 ·················· 183
二、生产销售智慧化 ·················· 185
三、管理决策智慧化 ·················· 187
四、产出效益 ·················· 188
五、创新与规划 ·················· 189

目录

第十七章　智慧牧场（生猪）生产场景案例 …… 190
一、基本情况 …… 190
二、生产过程智慧化 …… 191
三、决策管理智慧化 …… 193
四、产出效益 …… 194
五、创新与规划 …… 195

第十八章　智慧渔场生产场景案例 …… 196
一、基本情况 …… 196
二、生产销售智慧化 …… 198
三、管理决策智慧化 …… 202
四、产出效益 …… 204
五、创新与规划 …… 206

第十九章　智慧菜园生产场景案例 …… 207
一、基本情况 …… 207
二、生产销售智慧化 …… 208
三、管理决策智慧化 …… 210
四、产出效益 …… 211
五、创新与规划 …… 212

第二十章　智慧园艺生产场景案例 …… 214
一、基本情况 …… 214
二、生产销售智慧化 …… 215

三、管理决策智慧化 ··· 219

四、产出效益 ··· 220

五、创新与规划 ·· 221

第二十一章　智慧农村示范村典型案例 ······························ 224

一、一个苏州特色智慧农村案例的完整剖析：吴中区临湖镇
牛桥村 ·· 224

二、治理精准化亮点案例 ······································ 233

三、服务均等化亮点案例：吴江区黎里镇元荡村 ············ 240

四、产业数字化亮点案例 ······································ 243

附录：苏州市地方标准（DB 3205） ································ 249

"三农"问题自中华人民共和国成立以来就一直存在,在20世纪90年代中期以后受到持续关注。党的十八大以来,以习近平同志为核心的党中央坚持把解决好"三农"问题作为全党工作的重中之重,一直紧抓不放。党的十九大报告首次提出了"加快推进农业农村现代化"的思想,把过去单纯的农业现代化概念拓展到"三农"领域,并对如何推进农业农村现代化做出总体安排和部署,将全面实现农业强、农村美、农民富作为全面实现农业农村现代化的重要标志和乡村全面振兴的根本目标。此后,在全社会努力下,我国农业农村现代化目标越来越明确,部署越来越具体,路径也越来越清晰。其中,智慧农业和智慧农村发展成为实现农业农村现代化的重要抓手。

智慧农业与智慧农村,通俗地讲就是将互联网、大数据、物联网、人工智能等现代化技术与农业农村发展深度融合应用,以信息数据为核心要素,实现农业农村智能感知、精准投入、及时决策、智慧控制等智慧化操作,集约化利用土地、资金、人才等要素,提高农业生产效率效益和竞争力,优化乡村治理,实现产业结构升级、产业组织优化和产业创新方式变革,提升资源利用率、劳动生产率和经营管理效率。在发展演变过程中,人们经常用"数字农业""数字乡村"等名词来描述智慧农业与智慧农村,它们在侧重点上略有不同。为方便表述,下文统一用"智慧农业"来指代农业、农村领域的智慧化。基于智慧农业推动农业农村现代化的巨大潜力,我国高度重视智慧农业的发展,先后印发《乡村振兴战略规划(2018—2022年)》《数字乡村发展战略纲要》《数字农业农村发展规划(2019—2025年)》《关于开展国家数字乡村试点工作的通知》等文件并连续多年在中央一号文件中做出系统部署。然而,国际上对于智慧农业发展效应的研究并非都是正面的结论,也有很多研究发现,如果在发展模式上不对智慧农业加以引导,很容易带来"数字鸿沟",导致边远乡村、边缘群体在发展中被时代"抛弃",拉大贫富差距和区域差距,对农业农村现代化产生负面效应。此外,对于智慧农业这类投资大、涉及面广、影响深远的改革而言,由于缺乏先例可循,绕不开"摸着石头过河"的试错过程,"学费"难免高昂。

因此，我国自2020年开始，先后在多地开展智慧农业试点示范工作，试图以点带面，稳步推进全国范围内智慧农业建设，进而加快实现农业农村现代化。其中，苏州以自身的优越条件入选第一批智慧农业国家试点地区，苏州下辖的张家港市入选第一批国家数字乡村试点地区。

苏州地处我国东南沿海发达地区，其农业农村现代化长期在全国居于引领和示范地位。1983年，正是苏州农村的小康实践让邓小平同志由衷赞叹"小康有希望"，也使全国人民坚定了实现小康的信心。2009年，习近平总书记在苏州调研时指出，"像昆山这样的地方，包括苏州，现代化应该是一个可以去勾画的目标"。2023年3月，习近平总书记在参加江苏代表团审议时进一步指出，江苏要"在推进农业现代化上走在前"。2023年7月，习近平总书记亲临苏州考察，对苏州做出了"在传统与现代结合上做得很好"的肯定。因此，苏州不仅有条件、有基础率先实现农业农村现代化，还有义务率先探索出农业农村现代化的有效途径、具体做法和制度规则，为全国闯路子、做榜样、出经验。

在智慧农业发展领域，苏州也走在全国前列。2020年2月，苏州获批智慧农业国家试点之后，全市上下高度重视，始终牢记习近平总书记关于"试点目的是探索改革的实现路径和实现形式，为面上改革提供可复制可推广的经验做法"的指示，积极发挥"侦察兵""实验田"作用，在实践中不断优化改革方案，寻找规律，为改革的整体推进积累经验。三年来，苏州市抢抓智慧农业国家改革试点机遇，制定了《苏州市智慧农业改革试点工作实施方案（2020—2022年）》，明确了5大项19条具体试点任务，重点围绕布局改革试点"一盘棋"、构建智慧生产"一条链"、打造生产经营"一品牌"、搭建数字管理"一朵云"、建设惠民服务"一平台"、集聚产业发展"一载体"，截至2023年年底，全市数字农业农村发展水平达73.92%。在基本完成改革设定任务的同时，随着改革的推进，苏州智慧农业试点不仅为我国其他地区发展智慧农业积累了丰富的经验，还初步展示出智慧农业在促进农业、农村、农民现代化进程中的巨大潜力。

最大的浪费是经验的浪费。在我国智慧农业从试点引路走向全面发展的关口，对苏州智慧农业改革试点经验进行总结、提炼和示范推广，可以让后发地区的智慧农业改革享受到追随式创新的红利，降低成本和门槛，提高效率和效益，这也是本书的写作初衷。

上 篇
理论总结篇

第一章　苏州智慧农业改革试点的实践

2020年2月25日，农业农村部政策与改革司复函江苏省农业农村厅，同意苏州市农村改革试验区开展智慧农业试点试验任务，这标志着苏州正式获批智慧农业国家试点。农业农村部在复函中明确要求，苏州市要加大智慧农业发展体制机制和政策制度创新力度，推动试点试验工作取得有效成果。本章围绕试点的基础、原则、目标任务、试点内容与具体工作进展对苏州三年来的试点实践进行概述，以使读者对苏州试点的总体情况有个全面了解。

一、苏州智慧农业改革试点的基本情况

苏州市是长江三角洲重要的中心城市，以及著名的鱼米之乡和江南水乡，全市区域面积为8657.32 km²，下辖张家港、常熟、太仓、昆山4个县级市，吴江、吴中、相城、姑苏4个区，以及苏州工业园区和苏州高新区（虎丘区）。截至2022年年末，苏州全市常住人口为1291.1万人，实现地区生产总值23958.34亿元，一般公共预算收入2329.2亿元，全市常住居民人均可支配收入70819元，其中城镇常住居民人均可支配收入79537元，农村常住居民人均可支配收入43785元，为全国城乡收入比最小的地区之一。2022年，全市农作物播种面积为210600 km²，实现农、林、牧、渔业总产值351.1亿元。依托水网密布的河湖，苏州鱼、虾、蟹等水产养殖面积大；蔬菜种植面积总体不大，但种类丰富；猪、牛、羊、禽类的养殖规模皆不算大。

作为国家电子信息产业基地、国家高技术产业基地，苏州拥有智慧农业发展的有力技术支撑。早在2014年，苏州就启动了农业信息化三年行动。2016年和2017年，全国"互联网+"现代农业工作会议连续两次在苏州召开，苏州的现代农业工作得到了时任国务院副总理汪洋同志的高度肯定。到2019年，苏州全市已建成智能化设施种养基地100多个，面积超过7.5万亩，创建省级农业信息化示范单位18个，认定市级"智慧农业"物联网技术应用型示范基地（企业）31个；农业企业探索推动"互联网+"与农产品种养、加工、保鲜、仓储、配送、质量监管等融合发展，全市农产品电商企业超过2000家，农业电子商务销售额达到48.67亿元；农村信息服务新模式快速拓展，信息进村入户快速推

进，农业公益服务、便民服务、电子商务服务、培训体验服务等功能不断增强；全市和各市（区）智慧农业的信息服务平台基本搭建完成，信息服务体系基本健全，信息数据资源日渐丰富，农业监管网络持续完善。良好的信息化基础，为2020年苏州市获批智慧农业国家试点奠定了坚实的技术和应用基础。

苏州市十分重视发展现代农业，到2022年年底，全市"三高一美"（高标准农田、高标准蔬菜基地、高标准池塘和美丽生态牧场）建设基本实现全覆盖，主要粮食作物耕种收综合机械化率达97.6%，绿色优质农产品比重达75.4%。全市共有75个市级以上农业园区，农业园区建成面积比例达86.3%。然而，随着城市化、工业化进程的加快，苏州农业生产所需的资源要素日趋减少，农业发展空间不断缩小，农业生产成本不断攀升，农产品利润提升困难。同时，社会对农业的生态要求、保供需求在日渐提高，苏州农业发展面临新的关口和转折点。发展智慧农业是苏州突破资源要素瓶颈、实现农业农村现代化的必然选择。发展智慧农业，有望为苏州农业切实转变发展方式、向科技应用要效益、走内涵扩大再生产之路探出新路子，也为农业的低碳、绿色、高端化发展提供了可能。

二、苏州智慧农业改革试点的总体设计

为更好地落实智慧农业国家试点任务，苏州市秉承顶层设计与基层创新相结合的理念，在2020年10月出台了《苏州市智慧农业改革试点工作实施方案（2020—2022年）》（以下简作《智慧农业试点方案》）。随着试点工作的推进，人们发现智慧农业改革试点离不开数字乡村建设的配合，因此在2021年5月和2022年7月又先后出台了《苏州市数字乡村建设实施方案》（以下简作《数字乡村建设方案》）、《关于"十四五"深入推进农业数字化建设的行动方案》。这些规划与实施方案，以实施乡村振兴战略行动计划为统揽，统筹考虑智慧农业、农村、农民发展，将全市智慧农业改革试点工作纳入"一盘棋"，遵循政府统领与市场主导、需求导向与突出实效、突出重点与全面推广、整合资源与协调共享等原则，既明确了试点目标、任务与具体内容，又为基层创新充分留出了弹性空间。

（一）试点目标

《智慧农业试点方案》在聚焦农业智慧化发展目标的同时，明确把助推农业

农村现代化作为总目标统揽全局,并将创新惠及农民的体制机制作为核心目标之一,且在具体目标中对智慧农村、惠及农民等提出了具体的建设目标和任务,因此,可以说,《智慧农业试点方案》是一个"三农"一体的行动方案。《智慧农业试点方案》结合国家智慧农业改革试点任务,提出了一系列体制机制改革目标,如建立涉农数据采集与共享工作机制、农业农村信息平台整体互联机制、数字技术与生产经营融合推进机制、"创新链+产业链"双向融合机制,创新构建"政府部门引导+社会企业参与+涉农主体共建共享"建设运营模式等,并在生产经营、管理决策、服务应用和智慧农业产业化四个方面提出了具体目标和指标。

1. 生产经营信息化

《智慧农业试点方案》提出,要率先从突破全产业链的角度解决产业数字化的途径、技术、平台和政策问题,形成全产业链的智慧农业生产模式,创设鼓励企业参与智慧农业生产经营的政策体系,培育智慧农业龙头企业,培养智慧农业专业队伍,创新鼓励生产经营主体共建共享工作机制。到2022年,高水平建成智慧农业示范生产场景10个,培育智慧农业品牌10个。

2. 管理决策数字化

《智慧农业试点方案》提出,要研究制定全市统一的农业农村信息资源标准体系,建立涉农信息采集与共享工作机制,构建跨领域、跨部门、跨层级的信息互联互访制度。到2022年,建成农业农村基础数据中心和农业农村云平台。

3. 服务应用智慧化

《智慧农业试点方案》提出,要创建服务农业、普惠农民、覆盖农村的服务应用智慧化新模式,到2022年,围绕农业主导产业建成全产业链专家服务系统,打造15个以"集成+特色"为主的"智慧农村"示范村,率先构建以农民需求为导向的农业农村信息服务模式,制定"智慧农村"云服务框架体系。值得指出的是,《智慧农业试点方案》专门把创新惠及农民体制机制作为服务应用智慧化的重要目标,并且还明确了智慧农村的建设任务,"三农"一体推进的思路非常清晰。

4. 智慧农业产业化

《智慧农业试点方案》提出,要强化关键技术装备创新和产业园区建设,形成现代农业产业园智慧化升级规范,构建智慧农业产业化"苏州方案",为率先基本实现农业农村现代化提供有力支撑。到2022年,打造昆山智慧农业技术和装备产业集群示范园、吴中长三角智慧农业产业示范园。

通过在实施中不断总结经验,这些目标在2021年发布的《数字乡村建设方案》中逐渐扩展到农业农村现代化的各个领域,包含了乡村信息基础设施、智慧农业赋能、乡村数字治理提档、信息技术惠民便民、城乡数字融合,更加系统、全面地体现出"三农"一体的鲜明特征。

(二) 试点任务

试点方案围绕"一中心一平台四体系",系统部署了6个领域的具体试点任务。

1. 建设全域联通的"一中心一平台"

——建设农业农村基础数据中心。对分散的农业农村数据进行自动采集、清洗、汇总、治理,建立并完善农业农村基础数据库、主题数据库、产业链数据库和空间资源数据库,完成数据实时交换共享,对各类数据进行深化处理;建立关联分析模型,结合 GIS 技术进行可视化呈现,实现"三高一美"一张图、农业数据资源一张图、农村集体资产一张图;实现数据中心安全、稳定、高效和可更新。

苏州市农业农村云平台用户登录界面

——建设农业农村云平台。利用互联网、大数据、"3S"[全球定位系统(global positioning system)、地理信息系统(geographic information system)、遥感技术(remotesensing)]、物联网、区块链、虚拟现实等技术,以农业农村基础数据中心为依托,以试验区各条线、各板块、各部门应用系统为基础,实现以下目标:建立自主可控、面向服务、开放式的多层体系架构;拥有强大的数据展示、分析和决策支持能力;将现有应用系统纳入云平台进行统一治理,与农业农村基础数据中心进行集成;与主要智慧农业场景、服务模块、智慧农村时态互通,确保长期运营的安全性和可更新性;畅通与市区农业农村大数据的接口。

2. 建立政府、企业、农户联动的智慧农业生产经营体系

创新鼓励生产经营主体共建共享工作机制,依托现代农业园区、"三高一

美"示范基地、"智慧农业"示范基地,建立覆盖生产、加工、流通、销售全产业链的智慧农业应用场景,实现农业生产场景在线化、可视化,生产流通过程全程可追溯。

——打造智慧农场生产场景。围绕稻、麦等粮食作物生产,运用高空近地空遥感、智能算法、云计算、5G等数字技术手段,辅以无人机、物联网等设施装备,构建天、空、地一体化农业智慧大脑的技物支撑场景;开展实时采集与自动上传地力墒情、苗情长势、病虫害发生等农情信息,打通耕、种、管、收全程信息数据流,建立以数据为核心的智能化生产决策体系。

——打造智慧渔场生产场景。以大闸蟹为主要养殖品种,利用环境监控、智能增氧、自动精准投喂、水下机器人等设备,实现监测预警、环境分析、密度分析、产量预测,建立水产品质量安全可追溯体系。

——打造智慧牧场生产场景。以生猪为主要养殖品种,实时监测猪舍内的温度、二氧化碳浓度、氨气浓度等环境指标,实现饲养环境自动调节;引进自动称量、精准上料、自动饮水、自动粪污处理等技术与设备,实现精准饲喂与管理,同步实现养殖档案、质量追溯、粪污消纳与无害化处理等信息共享。

——打造智慧菜园生产场景。利用各类传感器实时监测土壤等生产要素、气温等环境因子,结合图像识别和专家系统,实现常见病虫害自动诊断和防治。依托作物生长模型和物联网管理系统,在生产、流通等环节实现水肥一体化循环、自动定植、自动采收、自动消毒、产品溯源管理等操作,构建自动化蔬菜生产系统,实现集约、高产、高效、优质、生态和安全的目标。

——打造智慧园艺生产场景。围绕花、果、茶产业,积极开展基于人工智能和大数据的自动化装备应用。通过无人机、机器人对植株进行全方位、多角度的数据采集和大数据分析,引导智能装备实现病虫害防治、采摘、田间管理等操作,辅以溯源系统、物联网管理系统和水肥一体化智能灌溉系统,推进园艺智慧生产管理和园艺智能化技术装备发展,打造智慧花园、智慧果园、智慧茶园等现代化产业发展模式。

——培育智慧农业品牌。在农业电商、智慧农业装备、智慧农场、智慧农业研发等领域培育10个知名品牌。

苏州市部分智慧农业品牌

——创新智慧农业生产经营运营模式和政策机制。从全产业链角度解决产业数字化的途径、技术、平台和政策问题；制定并实践鼓励企业参与智慧农业生产经营的政策体系；探索农业品牌与智能化生产基地、农场低成本精准对接的机制；制定并实施苏州市智慧农业企业培育政策、智慧农业财政金融政策等。

3. 建立多元参与的智慧农业管理决策体系

创新平台运营机制，依托"一中心一平台"构建 N 个应用，通过云计算、大数据、智能分析等技术，辅助政府部门、新型农业生产经营主体进行管理决策。实现农业农村管理决策数字化和数据的共建共享、互联互通。

——建立农业农村管理决策支持技术体系。依托农业农村基础数据资源体系，利用大数据分析、挖掘和可视化等技术，建立相关知识库、模型库，开发大田种植、设施园艺、畜禽养殖、特色水产等功能模块，为市场预警、政策评估、行政监管等的决策提供支持服务，推进管理服务线上与线下相结合，促进数据融合和业务协同，提高宏观管理的科学性。

——建设农产品质量安全智慧监管系统。围绕水稻、蔬菜、茶叶、大闸蟹等特色品种建设农产品质量安全智慧监管系统，完成主要规模种养企业和农资门店的智慧监管软硬件设施建设，开发农用投入品优选安全管理模块，基本实现模式统一、数据共享的主要农产品、主要生产主体质量安全智慧监管体系。

——创新平台建设运营模式、政策和机制。探索跨领域、跨部门、跨层级的信息系统互联互访制度和涉农数据采集与共享工作机制；创新构建"政府部门引导+第三方承建"的建设运营模式；探索效果付费机制的应用，确保平台长效运转；制定农业农村基础数据中心信息资源标准体系和建设规范。

4. 建立普惠农民的智慧农业服务应用体系

创新惠及农民体制机制，围绕"四个百万亩"主导产业，选择精品村、特色村和康居村，建立智慧农业和智慧农村服务体系，实现农业农村服务应用智慧化。

——建立全产业链专家服务系统。构建水稻、特色蔬菜、茶果、渔业、生猪等5条智慧农业服务系统，建立专家知识库，采用视频、图像、文字、语音识别等多种形式，提供病虫害预警预报、智能诊断、分析防治等服务。

——创新智慧管理服务模式、政策和机制。制定并实施水稻、特色蔬菜、茶果、渔业、生猪等服务系统的开发和使用规范，探索惠及农民的长效机制；依托益农信息社等建立服务阵地，整合各项资源，提升农业农村信息化服务能力，构建以农民需求为导向的农业农村信息服务模式，制定并实施"智慧农村"云服务框架体系；制定苏州市智慧农村建设规范和标准。

5. 建立创新与创业融合的智慧农业产业发展体系

创新示范载体体制机制，引进国内外先进智慧农业资源，建设一批可示范、可复制、可推广的智慧农业创新示范载体，打造智慧农业产业园"苏州样板"。

——建设智慧农业装备集群示范园。探索"创新链+产业链"双向融合机制，依托中国农业科学院农业环境与可持续发展研究所下属企业北京中环易达设施园艺科技有限公司，鼓励打造长三角智慧农业产业技术创新联盟、昆山智慧农业技术和装备产业集群示范园。

昆山陆家未来智慧田园

——建设智慧农业技术集成示范园。探索现代农业园区智慧化升级路径，鼓励建设吴中长三角智慧农业产业示范园、吴江区智慧农业产业示范园，并将其打造成全市智慧农业技术先行区、产业集聚区和企业孵化区。

吴江国家现代农业产业园　　　　吴江国家现代农业产业园（同里核心区）

——建设智慧农业科技创新示范园。依托深圳大疆农业服务运营平台，鼓励建设苏州高新区通安大疆无人机农业示范园，并将其打造成"天空地"一体化智慧农业监测、无人机飞防、物联网、区块链支撑的智慧农业科技创新示范区。

——创新示范载体集成体系和政策。制定并实施智慧农业产业园建设政策，形成现代农业产业园智慧化升级的规范和方案。

三、苏州智慧农业改革试点的工作进展

自试点工作启动以来，苏州市密切围绕目标任务，统筹协调"三农"工作在生产、经营、管理、服务等环节的数字化、智慧化进程，在各项改革任务领域均取得丰硕成果，如"苏州市智慧赋能激发农业农村发展内生动力"项目入选农业农村部《2021年农村改革试验区改革实践案例集》，专题纪录片《改革赋能 智慧兴农》在央视"中央新影发现之旅"频道《神州纪实》栏目播出，张家港市入选首批国家数字乡村试点地区，昆山市、常熟市、吴江区获评"2021全国县域农业农村信息化发展先进县"。

（一）改革试点"一盘棋"持续深化

市级层面，在《智慧农业试点方案》和《数字乡村建设方案》等的指引下，出台智慧农业、乡村人才、农业园区、无人农场等方面的支持政策，制定智慧

农场、智慧牧场、智慧渔场、智慧菜园、智慧园艺、智慧农村等的建设与评价标准，保障试点工作顺利进行。

县级市（区）层面，先后出台各县级市（区）智慧农业试点工作实施方案、数字乡村建设实施方案等，积极探索布局县（区）试点改革"一盘棋"。其中，张家港市制定《张家港市数字农业农村发展三年行动计划》，系统推进乡村基建、产业、治理、服务数字化转型，明确提出到2023年，全市完成数字农业农村三年发展计划建设任务，完成智慧型现代农业示范基地、智慧农村示范村、农业农村一体化平台建设，建成农业农村专题数据库，培育两个全产业链智慧农业品牌，基本形成数字农业农村治理、产业、发展体系。昆山市编制《2022年昆山市数字乡村建设工作要点》，根据昆山市数字经济建设的总体部署要求，充分发挥信息技术在乡村经济社会发展中的重要作用，以乡村新基建、智慧农业、乡村数字治理、信息便民服务和城乡数字融合为主要抓手，推动农业强、农村美、农民富的新时代数字乡村建设。吴江区制定《苏州市吴江区智慧农业农村试点建设实施方案》和《苏州市吴江区数字乡村建设实施方案》，全面推动吴江区数字农业农村发展。在此基础上，吴江区进一步加大扶持力度，将智慧农业农村建设列入《苏州市吴江区高质量发展产业政策的若干实施意见（修订）》，单一项目奖补最高可达100万元。

（二）智慧生产"一条链"初步成形

苏州市通过持续推动新技术融合发展，加速农业生产数字化改造，加快技术集成应用示范，构建覆盖生产、加工、流通、销售全产业链的智慧农业应用场景，打造涵盖智慧农场、智慧牧场、智慧渔场、智慧菜园、智慧园艺的全产业链智慧农业示范生产场景57个，其中，智慧农场生产场景10个、智慧菜园生产场景12个、智慧园艺生产场景11个、智慧渔场生产场景12个、智慧牧场生产场景4个，实现农业生产场景在线化、可视化及生产流通过程全程可追溯，解决农业产业数字化、智慧化的途径、技术、平台和政策等关键问题。在此基础上，建设全产业链专家服务系统，构建包括水稻、特色蔬菜、茶果、渔业、生猪等在内的智慧农业服务系统，提供预警预报、病虫害智能诊断、分析防治等全链条服务。

（三）生产经营"一品牌"优势彰显

苏州市通过实施智慧农业品牌化战略，在农业电商、智慧农业装备、智慧农场、智慧农业研发等领域培育了"布瑞克""大域无疆""食行生鲜""太湖雪""天狼月季"等30个智慧农业品牌（表1-1），其中，生产型品牌11个、经营型品牌7个、管理型品牌7个、服务型品牌5个。这些遍布各个生产环节、各个领域的品牌逐渐形成集群优势，带动农业智慧化升级，引领农业农村高质量发展。

表 1-1　苏州市智慧农业品牌案例

主要业务类型	县级市（区）	申报主体名称	品牌案例名称
生产型	常熟市	江苏常熟国家农业科技园区	江苏常熟国家农业科技园区智慧农业应用示范
生产型	太仓市	太仓市现代农业园区管理处	太仓市现代农业园区智慧农业展示中心
生产型	吴中区	苏州临湖农业专业合作社联合社	江南味稻
生产型	昆山市	昆山市巴城镇阳澄湖农业发展有限公司	巴城（阳澄湖大闸蟹）
生产型	张家港市	江苏善港生态农业科技有限公司	善港
生产型	吴江区	苏州浦江源太湖特种水产有限公司	浦江源
生产型	张家港市	张家港市神园葡萄科技有限公司	神园+图形
生产型	张家港市	张家港市蔬之园农产品有限公司	蔬之园
生产型	太仓市	太仓市东林农场专业合作社	金仓湖
生产型	昆山市	昆山市优来谷成科创中心	"玉叶"生鲜蔬菜
生产型	昆山市	苏州市华绚园艺有限公司	华绚园艺
经营型	张家港市	苏州永联天天鲜配送股份有限公司	"四化合一"智慧永联天天鲜
经营型	吴江区	苏州太湖雪丝绸股份有限公司	太湖雪（电子商务串起传统产业智慧化转型升级）
经营型	高新区	苏州食行生鲜电子商务有限公司	食行生鲜智慧电子商务平台
经营型	吴中区	苏州东山茶厂股份有限公司	碧螺
经营型	常熟市	苏州市华冠园创园艺科技有限公司	天狼月季
经营型	吴江区	佳禾食品工业股份有限公司	晶花（KING FLOWER）

续表

主要业务类型	县级市（区）	申报主体名称	品牌案例名称
经营型	吴中区	苏州金记食品有限公司	老相食
管理型	常熟市	常熟市农业农村局	常熟"智慧三农"平台
管理型	昆山市	昆山市农业农村局	昆山智慧农业农村管理系统
管理型	吴江区	苏州市吴江区农业农村局	吴江农业农村"一张图"管理平台
管理型	常熟市	常熟市董浜镇人民政府	"数字董浜"一网统管平台
管理型	张家港市	张家港市常阴沙现代农业示范园区管理委员会	常阴沙智慧农业公共服务平台
管理型	工业园区	建信金融科技（苏州）有限公司	建信智农
管理型	相城区	苏州市相城区农业农村局	相城区"三资"监管链管理系统
服务型	相城区	布瑞克（苏州）农业互联网股份有限公司	基于农业大数据的农业产业互联网解决方案
服务型	高新区	苏州大域无疆航空科技有限公司	嗨森植保
服务型	高新区	苏州博田自动化技术有限公司	博田机器人
服务型	张家港市	江苏新泰克软件有限公司	江苏新泰克软件有限公司
服务型	工业园区	苏州极目机器人科技有限公司	极目机器人（EAVISION）

（四）数字管理"一朵云"基本建成

全市各地将数据作为重要基础性资源，因地制宜开展大数据平台建设，推进农业农村系统、数据、资源有机整合，提高农业农村管理服务能力。建成苏州市农业农村基础数据中心，制定涵盖苏州特色产业的农业农村数据资源标准1562条，汇聚全市农业农村各类数据资源近亿条。建成苏州市农业农村云平台，将现有应用系统全部纳入云平台统一治理。依托"一中心一平台"，搭建云智农、云治理、云惠农、云办公等应用平台，构建"三农"数据治理框架体系，提升数据展示、分析和决策支持能力。

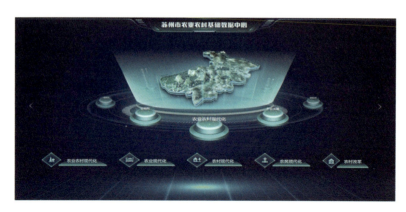

苏州市农业农村基础数据中心

（五）惠民服务"一平台"威力初现

充分发挥基层的主观能动性和创造性，各县市（区）、农业园区、镇、村各显神通，打造各具特色的惠民服务平台。比如，昆山市建设智慧农业农村管理系统"11NX"平台，即1个基础管理平台、1个数据管理中心，N个工作系统和"X"个应用平台，建立农业19类186项2000个单项信息资源目录体系，实现业务精准管理，实时服务。常熟市以"124+N"为基本架构，构建以农业数据资源中心为核心，以综合服务系统、融合经营系统、精准治理系统、A-ERP系统为重要建设内容的大平台。相城区依托布瑞克（苏州）农业互联网股份有限公司，综合集成大数据、互联网、物联网等技术，以县级农业大数据平台为数据入口，建立起一套完整的涉农企业大数据体系，实现"先找市场、后抓生产、产销结合、以销定产"，为广大涉农企业、种养大户提供生产经营指导，助力提升全产业链效率，优化产业结构。

（六）产业发展"一载体"形成特色

借鉴工业园区发展经验的现代农业园区，本就是苏州的优势与特色。截至2022年，苏州全市已有13个现代农业园区、试验区、示范区获得各级各类认定，其中有3个国家级园区、1个省级园区和9个苏州市级农业园区，园区建成总面积超过13万亩（1亩≈666.67平方米），占全市耕地面积比例达60%以上。在智慧农业建设中，苏州又把这一特色运用到了极致——以园区为载体，引导智慧农业集聚发展，探索"创新链+产业链"双向融合机制。比如，引入中国农业科学院华东农业科技中心（苏州）等大院大所，建设长三角智慧农业研究院；

通过建设吴江区智慧农业产业示范园、吴中长三角智慧农业产业示范园，打造智慧农业技术先行区、产业集聚区和企业孵化区；建设苏州高新区通安大疆无人机农业示范园，并将其打造成"天空地"一体化智慧农业监测、无人机飞防、物联网、区块链支撑的智慧农业科技创新示范区。

【本章参考文献】

陈晓磊，卜树坡，刘勇. 乡村振兴背景下苏州智慧农业发展研究[J]. 中国管理信息化，2021，24（18）：187-188.

郎朗，陈晓琴. 智慧农业的实现形式探索[J]. 中国农业资源与区划，2024，45（1）：201，211.

第二章　苏州智慧农业推动农业现代化的成效

苏州市在智慧农业试点三年间，将数字技术应用贯穿农业生产、经营、管理和服务的全过程，推动农业生产体系、产业体系和经营体系三个维度的现代化，大幅提升农业生产效益、升级农业劳动形式、变革农业经营主体和创新农业经营业态模式，对农业现代化产生了巨大的推动作用。

一、农业现代化及其在我国的推进

"农业现代化"这个概念源于美国著名经济学家西奥多·W.舒尔茨的《改造传统农业》一书。舒尔茨认为，传统农业只有转变为现代化的农业才能对经济增长做出重大贡献。农业现代化是用现代物质技术要素（包括人力资本）替代传统要素投入，用工业化生产方式取代传统粗放的农业生产经营方式，使农业由传统产业部门发展成为现代产业部门的过程。它是一个相对概念，其内涵随着技术、经济和社会的进步而变化，即不同时期有不同的内涵。长期以来，农业现代化一直是国内外农业农村经济研究的热点问题，学者们围绕农业现代化的内涵、影响因素、目标与路径、模式、发展阶段演变、进程评价和对策选择开展了大量研究。一般认为，现代农业可分为产业、生产和经营三个体系，因此，农业现代化必须是三个体系的现代化。这三大体系各有侧重，但又相辅相成。现代农业产业体系是产业横向拓展和纵向延伸的有机统一，通过产业结构调整、产业布局优化和产业链延长与增值，解决农业发展资源要素配置和农产品供给效率问题。现代农业生产体系是生产手段进步和生产技术升级的有机结合，通过现代生产手段和技术转变农业发展方式和要素投入方式，解决农业发展动力和生产效率问题。现代农业经营体系是经营主体、组织方式及服务模式的优化组合，通过体制机制的创新和资源要素的有机结合，重点解决"谁来种地"和农业经营效益问题。

（一）农业产业体系现代化

现代农业产业体系的内涵可概括为：为了满足特定市场需求和实现最大产业价值，各个农产品的生产、经营、市场、服务等各类主体分工合作建立横向功能产业体系和纵向产业链体系，并通过利益联结机制形成有机系统。可以从两个方面理解其内涵：一是横向上包括粮食、水果、水产、蔬菜等细分产业及农业多功能拓展；二是纵向上的产业链、价值链延伸，包括产前、产中、产后的产业及以此为支撑的服务业。农业产业体系涵盖了农业的产业结构和农业资源的有效利用。国家《"十四五"推进农业农村现代化规划》指出，要顺应产业发展规律，开发农业的多种功能，推动农业从种养环节向农产品加工流通等第二、第三产业延伸，健全产业链、打造供应链、提升价值链，提高农业综合效益。2022年中央一号文件也提出应持续推进农村第一、第二、第三产业融合发展，鼓励各地拓展农业的多种功能，挖掘乡村的多元价值，重点发展农产品加工、乡村休闲旅游、农村电商等产业。具体而言，国家对农业产业体系现代化的要求包括以下三个方面。

1. 乡村产业链条健全

健全的乡村产业链条，前端联结农业研发、育种、生产等环节，后端延展至加工、储运、销售、品牌、体验、消费、服务等环节，打通全产业链上中下游环节，实现信息共享、品牌共创、渠道共建和质量安全可追溯。产业链条的健全，有利于充分发挥农业的食品保障、生态涵养、休闲体验、文化传承功能，提升整体功能效益，从而推动农业及其相关联产业产值上升，为乡村全面振兴铸就坚实基础。国家《"十四五"推进农业农村现代化规划》提出的战略导向之一就是推进农业全产业链开发。

2. 乡村产业融合发展

乡村产业融合发展是指以第一产业为基础，通过延伸产业链条，跨界集约化配置资本、技术及资源要素，完善利益联结机制，构建第一、第二、第三产业交叉互动、融合发展的现代产业体系，加快转变农业发展方式，形成城乡一体化的农村发展新格局。加快农村产业融合既是贯彻落实农业供给侧结构性改革的根本要求，也是实现农业现代化的必然选择。国家《"十四五"推进农业农村现代化规划》提出，要提升农村产业融合发展水平，鼓励发展农业产业化龙头企业牵头、家庭农场和农民合作社跟进、广大小农户参与的农业产业化联合体。鼓励农业产业化龙头企业建立大型农业企业集团，开展农产品精深加工，在主产区和大中城市郊区布局中央厨房、主食加工、休闲食品、方便食品、净菜加工等业态，满足消费者的多样化、个性化需求。加快建设产地贮藏、预冷保鲜、分级包装、冷链物流、城市配送等设施，构建仓储保鲜冷链物流网络。

3. 发展乡村新产业、新业态

乡村新产业、新业态是进一步发展农村经济、促进农民增收致富的重要抓手，更是乡村全面振兴的重要助力。对此，国家《"十四五"推进农业农村现代化规划》主要有三个方面的部署。一是优化乡村休闲旅游业。利用"旅游+""生态+"等模式，推进农业、林业与旅游、文化康养等产业深度融合，建设一批休闲农业重点县、休闲农业精品园区和乡村旅游重点村镇，推动农业与旅游、教育、康养等产业融合，发展田园养生、研学科普、农耕体验、休闲垂钓、民宿康养等休闲农业新业态。二是发展乡村新型服务业，包括生产性服务业和生活性服务业，涉及仓储物流、设施租赁、市场营销、信息咨询等领域。具体做法有：鼓励市场主体将服务网点延伸至乡村；改造提升餐饮住宿、商超零售、电器维修、再生资源回收和养老护幼、卫生保洁、文化演出等乡村生活服务业。三是发展农村电子商务。要完善城乡融合消费网络，扩大电子商务进农村的覆盖面，培育农村电子商务主体，引导电商、物流、金融等市场主体到乡村，规范农村电子商务的发展，推动农村电商基础设施数字化改造、智能化升级，打造农产品网络品牌。

（二）农业生产体系现代化

农业生产体系现代化就是要转变农业要素投入方式，用现代物资装备武装农业，用现代科学技术服务农业，用现代生产方式改造农业，提高农业良种化、机械化、科技化、信息化、标准化水平。现代农业生产体系要从传统的农业生产向设施农业、规模农业、生态农业、智慧农业等发展，核心就是将先进的科学技术应用到农业生产的全过程。农业生产体系现代化主要是推进"四化"：推进设施化，切实改善田间生产条件；推进机械化，研发推广实用高效农机；推进绿色化，大力发展生态循环农业；推进数字化，着力打造智慧农业。现代农业生产体系是先进生产手段和生产技术的有机结合，重点解决农业生产能力和效率的问题。对此，国家《"十四五"推进农业农村现代化规划》重点部署了以下几个方面。

1. 生产装备机械化

一是要加强农机装备薄弱环节研发。加强大中型、智能化、复合型农业机械的研发应用，打造农机装备一流企业和知名品牌。推进粮食作物和战略性经济作物育、耕、种、管、收、运、贮等薄弱环节先进农机装备的研制。加快研发制造适合丘陵山区农业生产的高效专用农机。攻关突破制约整机综合性能提升的关键核心技术、关键材料和重要零部件。加强绿色智能畜牧水产养殖装备的研发。二是要推进农业机械化全程健全农作物全程机械化生产体系，加快推进品种、栽培、装备集成配套。加大对智能、高端、安全农机装备的支持力度，突出优机优补、奖优罚劣，支持探索、研发、制造、应用一体化，提升我国农机装备水平和国际竞争力。推进机械装备与养殖工艺融合，提升畜牧水产养殖主要品种、重点环节、规模养殖场及设施农业的机械化水平。推动绿色环保农机的应用，加强机耕道、场库棚、烘干机塔等配套设施的建设，发展"全程机械化+综合农事"等农机服务新模式。

2. 生产过程智能化

建立和推广应用农业农村大数据体系，推动物联网、大数据、人工智能、区块链等新一代信息技术与农业生产经营深度融合，建设数字田园、数字灌区和智慧农（牧、渔）场。

3. 生产管理系统化

一是建设农业生产管理系统。通过物联网技术，利用多种传感器对农牧产品生长过程中的温度、湿度、光照、二氧化碳气体浓度等进行全程监控和数据化管理，对生产、管理、运输等环节实施智能化管理，从而实现生产全程智能化控制、产品质量自动检测、生产过程可视化监管。

二是建设现代农业示范园。推动科技研发、加工物流、营销服务等市场主体向园区集中，推动人才、资本、技术等要素向园区集中，建立大田种植、设施园艺、畜禽养殖、水产养殖物联网示范基地。

4. 生产产品标准化

一是要加强农产品质量安全监管。健全农产品质量安全监管追溯体系，完善国家农产品质量安全监管追溯管理信息平台，实施全程追溯促进行动，落实追溯管理制度。

二是建立产品生产标准体系。将农业产前、产中、产后各个环节纳入规范生产，包括生产操作规程、园区建设、包装标识、检测检验等，以提升农业生产效率和农产品质量。

(三) 农业经营体系现代化

农业经营体系现代化是在传统小规模分散经营体系基础上的创新和发展，它以农户家庭经营为基础，将新型农业经营主体与各类农业社会化服务组织结合起来，形成各类服务主体及其相互关系，是衡量现代农业组织化、社会化、市场化程度的重要标志。简单来说,农业经营体系现代化就是将资金、技术、劳动力等要素以最优方式组合起来。农业经营体系现代化在国家战略中主要聚焦新型农业经营主体和专业化社会化服务体系两个方面,专业化社会化服务体系有助于弥补小农生产的不足,小农户在一定条件下也能转化为新型农业经营主体。近年来,中共中央、国务院先后印发了《关于稳步推进农村集体产权制度改革的意见》《关于保持土地承包关系稳定并长久不变的意见》,中共中央办公厅、国务院办公厅先后印发了《关于加快构建政策体系培育新型农业经营主体的意见》《关于促进小农户和现代农业发展有机衔接的意见》等一系列重要政策文件,进一步明确了坚持家庭经营基础性地位、支持保护小农户发展的思路和政策举措。此外,2020年农业农村部印发的《新型农业经营主体和服务主体高质量发展规划(2020—2022年)》,对包括农业专业大户、家庭农场、农民专业合作组织与龙头企业在内的新型农业经营主体和服务主体发展做出了具体规划,健全了支持保障政策。具体体现在以下几个方面。

1. 培育新型农业经营主体

一是培育新型农业经营主体。要支持有条件的小农户成长为家庭农场,引导以家庭农场为成员组建农民合作社,引导推动农民合作社办公司规范发展,实施农民合作社规范提升行动,支持农民合作社联合社加快发展。

二是制定新型农业主体激励政策。完善新型农业经营主体金融保险、用地保障等政策。建立科研院所、农业高校等社会力量对接服务新型农业经营主体的长效机制。深化社企对接服务,确定一批优质企业对接重点县,解决主体市场营销、品牌培育等共性难题。

三是推动新型农业经营主体与小农户建立利益联结机制,推行保底分红、股份合作、利润返还等方式。

2. 健全专业化、社会化服务体系

这也是现代农业经营体系的核心,目的是将农业的生产、销售和服务有机结合起来。社会化服务主体包括政府、农业科研单位和民间组织等。

一是要发展壮大专业化、社会化农业服务组织,培育服务联合体和服务联盟,将先进适用的品种、投入品、技术、装备导入小农户。

二是发展农业生产托管服务,支持农业服务公司、农民合作社、农村集体经济组织、基层供销合作社等各类主体大力发展单环节、多环节、全程生产托管服务,开展订单农业、加工物流、产品营销等,提高种粮综合效益。

三是开展农业社会化服务创新试点示范,打造一批创新基地,培育一批创新组织，形成一批创新模式。

常熟市虞美润农业专业合作社社会化服务烘干库房

二、苏州智慧农业助推农业产业体系现代化的成效

长期以来，我国将大量的人力、物力、财力投到农业产中阶段，而对农业产前、产后阶段投入不足，导致农业缺乏一个高效、完整、高附加值的产业链，储藏、保鲜等设备简陋，流通环节多、渠道长、成本高，农产品加工滞后。同时，受土地、人力、资金等要素的限制，我国农村第一、第二、第三产业融合的深度不够，新产业、新业态发育不足。苏州智慧农业的三年试点证明，智慧农业在化解当前我国农业产业体系现代化瓶颈方面潜力巨大，其已经表现出的成效包括以下几个方面。

（一）打通乡村产业全链条

利用现代信息技术，苏州智慧农业试点加快了农产品和农业数据的实时更新，解决了传统农业信息闭塞、买卖双方信息不对称等问题，对推动农业产业链改造升级、延长产业链、改变农业产业结构有重要作用。在纵向产业链的延伸方面，苏州通过建立覆盖种苗培育、养殖种植、深加工、流通、销售的五大农业应用场景，推进农产品从田间地头到城市餐桌的全链条数字化升级。比如，张家港市神园葡萄科技有限公司集科研、生产、培训、营销、服务于一体，打造优势产区"最初一公里"到销售渠道"最后一公里"，形成"品种研发+配套

苏州市吴江区七都镇"浦江源"太湖蟹生态养殖示范园

技术+优势产区+绿色防控+质量品控+流通储运+品牌销售+客户体验"的闭环。吴江区七都镇"浦江源"太湖蟹生态养殖示范园以太湖蟹为主体，开发太湖蟹的营养价值及科研价值，构建集生态养殖、高科技加工、物流交易、休闲旅游等于一体的产业链。张家港市、太仓市、吴中区等地还分别创建了中高档品牌"苏州大米"全产业链技术集成应用示范基地。江苏新合作常客隆连锁超市有限公司通过自主研发的多媒体自助终端、互联网、5G无线网络及生鲜电子菜箱，形成集种植、采摘、分拣、包装、配送于一体的产业链，不仅实现了农超对接，同时还使用户可以网上订购、社区取货，逐步形成集网上订购、集中采购、统一分拣、加工配送、食品溯源等于一体的生鲜农产品智能配送体系，实现农产品从田头到餐桌的无缝对接，有效解决生鲜"最后一公里"的难题。昆山市陆家镇陈巷社区紧紧围绕科技、休闲、商务三条主线，依托中国农业科学院的资源优势，建设具有国际先进水平的垂直农场，建立集智能设施园艺装备应用示范、新品种中试与推广、青少年科普教育、休闲农业于一体的综合性现代农业园区。吴江区七都镇开弦弓村依托特色主导产业，充分挖掘农业农村的多元功能和价值，采取"生态+""互联网+"等方式，有效延伸产业链，促进第一、第二、第三产业融合发展，实现生态农产品线上选购，通过江村市集的网上销售平台——菠爸买菜，实现七都时令生鲜线上销售。

(二) 推动产业融合发展

长期以来，苏州在产业融合发展方面拥有良好的基础，依托现代农业园区、特色田园乡村、共享农庄、美丽镇村建设，在农、文、旅融合和产业融合方面培育出了大量的成功示范案例。在智慧农业试点中，苏州依托数字化基础设施，导入各类智慧化经营主体，提供实力强大的柔性化、开放式产业组织主体，弥补了当前城乡产业融合发展中优质组织主体匮乏的缺憾，取得了城乡产业融合的新突破,使"农业+"多种产业融合得到了更好的拓展和实现。

"食行生鲜"是苏州智慧农业推进城乡产业融合的典型代表。该案例采用C2B2F(customer to business to farm)模式,以电子商务为载体,通过大规模的基地直采和集约化的冷链配送,直接连通农产品生产基地与城市消费市场,"一手牵农民、一手牵市民",以精准

苏州高新区食行生鲜智慧菜篮子项目

的市场对接能力、强大的品牌运作能力为滞销和难销农产品解决销路问题,消除农民的后顾之忧,反过来又通过"以销定产""产地直供"模式,以消费端引导供给侧的优化,真正实现了城乡产业融合。

在智慧农业推动乡村产业多元融合方面,吴江区充分挖掘本身具有的水韵之美、田园之美、古镇之美和人文之美,大力拓展农业的多维功能,借助智慧平台系统,积极探索"农业+休闲观光""农业+互联网""农业+服务业"等新模式,大力发展乡村共享经济、创意农业、特

吴江太湖雪蚕桑文化园

色文化产业,形成了"同里国家现代农业产业园+国家级历史文化名镇""震泽蚕桑种植+丝绸文化+电商直播"、七都太湖蟹线上销售等新业态,建成在全国具有较高知名度的休闲农业和乡村旅游点15个,乡村休闲旅游精品线路6条,各类休闲农业经营主体和乡村旅游点151个。比如,位于吴江区震泽镇的太湖雪蚕桑文化园以现代蚕桑农业示范为基础,结合蚕桑科技衍生品开发、蚕桑生态旅游业发展,开创"互联网+N"(如"互联网+文""互联网+商""互联网+旅""互联网+农")等新模式,形成了集农业示范、蚕桑科研、文化科普、生态旅游于

一体的生态产业园,成功打造了智慧蚕桑生产场景:一张张蚕种叠放整齐,幼蚕吃的不是绿色的桑叶,而是由桑叶、豆粉、玉米粉制成的专用饲料,住的是有温度传感器、加湿器和空调等设施的专属蚕室。

(三)催生新产业、新业态

吴中产鲜 5G+直播基地

智慧农业设施、科技、装备的发展,为新产品、新业态、新模式向乡村导入提供了无限的可能,"元宇宙旅游"在乡村揭开面纱,直播带货、社区团购、智慧微菜场、农产品集购网、众筹农业等电商新业态模式层出不穷,"市民卡中心""邮乐网""食行生鲜""同城生活"等一批本地电商平台次第涌现。

苏州市首个"元宇宙数字景区"项目"云游树山"

位于苏州高新区的通安镇树山村,在 2022 年发布了苏州市首个元宇宙数字景区项目"云游树山",打造了一个"满是花海"的沉浸式新场景,通过数字化手段、多媒体呈现的方式记录下了"梨花春色"。在"元宇宙",只需一秒钟,游客就能从树山春天的满园梨花进入树山冬天的白雪皑皑。文体旅数字推荐官林(Lynn)在线带领大家"云游"树山,漫步竹林栈道,赏千亩梨园,感受苏式田园生活。

在苏州乡村,电商催生的新业态模式更是遍地开花。"布瑞克农产品集购网"是国内首家大宗农产品现货交易 B2B 垂直电商平台,该平台综合集成大数据、互联网、物联网等技术,实现了"先找市场、后抓生产、产销结合、以销定产"。该集购网通过城市合伙人网络直接服务于 B 端中小企业用户,初步织出了一张覆盖 21 个省份、包含 17 个网点、辐射全国的大宗农产品分销服务网络,全面提升了大宗农产品交易的效率、规模和服务品质。苏州食行生鲜电子商务有限公司具有独创性地打造出"预订制+全程冷链配送+智能冷柜自提"相结合的生鲜零售新业态,开发出"线上助农馆+线下社区智慧微菜场"助农模式,一手守护市民的"菜篮子",一手鼓起农民的"钱袋子"。常熟市引进"每日优鲜""美菜网"等农产品电商头部企业,推出智慧菜场、网订店取等配送模式。昆山市引入"叮咚买菜"生鲜综合体模式。太仓市发展"菜玩家"社区微商。吴中区打造优质农产品电子地图网站,建立吴中区粮食市场规模化电子商务销售平台。

三、苏州智慧农业助推农业生产体系现代化的成效

在三年智慧农业试点实践中,苏州市通过农业信息化基础设施建设、智慧农机装备开发应用、以农业生产场景为统领的生产过程智能化系统化建设,以及数字赋能产品标准化,大大加快了农业生产体系现代化的进程。

(一)生产装备的机械化、智能化水平大幅提高

苏州市通过政策优化,发挥市级农机化资金导向作用,不断加大对高效(绿色)植保机械、深翻犁、热泵型烘干机、侧深施肥插秧机、北斗导航终端等智能绿色农机的财政补贴,同时,加大对产学研合作的农机智慧化研发支持力度,有效提升农业

"侧深施肥+无人驾驶"插秧机

生产装备的机械化、智能化水平。仅 2021 年,全市就新增各类智能农机装备 329 台(套),热泵型烘干机、侧深施肥插秧机等绿色农机装备 178 台(套)。

在技术上，通过产学研融合，联合南京农业大学、江苏大学、苏州久富农业机械有限公司、上海联适导航技术股份有限公司等智能农机技术团队，形成"无人化农场""侧深施肥""生态养殖"等智能化、绿色化推广应用技术主线，探索制定适合苏州地区的智能农机作业标准，形成可在全市面上推广的智能化、绿色化农机作业技术模式，并率先在水稻"无人化农场"应用中取得突破，逐步形成操作性强、可复制、易推广的"无人化农场"苏州模式，培育出了苏州博田自动化技术有限公司、苏州久富农业机械有限公司等国产智慧农机生产领军企业。

苏州博田自动化技术有限公司依托中国农业大学农业机器人研发中心和苏州大学机器人与微系统研究中心，将人工智能和机器人技术融入现代农机，创造性地开发出了三类产品：一是设施农业机器人化生产系统，包括果蔬采摘机器人、温室智能巡检机器人、喷施机器人、运输机器人、自动化物流系统；二是果园智慧农业机器人化系统，包括自走式割草机、果园智能喷雾机、果园巡检机器人；三是面向现代农业科技园区的农业机器人整体解决方案。这三类产品融合人工智能和多传感器技术，覆盖农业生产链中高频次、高强度作业环节。该公司研发的设施农业果蔬采摘机器人被农业农村部推介为"2019数字农业农村新技术新产品新模式优秀项目"。苏州久富农业机械有限公司通过与江苏大学、中国农业大学、农业农村部南京农业机械化研究所等科研院所合作，自主研发智能化无人精准侧深施肥插秧机和智能化无人驾驶全喂入履带式联合收割机这两类无人农机产品，其"无人农场"生产场景被纳入农业农村部智慧农业案例。

苏州久富农业机械有限公司生产车间

（二）基于大数据的生产管理系统被广泛应用

苏州农业农村以大数据整合为基础，围绕水稻、蔬菜、茶叶、大闸蟹等特色品种，着力打造"四大监管系统"（综合监管系统、可视监管系统、移动巡查系统和质量追溯系统），做到源头可追溯、流程可跟踪、信息可查询、责任可追究。

以综合监管系统为例。苏州针对蔬菜地、畜牧业、渔业、农机装备等构建管理系统，实现动态监管、实施调控。蔬菜地管理信息系统将市辖区1亩以上蔬菜地落地上图后，持续开展蔬菜地管理信息的遥感更新调查，建立了标准化、统一化的数据管理机制，动态有效地管理市辖区蔬菜种植用地资源。智慧农机综合服务监管系统依托农机轨迹定

昆山陆家未来农业示范园"A+温室工场"番茄立体栽培

位、电子围栏、作业评估、耗油统计等功能，为农机购置补贴、农机跨区作业、调度指挥提供决策依据。智慧畜牧业综合管理系统推进行业规范管理，包括网格综合管理、行业智慧分析、畜牧养殖管理、宠物诊疗管理、肉品合格证管理、屠宰场管理、无害化管理和物联网视频监控等子系统，提升服务能力和管理水平，实现畜牧业全产业链信息管理。

在质量追溯系统方面，苏州市以"管、防、控"为目标，构建了互联互通、全程可溯的农副产品质量安全追溯综合服务平台，将互联网、物联网等信息技术贯穿农产品生产加工、物流及销售全链条，赋予农产品产地准出"身份证"和市场准入"健康证"，基于农产品质量检测和二维溯源码查询手段，推动线下网格化监管和线上监控的实际应用，实现农产品从农田到餐桌全程可追溯。

(三) 数字赋能农业生产产品标准化快速推进

通过数字赋能，以往在产品标准化领域令人比较头痛的标准执行、过程追溯等问题得到了良好解决，极大地推进了农业生产产品标准化进程，提高了农产品质量和市场竞争力，带动了农业增产、农民增收。

以昆山市巴城镇阳澄湖大闸蟹智慧品牌"巴城"为例。通过构建渔业智慧化生产体系，昆山市巴城镇阳澄湖农业发展有限公司在大闸蟹养殖生产的产地环境、养殖设施、放养前的准备、苗种放养、投饲管理、日常管理、病害防治、捕捞、生态维护等方面建立并执行标准化工作流程，构建阳澄湖大闸蟹养殖标准化体系，培养标准化人才，推广应用标准化技术，践行标准化运营管理理念，

形成了一套完善的大闸蟹智慧养殖标准化体系。同时，公司还强化阳澄湖大闸蟹质量管控，实现了生产过程的数据互联互通、资源共享、全程可溯可控，提升了品牌价值，这样的智慧养殖模式可复制、可推广。

苏州立美园艺科技有限公司

再以苏州立美园艺科技有限公司为例。该公司通过引进国外先进的智能机器人生产线，建设自动播种流水线，实现种苗的标准化生产，通过智能ERP中央管理系统、智能自动化生产系统和物联网环境控制系统三大智能系统的应用，形成了全程标准化、规模化、集约化、信息化的生产模式。

四、苏州智慧农业助推农业经营体系现代化的成效

近年来，国家高度重视新型农业经营体系构建和小农户发展问题，积极培育新型农业生产经营主体，大力扶持农业社会化服务，使得各类新型农业生产经营主体数量快速增加，农业社会化服务范围不断拓展，农业生产服务分工更加精细。然而，新型农业经营主体发展质量不高、农业社会化服务体系发展不足等问题依然突出。从苏州来看，尽管土地流转比例较高，但小农户数量占比高，农业经营主体"小额"且分散，农业社会化服务信息匹配难、服务质量有待提高等问题依然存在。根据《苏州市率先基本实现农业农村现代化评价考核指标体系（2020—2022年）（试行）》，苏州农业经营体系在2020年的得分低于60分。经过三年智慧农业国家试点，苏州智慧农业在推动农业经营体系现代化方面的成效逐步展现，苏州农业经营体系现代化的程度有了快速提升，具体表现在以下方面。

（一）农业经营主体中加入了高科技生力军

受制于农业比较效益相对偏低、用地规模偏小、发展平台不高等难题，农

业经营主体素质偏低、规模偏小、能力偏弱的问题长期存在。然而，在智慧农业发展过程中，数字赋能的资源整合、农田基础设施升级、市场联通、模式创新，以及生产环境的改善，为科技型企业、人才的导入创造了良好条件。近几年，苏州农业经营主体中涌现出布瑞克（苏州）农业互联网股份有限公司、苏州大域无疆航空科技有限公司、苏州博田自动化技术有限公司等高科技公司。比如，布瑞克（苏州）农业互联网公司拥有大数据科技背景，苏州博田自动化技术有限公司是一家人工智能赋能现代农业的机器人高科技公司，嗨森植保无人机是苏州大域无疆航空科技有限公司在农业领域的拓展，扎根于农情监测和遥感服务的中科禾信遥感科技（苏州）有限公司依托的则是中国科学院系统的遥感科技支撑。

苏州大域无疆航空科技有限公司在全国首创嗨森植保无人机共享模式

（二）现有经营主体的能力和组织化程度得到了全面提升

首先，在个体赋能方面，智慧农业通过科技、服务、信息、模型等资源的导入，使原来弱小的小型经营主体的经营能力得到大幅提升。以张家港市神园葡萄科技有限公司为例，该公司通过在运营、管理、营销等领域全面建设数字农业物联网，依托大数据、云计算和人工智能实现葡萄育种、种植、市场等领域的智能化操作，在葡萄生产基地现场搭建全面的智慧网络平台，实现实时监测、异常情况智能预警、险情灾害及时排解、设施设备精准控制，不仅有助于提高肥料利用率、降低农药使用量，还有助于降低成本、提高效率、提高产量、改善品质，使葡萄育种效率提高30%以上。

其次，智慧农业公共服务平台、电商平台提供的技术、市场、信息等服务，使得一个个小型农业经营主体享受到"云上"的全方位服务，实现了"云上组织化"。同时，大量中小农业经营主体依托电商、物流等智慧化平台型企业，组织成为贯通城乡的全产业链条，极大地提高了各经营主体的组织化程度和农业经营效益。比如，有的经营主体依托诸如苏州永联天天鲜配送股份有限公司、深圳市江澜科技有限公司、苏州三港农副产品配送有限公司、江苏四记联洋农业科技有限公司等平台企业，强化了与市场的对接能力；有的经营主体则依托类似"嗨森植保"这类从技术服务平台，相对低成本地享受到了现代化植保等服务。未来，类似苏州润正生物科技有限公司、苏州久富农业机械有限公司、中科禾信遥感科技（苏州）有限公司等掌握了各自领域智慧化生产全套技术和系统解决方案的企业，都可能转向解决方案服务商、平台服务商，成为产业链组织主体，对产业组织化程度的提升起到关键引领作用。

（三）完善了农业社会化服务体系

农业社会化服务体系是我国当前农业经营体系现代化中突出的短板，却在苏州实践中被证明是智慧农业最容易发挥作用的地方。通过智慧化平台与模式创新，苏州市建设了智慧农业专家服务系统，基于互联网、云计算、大数据和 AI 等技术建立了专家知识库，利用视频、图像、文字、语音识别等多种形式，设置智能决策、知识概览、AI 病虫害诊断、专家问答、农事指导等功能，实现水稻、特色蔬菜、茶果、渔业、生猪等 5 条全产业链服务，为农民提供种养殖预警预报、病虫害智能诊断、分析防治等个性化农业生产智能服务。此外，依托智慧平台，苏州的农民可以轻松享受到越来越多的农机、农资、农业信息、农业科技、技能培训、农业政策、农业气象等方面的服务。以苏州大域无疆航空科技有限公司在全国首创嗨森植保无人机共享模式为例，该公司通过自主开发的植保云数据管理系统、"嗨森农服""嗨森打药""智慧农业管理"等软件平台，形成了飞手本地化、按需租

嗨森农服平台

赁、快速服务等嗨森农业植保新模式。农户在家只需动动鼠标，就可以享受到打药、除草等一系列服务，无须出门，更无须购买、学习操作无人机，门槛低、服务快捷。再以吴中区气象为农服务业务平台为例，该平台通过整合气象信息、农业气象预报、灾害预警、农业区划、农气信息、服务信息、系统管理、服务信息展示平台等，经由网站、微信、手机 App 等为用户提供数据和系统的智慧气象服务，同时，还为不同用户订制产品和服务，让农业大户坐在家里就能知道何时播种、何时施肥、何时授粉、何时择果、何时采收。

嗨森植保农田打药服务系统

【本章参考文献】

周洁红，黄祖辉. 农业现代化评论综述：内涵、标准与特性[J]. 农业经济，2002（11）：1-3.

曹慧，郭永田，刘景景，等. 现代农业产业体系建设路径研究[J]. 华中农业大学学报（社会科学版），2017（2）：31-36，131.

张克俊. 现代农业产业体系的主要特征、根本动力与构建思路[J]. 华中农业大学学报（社会科学版），2011（5）：22-28.

蒋永穆，陈维操. 基于产业融合视角的现代农业产业体系机制构建研究[J]. 学习与探索，2019（8）：124-131.

李周，温铁军，魏后凯，等. 加快推进农业农村现代化："三农"专家深度解读中共中央一号文件精神[J]. 中国农村经济，2021（4）：2-20.

莫秀超. 新时期我国现代农业产业体系构建的若干思考[J]. 农业经济, 2022 (6): 44-46.

杜友, 涂志强, 张园, 等. 以农机化促进构建现代农业生产体系[J]. 农机科技推广, 2018 (7): 8-11.

唐微. 现代农业经营体系利益联结机制构建[J]. 农业经济, 2020 (4): 12-14.

程静, 冯永泰. 乡村振兴与农业现代化发展探析[J]. 理论视野, 2021, 254 (4): 47-52.

陈锡文. 实施乡村振兴战略, 推进农业农村现代化[J]. 中国农业大学学报 (社会科学版), 2018, 35 (1): 5-12.

马小龙. 双向嵌入: 小农户和农业社会化服务体系有机融合的新视角[J]. 农业经济, 2020 (1): 6-8.

唐微. 现代农业经营体系利益联结机制构建[J]. 农业经济, 2020 (4): 12-14.

刘畅, 吕杰. 新型农业经营体系研究: 知识图谱、理论框架构建与未来展望[J]. 经济体制改革, 2020 (2): 74-79.

周娜. 乡村振兴视角下实现农业现代化的路径探析[J]. 理论探讨, 2022 (2): 159-164.

高强, 曾恒源. "十四五"时期农业农村现代化的战略重点与政策取向[J]. 中州学刊, 2020 (12): 1-8.

胡太平. 智慧农业推动农业产业升级的应用与展望[J]. 农业经济, 2020 (6): 6-8.

第三章　苏州智慧农业推动农村现代化的成效

本章首先探讨了农村现代化的内涵，分析了我国农村现代化发展所面临的困境及其根源，并在此基础上，从智慧农业在乡村建设中的应用出发，探索苏州如何以智慧乡村建设来解决农村现代化建设中的难点、堵点问题，以小见大，以为全国农村现代化建设提供经验借鉴。

一、农村现代化及其在我国的推进

农村现代化是一个动态过程，在其演变的过程中蕴含着国家在农村地区政策和目标的转变，具有较为强烈的政治色彩。因此，在我国的不同发展阶段，农村现代化的内涵特征不尽相同。相较于农业现代化的研究而言，农村现代化的研究相对薄弱，学术界对于"农村现代化"这一概念的定义尚未达成共识，但普遍认为农村现代化是变落后农村为发达和强美富农村的过程。姜长云在对我国农业农村发展历程和相关政策进行梳理的基础上指出，农村现代化是现代趋同论在乡村问题上的体现，是随着社会发展、经济进步对生产、生活方式不断进行调整，最终实现乡村与现代社会协调发展的和谐状态。杜志雄从社会学的角度对我国农业农村现代化的内涵进行了剖析，认为大部分乡村逐渐凋敝的趋势已经不可避免，农村现代化是在保持和维系乡村的主体性的前提下，推动乡村社会不断调整和改变生产生活方式，实现传统乡村和现代社会协同发展的过程。秦国伟在解读党的二十大报告时提到，农村现代化是传统农村演变为现代农村的过程，也是人民利用现代科学技术和先进治理理念，改善乡村的生产、生活、生态环境，全面提高农村居民的物质和精神生活水平，并最终实现农村社会全面、协调、可持续发展的历史过程。概言之，农村现代化是与城镇化相对的地域功能概念，是针对现代化发展所引起的城乡发展不平衡问题，利用现代科学技术和先进的治理理念，通过不断改善村庄生产、生活环境，从而变村庄落后为村庄发达，并最终实现农村与现代社会全面、协调、可持续发展的过程。

在广义上，农村现代化涵盖了农村生产、生态、生活、文化、治理等五大领域。魏后凯认为，农村现代化是将农业现代化包含在内的，农业现代化的本质就是农村产业现代化的一部分，是农村产业现代化、生态现代化、文化现代化、治理现代化和农民生活现代化"五位一体"的有机整体。贺艳认为农村现代化既包含物的现代化，也包含人的现代化及治理体系治理能力的现代化。还有学者从中国特色农村现代化角度，从城乡收入差距、易返贫人口占比、生态环境、乡村治理、农业总产值等方面进行解读。也有学者从评价指标体系构建的角度，将农村现代化的内容划分为农村经济现代化、农村生态现代化、农村文化现代化、农村治理体系现代化等四个部分。总的来讲，农村现代化是经济、政治、文化、社会和生态文明"五位一体"战略布局在农村领域的具体体现。鉴于本书有专门章节论述智慧农业与农业和农民现代化的关系，所以本章重点从人居环境现代化和治理体系现代化两个方面来探讨智慧农业对农村现代化的推动，而将乡村产业、文化、生活等的现代化放在反映农业和农民现代化的章节进行探讨。

（一）乡村人居环境现代化

在我国战略部署中，乡村人居环境现代化的目标是生态宜居。生态宜居是乡村振兴的基石，是乡村的幸福所在、魅力所系、永续所基，是乡村振兴的前提，也是乡村振兴的内在要求。其内容既涵盖村容整洁，基础设施完善，保护自然、顺应自然、敬畏自然的生态文明理念，也包括对农村文化教育、医疗卫生等事业发展的促进，以及对农村基本公共服务的改善。其提倡保留乡土气息、保存乡村风貌、保护乡村生态系统、治理乡村环境污染，实现人与自然和谐共生。

习近平总书记在党的二十大报告中对乡村建设提出了明确要求：力争在未来五年内实现"城乡人居环境明显改善，美丽中国建设成效显著"，统筹乡村基础设施和公共服务布局，建设宜居宜业和美乡村。国务院印发的《"十四五"推进农业农村现代化规划》《乡村建设行动实施方案》《中共中央 国务院关于实现巩固拓展脱贫攻坚成果同乡村振兴有效衔接的意见》等重要文件都对近期乡村生态宜居做出了系统部署，概括起来，就是要围绕农村现代化的总目标，从五个方面分头推进。一是通过积极的乡村规划建设活动，实现农村布局进一步优化；二是通过提升基础设施建设与管护水平，完善乡村基础设施，实现城乡基础设施一体化；三是推进城乡基本公共服务均等化水平稳步提升；四是通过人居环境整治，持续改善乡村人居环境；五是强化乡村生态环境保护，使农村生态环境得到明显改善，使农民的获得感、幸福感、安全感明显提升。

由于重视程度、投入力度的不均衡及乡村地区建设条件的差异，我国各个地区乡村生态宜居建设的进展也参差不齐，突出的问题表现在四个方面：一是乡村生态环境改善进展缓慢，尤其是农业面源污染问题未能得到根本遏制，乡村地区生态基础设施建设总体滞后；二是作为人居环境治理中受益方及主体的农民在人居环境整治中的参与普遍不足，时常以"沉默的大多数"的形式出现，加上农村地区监管对象细碎繁杂，传统的监督管理模式难以应对，导致农村人居环境建设整治活动推进难、成本高，效果的长期维持更不易；三是农村基础设施建设相对滞后，尤其是农村网络基础设施、农村公共基础设施数字化改造升级等方面的供给不足、服务可获得性不强，不能满足农村群众日益增长的全方位、多样化、个性化需求；四是城乡之间的公共服务水平仍有较大差距，尤其是在教育、医疗卫生、文化、服务保障等方面差距较为明显。

（二）乡村治理现代化

乡村治理现代化包括治理体系现代化和治理能力现代化，在乡村振兴战略中主要体现为治理有效。治理有效是传统治理向现代化治理演变的过程，也是乡村治理制度化、道德化、民主化、精细化的转变，是治理体系日趋完善、治理能力和服务水平不断提高，并最终实现村庄良好运行的状态。

自党的十九大报告对乡村振兴战略提出"治理有效"要求之后，关于乡村治理如何有效的讨论就不曾停止。主要的共识是，要实现乡村的有效治理就必须把夯实基层基础作为固本之策，建立健全党委领导、政府负责、社会协同、公众参与、法治保障的现代乡村社会治理体制，适应农村社会对提升乡村治理能力的期待，克服农村社会建设管理服务长期存在的短板，坚持自治、法治、德治相结合，确保乡村社会充满活力、和谐有序，确保农村达到高效能治理。中共中央办公厅、国务院办公厅于2019年印发的《关于加强和改进乡村治理的指导意见》明确提出了到乡村治理现代化的目标："到2035年，乡村公共服务、公共管理、公共安全保障水平显著提高，党组织领导的自治、法治、德治相结合的乡村治理体系更加完善，乡村社会治理有效、充满活力、和谐有序，乡村治理体系和治理能力基本实现现代化。"2021年11月，国务院印发《"十四五"推进农业农村现代化规划》，对2025年乡村治理的目标提出了要求："乡村治理能力进一步增强。党组织领导的农村基层组织建设明显加强，乡村治理体系更加健全，乡风文明程度有较大提升，农民精神文化生活不断丰富，农村发展安全保障更加有力。"

从当前进展来看，我国乡村治理着重化解的问题包括三个方面：一是形成多元协同共治格局，尤其是调动农民的积极性、提升参与度；二是提升基层治理能力，优化村庄治理手段；三是面对农民不断升级的多元化需求和乡村人群结构的变化，提升基层治理的精细化程度。

二、苏州智慧农业推进农村人居环境现代化的成效

（一）源头治理，生态环境良性发展

1. 精细管理，农业面污染源头减量

智慧农业作为一种集生态保护和发展为一体的新型农业生态模式，具有高效性、精准性和实时性。在实际操作过程中，苏州通过运用农业智能传感器与物联网技术，实现对农业耕种全过程的实时查看和智能管理，科学制订灌溉、施肥、加温和农药喷洒方案，精准控制农药、化肥、饲料（饵料）等的施用量，解决农业耕种资源浪费、面源污染排放的问题。

比如，常熟农业科技园区通过引进日本三菱公司的技术，进行智能农业生产模块化调控，在蔬菜种植方面节约肥料50%以上；天狼月季温室应用Priva潮汐式苗床标准化繁育月季种苗技术，可实现节约水肥90%以上；在草莓移动架式栽培项目中，园区对国外近年草莓生产发展领域的最新技术进行了引进、消化、集成，包括草莓移动架式栽培系统、局部温度控制技术、营养即时诊断技术、病虫害综合防治技术等，使温室面积利用率提高71.2%，单位面积产量提高60%，取得了加温能源消耗减少35%、农药使用减少38%的成效。相城区倪家湾水之田现代农业基地通过智慧园艺建设，引进荷兰公司的Priva操作系统，通过信号采集系统、中心计算机、控制系统对生长环境、生长过程进行调控，可设定每种作物适宜生长的温度、湿度、光照，实现自动加温、降温、遮阳；通过Priva水肥一体化灌溉技术，在准确的时间点对植物供水配肥进行最优化控制，以达到作物所需的最佳组合条件；采用物理防治、生物防治等方法，可使农药使用减少30%。太仓东林农场专业合作社通过生态循环农业、农业智能化、农业物联网建设，减少化肥使用量20%以上，减少农药使用量约25%，节约灌溉用水15%以上。苏州极目机器人科技有限公司在全国累计作业亩次289万，飞行架次69万，通过飞防和药效验证，节约用水近15万吨，减少农药使用量64万升。在以往的加州鲈鱼养殖中，冰鲜饲料利用率仅为60%，约有40%的饲

料残留在水中，在高温季节还需 10 天左右换一次水，养殖污水排入水体造成严重污染。苏州水产养殖基地引入智慧养殖技术后，通过饲料精准投放、尾水在线监测与全程管控，完全可做到污水"零排放"，极大地改善了水体的生态环境。

太仓市城厢镇东林村

太仓市东林农场

2. 精准监控，农业面污染及时处理

苏州将智能传感器、视频监控和物联网技术应用于水体、大气、土壤环境监测和农业面源污染监测，不仅可以快速精确地找出污染源，实现对环境污染的精准把控，让环境污染有迹可循；而且，可以将收集到的相关数据与废弃物综合处理技术相结合，进一步提升畜禽粪污等农业废弃物的处置能力，减少农业污染。

吴江区盛泽镇渔业村通过建立村级小气象站，依靠物联网信息化手段，对本村的空气质量、地表水质、土壤环境进行数字化监测，为生态环境治理提供决策依据。昆山市淀山湖镇永新村借助水环境监控预警一体化平台，根据地表水、污水毒性、地表水超标等方面的数据实时监测水质。吴中区甪直镇湖浜村生态环境监测站通过运用"5G+管理"技术，实时监测乡村生态环境。张家港市金沙洲壹号庄园农渔生态有限公司通过智能化装备进行尾菜处理，实现了蔬菜残体 100% 无害处理。苏州三港农副产品配送有限公司全面破解了农业面源污染物高效利用和减排技术难点，建立了一套完整的农业废弃物综合利用体系，将农业废弃物肥料化利用与现代农业水肥高效管理技术有机结合，进一步提高了农业废弃物的肥料化利用效率。

(二）精准施策，人居环境提质增效

1. 积分带动，人居环境共建共享

苏州以智慧乡村为依托的积分制，通过对村庄人居设施进行数字化改造，利用物联网收集村中公厕设施、污水处理、垃圾分类实时数据，制定得分标准，进行积分计算，并通过相关软件及展示平台进行公布，与相应的奖惩措施挂钩，定期开展评优评先，增强农民参与人居环境治理的积极性，让人居环境治理成为看得见、摸得着、人人可参与、人人当模范的共治行动。

吴江区东联村以智能化措施解决垃圾分类难题，通过在垃圾桶植入芯片和垃圾转运车智能化改造，利用物联网实现垃圾分类和转运数据精准记录。该村还通过积分奖励的方式调动村民的积极性，农户参与率达100%，垃圾分类正确率在95%以上。村里每个月还会开展环境先进户评比，使村民参与人居环境治理的积极性不断提高，乡村治理的民主性和科学性不断增强。随着数字乡村建设的持续推进，这方面的案例越来越多，创新做法也越来越丰富。昆山市张浦镇金华村通过建设智能垃圾分类亭，引导村民正确投放分类垃圾，将村庄人居环境管理落到实处。村民正确投放分类垃圾后，刷"积分扣"获取积分，金华村按照得分高低在"三治融合平台"对村民积分进行公示，村民可以去积分超市兑换相应物品。昆山市玉山镇新乐村建成昆山市首家村民诚信积分管理大数据平台，以数据驱动精细化管理和精准化服务。平台利用大数据技术记录村民的诚信行为，运行个人"诚信积分账户"，并将积分记录在"乐民卡"内，村民可在公众号或线下积分超市用卡内诚信积分进行实物兑换，还可在线预约各类党群服务活动。

2. 网格治理，人居整治精细转变

针对农村地区污染监测难的问题，苏州利用物联网技术实现农村污水排放情况实时监测。同时，以网格化管理模式实现对农村人居环境的全方位监管，显著增强对乡村环境污染源的感知力，迅速查找污染源并进行针对性治理，实现乡村生态环境决策科学化与监管精准化，有效提升乡村人居环境整治水平。

太仓市城厢镇万丰村通过将大数据与网格化相结合，形成"两委（村党支部委员会、村民委员会）"带头、党员参与、数字管理的"微网格"治理单元，将村域人居、生态环境融入网格治理，借助视频智能识别和分析技术，对村庄中的不文明行为进行智能识别和分析，以提升乡村治理精准度，建立"纵向到底、横向到边"的全域网格化管理体系。苏州高新区通安镇树山村建立起"设

备+平台+应用+政策"的全方位、立体化人居环境监督管理体系，并对主要排污口设施及管网数据进行展示和分析，系统地对污水处理情况进行在线监控和动态录入，对河道漂浮物情况进行在线监控，将数据实时传输至平台，强化水体污染治理。吴江区盛泽镇渔业村依托综治事件管理平台，引导居民参与人居环境网络监督，通过"村民随手拍"等多渠道的事件采集方式，建立管理网格内居民诉求的内循环处理与监督体制。张家港市凤凰镇双塘村借助物联网水质监测设备和污水口监测实时掌握监测数据，有效提升污水整治管理效率及河道监管能力。吴中区甪直镇湖浜村通过"互联网+基层社会治理"的方式，依托乡村管理及数字化平台，按照一定的标准把管理辖区划分成单元网格，将人居情况、生态情况等纳入网格化管理，通过加强对单元网格的巡查，建立起一种监督和处置互相分离的模式。

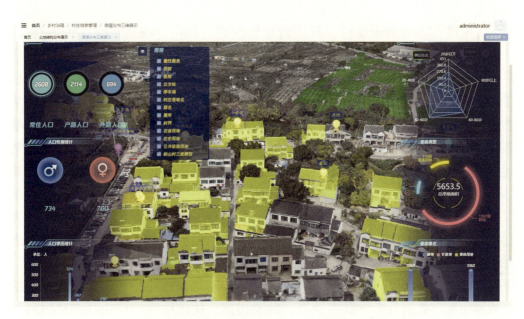

苏州高新区树山村数字乡村立体管理平台三维地图

（三）数字带动，基础设施完善升级

1. 网络覆盖，村庄设施数字化升级

在智慧农业建设中，苏州对农村千兆光网、5G、移动物联网与城市进行同步规划建设，为农业生产经营和村民生活提供更为便利的条件。

比如，太仓市城厢镇万丰村在进行智慧农村改造的过程中，通过引入互联网、大数据、人工智能等新一代信息技术，实现传统基础设施的数字化、智能化改造升级，完成农村宽带网络、移动网络和广电网络建设，取得了宽带网络入户率100%、5G网络覆盖率100%、数字电视入户率100%的成效。昆山市周庄镇东浜村在智慧农业开展过程中带动村庄基础设施建设，小区及自然村宽带网络、5G网络、数字电视覆盖率均达100%；陆家镇陈巷社区不断推进网络基础设施建设，宽带网络入户、5G网络推广、数字电视入户等基础设施建设取得显著成效，实现了农村与城市"同网同速"。

2. 灾害预警，安全隐患防范于未然

新一代信息技术和农村生产生活的深度融合，有利于提升灾害预测和防范能力。苏州通过计量设备、自动警示系统、视频监控等设备形成数字防控网络，实现对河道汛情、火灾隐患和用气安全的全周期自动防控，大大提升了灾害预防能力。

张家港市南丰镇永联村在村庄智慧化改造过程中，统筹软硬件设施布局。一是建立社区消防自动警示系统，与江苏省广播电视总台（集团）合作，在每户老年公寓房内安装火灾、煤气自动报警系统；二是建立河道防汛报警系统，在区域内的河流中全部安装水位监控系统，实时掌握水位情况，同时在农业生态区建立排涝系统；三是建立人脸、车辆识别系统，对监控系统进行改造，全部使用集高清人脸识别、红外测温、车牌识别等功能于一体的摄像头，提升灾害预测和防范能力。昆山市巴城镇华社村安装智慧气感报警设备，村民可使用"守护侠"App接收煤气罐泄漏实时警报信息，村庄重要路段、地点监控平台实现联网对接，配套相应管理系统和服务应用，村民和管理人员可实时、回放调看镜头，防患于未然，保障村民生产生活安全。吴中区甪直镇湖浜村为有养老需求的老年人提供智能化家居设备及服务设备，如烟感器、气感器、门磁等，保障老年人的生命及财产安全。吴江区横扇街道沧洲村建立智慧消防系统，实现数据收集、数据分析、数据预警、精准指挥、优化反馈的模块动态化过程管理，并在数字平台上及时预警、分析，将指令反馈给相关部门，以"小应用"消除"大隐患"。

（四）精准帮扶，公共服务均衡发展

1. 智慧医疗，解决农村就医难题

苏州通过数字化平台建设，创新和优化乡村公共服务，为村民建立电子健康档案，增设智能自助医疗设备，利用"家庭医生"，拓展医疗互助场景，补足

农村医疗短板。

苏州高新区通安镇树山村增添智能化自助医疗检测设备，将医疗服务与传统医疗卫生机构、医疗健康服务深度融合，打造"医养结合、主客共享"的"村邻"中心，向村民、游客免费开放；同时，建立健康数据库，提供"一人一册"的电子健康档案，结合"家庭医生"服务，为健康状况"亮红灯"的村民提供上门医疗服务。张家港市南丰镇永联村的智慧医疗互助场景，形成以家庭为单位、村集体提供补贴的村级医疗互助基金，为大病医疗提供临时资金支持，打通医疗保险在农村场景的"最后一公里"。昆山市巴城镇东阳澄湖村对村庄医疗服务进行了数字化升级，利用 PC 电子平台记录来站就医患者病情，使后期诊疗智慧化、便捷化。吴江区黎里镇元荡村建成了数字医疗健康管理服务站，配备智慧诊疗服务机，与上海健康云平台合作，提供"复诊配药""一键续方"等服务。如果村民之前在上海看过病，后续配药就无须再跑一趟上海了。村民在村里提交申请，上海的医院审核通过后就会把下一疗程的药品寄到上海青浦区的朱家角镇，再由朱家角镇统一寄到元荡村的村民家里。张家港市杨舍镇善港村建立了张家港市首个村级医疗互助基金试点项目——"善福康"，致力解决因病致贫、因病返贫等难题，成为村民的"第二医保"，现已累计惠及村民 4000 余人，发放补助金 350 多万元。"善福康"项目可在福村宝系统上办理，也可通过村委工作人员在 PC 端办理。另外，福村宝系统还有移动客户端，村民可以在手机下载"福村宝"App，在线提交相关材料，办理事务。同时，善港村卫生服务站还基于已有的基层医疗信息系统、健康档案管理系统、江苏省严重精神障碍系统、江苏妇幼健康信息平台等，为患者提供更好的医疗服务（包括建立健康档案、分诊转院、提供电子处方、家庭医生签约、上门问诊预约、老年人免费体检管理等线上医疗服务）。

2. 智慧养老，弥合农村敬老缺口

苏州对信息平台上的涉老数据进行整合、分类，将涉老信息与可视化村庄模型相结合，利用传感器等终端设备，精确把控老年人的位置、身体健康状况等，当老年人的身体出现异常情况时，相关部门和人员主动提供医疗和养老服务，实现老年人疾病的"早预防、早发现、早治疗"。

苏州高新区通安镇树山村依托智慧平台，拓展养老服务功能，建立放心家居体系，在重点人群家庭安装"一键通"系统，为有养老需求的在村老年人配备智能穿戴设备、家居设备和呼叫设备等，提供一体化智慧健康养老服务，利用信息技术，实现养老档案建立、服务工单确认、养老知识推送、跌倒监测、

昆山市陆家镇智慧养老服务中心

用药提醒等场景的智慧化应用，为老年人及智力残疾人等特殊群体提供服务。张家港市通过"虚拟养老院"服务到村，加强老年人智能腕表、"一键通"等智能产品的应用，开设"12349养老服务热线"、微信小程序，集紧急呼叫、服务派遣、监督管理、老人健康档案管理等功能于一体，为老人提供4大类90余项"线上+线下"养老服务，加速普及智慧居家养老，有效解决老年人居家养老难题。昆山市巴城镇东阳澄湖村开展智慧化养老，为村内老年人提供适老智能化设备（如陪护机器人、智能手环、人体感应、一键SOS等），实现用药提醒、心率监测等功能，并实时将设备数据采集到平台，及时进行异常数据监测预警（如跌倒监测、心率异常等）。

3. 云上教育，促进城乡教育优质均衡

为促进教育公平，推动优质教育资源共享，实现中小学生同城待遇，从2019年起，苏州启动实施云上教育同城帮扶行动，出台《苏州云上教育同城帮扶计划》等文件，通过共建直播教室、课堂教学帮扶、教师结对帮扶、扩大名师直播课程等方式，开展课堂讲授、问答互动、作业布置、同考同批等教学工作，让全市学生能够共享名校的名师课程，让所有教师能够接受优质学校教师的在线教研帮扶，充分利用信息化技术缩短普通学校与优质公办学校在教育教学质量方面的差距，输出名校先进办学理念、成功管理模式、优秀课程教学和优秀教师团队，充分放大名校的示范辐射作用，切实打破城乡学校、区域划界形成的"壁垒"。仅在2021年，苏州市就利用线上线下相结合的方式开展了4000次同城帮扶教研活动，受惠学生超过50万人次。

张家港市云上教育技术培训会外来工子弟学校课堂现场

三、苏州智慧农业推进乡村治理现代化的成效

（一）互联互通，多元共治场景实现

1. 平等对话，消除主体间的隔阂

"互联网+"的扁平式社会架构及平等对话模式，会大幅压缩由于职位落差而形成的优越感与权力真空，打破传统利益格局对农村社会治理的桎梏，让多元主体在互联网时代拥有更多话语权，使群众也可以利用数字化治理平台建言献策，通过线上积极参与宜居乡村建设，为形成共建共治共享的乡村治理格局献力。基层政府还可通过数字化治理平台履行自身在乡村现代化治理中的相关职能，明确界定各个主体的权责和分工，为乡村全面振兴提供服务、产品等多元化资源。在基层政府和基层组织的信息公开方面，可以通过政务数据平台，强化群众监督，让群众的意见表达有途径、有反馈，提高其政务参与度，从而破解多元主体之间的融合难题。

比如，张家港市南丰镇永联村通过建立联动工作站和协同共治平台，对村庄各类服务需求进行收集汇总，由第三方机构通过平台统一受理，并按照每个治理主体的分工派送至相关单位，合理界定各部门权责，拓展反馈渠道，为不同人群提供具有针对性的解决方案，通过移动设备、网络热线、实地走访等实现人群全覆盖，并通过反映系统及时处理相关问题，给出最优解决方案。昆山市张浦镇金华村通过将"三治融合"平台与市级双网融合系统深度结合，实现从村里民生矛盾、村民建议问题、村庄发展建设到走访次数、问题解决进度等情况在平台的全过程记录、一一展现，提高了村庄建设和村务治理的透明度。苏州高新区通安镇树山村通过建设公共服务平台和网上办事处，实现信息公开、村务互动、办事流程全程公开等信息集成化管理，不仅便于村民办事，也为村民提供了参事、议事通道。吴江区盛泽镇渔业村利用"互联网+村务管理"，基于 CIM（common information model）管理系统，精准实行"三资（指农村集体经济中的资金、资产、资源）""三地（指符合国土空间详细规划但单个地块无法单独出具规划要点、无法单独标图入库，因成片改造需要与主体地块一并纳入改造项目进行整体利用，累计面积不超过主体地块总面积一定比例的边角地、夹心地、插花地）"管理，通过"智慧广电"发布本村"三务（村级党务、村务、财务）""三资"、人居等信息，加大对村级党务、村务、财务的监督力度。昆山市巴城镇华社村使用昆山市"三资"管理服务平台，利用"互联网+村务管理"实现农村集体"三资"的保值增效；使用苏州产权交易平台对农村土地、集体经营性建设用地进行发包，在"智慧 e 阳光"平台对村务、财务信息进行网上公开。

2. 数据联动，破解资源分配难题

苏州通过基层政务数据平台建设，实现村庄数据与市县（区）平台对接，促进城市与乡村之间数据共享、资源流通，同时充分调配和利用不同地区的数据信息资源，打通数字关节，推动形成市、县（区）、乡政府的联动与"两委"、村民等多元融合治理的局面；同时，通过学习知识，提高村民使用网络工具的能力，缩小因"数据鸿沟"而产生的资源差距。此外，利用农业数据平台，农民可以获取更多与自身相关的数据资源，从而对村庄建设情况有更为清晰的认识。

比如，苏州高新区通安镇树山村通过苏州高新区智慧乡村系统采集并存储村内物联网设备数据，通过苏州高新区大数据局政务云和政务资源协同支撑平台与苏州市农业农村数据中心实现数据共享，同时凭借强大的接口服务能力链接外部资源。常熟市"智慧三农"平台通过市、镇、村三级联报和科站所汇总两种方式更新数据,并及时对接至苏州市大数据基础平台,逐步实现省、市、县(区)数据的互联互通。张家港市塘桥镇金村村的智慧金村综合管理平台通过部署至张家港市政务云,实现金村信息系统和市、镇两级信息系统的互联互通、数据交互,依托张家港市政务云建立金村数据资源目录,参照政务数据共享标准,实现金村农业农村数据和张家港市政务大数据中心的互联互通;村内住宅区的视频监控网络接入张家港市公安系统,重点工业企业的视频监控设备和物联网监测智能终端接入张家港市应急管理局,实现市、镇、村三级安全生产、应急管理的数据共享、业务联动;农机合作社和金村华田家庭农场的视频设备、物联网设备接入张家港市农业农村数据中心;金村卫生室的村民健康档案接入塘桥镇、张家港市卫生系统大数据中心,实现村民健康档案和镇、市医卫大数据中心的数据共享、按需使用;作为省级四星级档案室,金村档案室实现了村级电子档案和县、市档案系统的信息共享、数据互联互通。

苏州高新区通安镇树山村

(二)平台赋能,治理效果持续提升

1. 数字场景,决策管理现代化

苏州通过对农业资源平台海量信息的利用,拓展村庄数字化治理场景,形成线上线下相结合的数字乡村治理网络,并全面覆盖乡村,增强问题处理的精确性和高效性。同时,通过智慧乡村管理,形成数据服务提升与村庄长效治理机制。

比如,吴江区黎里镇东联村将基础地理信息与各类农村信息、巡查信息相结合，建立统一的智能海量数据资源管理平台，将分散的农村基本数据转变为信息资源，提高基层治理业务能力，为农村监管和辅助决策提供支撑，实现农村管理和决策的"智慧化"。常熟市古里镇坞坵村开发了数字乡村管理系统，集成乡村印象、基础要素、党的建设、民主公开、产业发展、智慧治理六大功能模块，实现村务治理的精确化、及时化。昆山市巴城镇华社村利用网格长综治警务网格化App，集信息搜索、分析研判、指挥调度、事项处理、绩效考评等功能于一体，将人居环境整治、矛盾纠纷调解、"331"隐患排查等任务融入网格治理，通过"手上的大数据"与网格化的结合，实现村庄网格化管理，提升乡村治理效能和治理精准度。昆山市周庄镇东浜村通过"昆山政务服务管理平台""周庄镇集成指挥中心""昆山市网格化信息系统"等30多个常用政务平台，完成与周庄镇行政审批局互通的一体化服务平台建设，提供248个行政便民服务事项。吴中区甪直镇湖滨村建成"村村享"一体化平台，涵盖智慧党建、信息公开、村务管理、便民服务、文化阵地、民生关怀、平安乡村、事件管理、农业农村村容村貌等方面内容，统一端口进入，建立健全基础

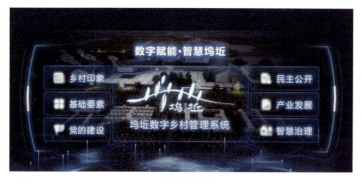

常熟市古里镇"数字赋能·智慧坞坵"坞坵数字乡村管理系统

数据库，进行专业化的数据分析。

2. 智慧调解，及时化解村民矛盾纠纷

苏州通过"虚拟乡村"建设，提升村民知识水平与政治素养，协调政策下乡中村民认知与政策落实之间的矛盾，畅通诉讼渠道、繁简分流、提高审判效率，有效增进村民之间的沟通并消除隔阂，使他们在增进感情的同时获得更多的共识，促进其行为协同。比如，吴江区黎里镇东联村在村庄法官驿站设置智慧远程调解系统，通过互联网络全覆盖、全时空、全领域地排查并化解社会矛盾纠纷，使法官驿站发挥人民调解员、法律顾问的作用，让村民享受高效便捷的"智慧调解"服务，村民可通过法官驿站直接与法官互动交流，得到专业的法律问题解答，真正实现"小事不出村、大事不出镇"，矛盾纠纷就地化解。同时，各小组成员采用分片包干的形式，在分配区域内进行巡查，发现问题后经

GPS 定位，自动记录问题所在位置并上传系统，从发现问题到解决问题仅需 5 分钟。自"治惠东联"信息化平台运营以来，共解决包括村容村貌、环境卫生、公共设施管理等在内的问题 600 余件，实现了乡村治理线上化、透明化、智能化，共建、共治、共享的乡村治理格局日益形成，保证了村民生活的稳定和谐。

3. 部门协同，提升乡村监管效能

苏州采用"专业执法+联合执法"模式，对村庄数字化基础设施进行完善，强化移动执法、卫星遥感监测、无人机侦察等，提升监控预警能力。比如，吴江区围绕长漾湖国家级水产种质资源保护区建立雷达探测、光电联动、AI 识别三大技术综合应用模式，对非法入侵目标进行全天候探测、智能识别、主动报警、自动取证、自主驱离、联动跟踪，在全国率先实现了内陆水域 GIS、雷达联动光电、AI 识别、执法联动的综合应用，执法人员能够根据系统实时汇聚的事件点位、现场证据等数据，及时到达现场，进行执法与驱离。

（三）一网通办，政务服务高质量发展

苏州通过乡村综合服务平台数字化升级，对村情档案管理、村务管理、日常事务管理、财务管理、新闻公告发布、扶贫管理、集体资产管理、组织管理、项目管理等数据进行收集，并通过微信公众号、政务服务平台、手机 App 等便民渠道提供网上服务，提高问题解决效率。同时，在智慧农业试点中，苏州打破"数据烟囱"，加快部门之间的沟通、协调，推动政务服务"一张网"，让"数据多跑腿、人民少跑路"，助力基层服务能力现代化。

张家港市创新推出"一窗联办""跨省通办""异地可办"服务，率先建成覆盖市、镇、村三级的线上线下一体化公共服务事项办理平台。其中"网上村委会"信息化平台覆盖张家港全市 182 个行政村（社区），实现了"数字进村"，平均压缩审批环节 50% 以上；推动政务服务"一张网"进农村，建设村庄（社区）服务站点 245 个，实现乡

张家港市杨舍镇善港村党群服务中心一站式服务大厅

村政务服务全覆盖、无盲点；打造"e沙洲"帮办代办服务品牌，健全以"市、镇、村三级联动，全市覆盖无盲点"为特色的帮办代办服务体系，真正实现群众足不出户就能办成事。凤凰镇双塘村基于村级基础数据库，利用张家港市智慧城市数据底座，实现市、镇、村三级数据交互及共享，进一步完善村一体化政务服务平台，推进服务事项标准化，实现线下服务"线上办"和线上服务"简单办"，让群众足不出户就能享受到政府的贴心服务。昆山市巴城镇华社村建立一站式服务大厅，开设全科窗口，构建一体化政务服务平台，借助信息手段为村民办理人力资源和社会保障、计划生育、民政、老年人服务、退役军人服务等近70种日常生活事项，村民也可通过"江苏智慧人社"平台在线自行办理灵活就业事项。吴中区甪直镇湖浜村建设便民服务一体化平台，满足村民的出行、邮寄、就诊挂号等需求。该平台涵盖查询天气、查询快递、查询违章记录、健康医疗、居家养老等功能，全方位解决村民生活方面的问题。

（四）智能管控，村庄安全水平全面提升

苏州利用村庄综合治理网络实现所有监控点的联网应用，形成村庄3D影像地图，再通过AI智能监控应用，对重点地区或具体事件进行可视化实时管控，并对村庄场所信息、人口数据、建筑风貌进行全面感知和精准把握、联动控制与网格化管理，实现村庄平安建设信息互联共享，大大缓解相关人员压力，解决数据冗杂、力量分散问题，有效遏制安全事故，建设平安乡村。

盛泽镇渔业村智慧管理中心

盛泽镇渔业村建立吴江区盛泽镇渔业村智慧管理中心，实现出入口24小时在线监管、重点区域AI智能实时监管，以及对人员车辆的可追溯管理、重点地区火警自动报警和消防设备电子定位。张家港市塘桥镇金村网格化综合治理分中心设置有总控室，实现"网格化监控、一站式管控"，结合网格（综治）平台，形成发现问题、上报问题、解决问题的闭环。

村级监控平台作为"公安视频监控"的补充和延伸,充分发挥网格(综治)平台统筹资源、指挥调度、督导落实的综合枢纽和实战功能,全面有效地巡查、排查、处置各类矛盾纠纷和风险隐患,为扎实推进疫情防控、道路交通安全保障、治安管理、信访维稳、环境治理等工作提供有效的监管保障。吴中区用直镇湖浜村运用"5G+AI"技术,通过视频监控和行为识别分析,主动发现隐患并发出告警、生成工单,替代人工监测。昆山市玉山镇新乐村村域内建有完善的监控安防系统,小区公共区域全覆盖,实现"人防"转"技防"。

【本章参考文献】

刘颖晴. 农业农村现代化的内在逻辑[J]. 农村经济与科技, 2022, 33(2): 214-216.

姜长云, 李俊茹. 关于农业农村现代化内涵、外延的思考[J]. 学术界, 2021(5): 14-23.

贺艳. 高标准打造农业农村现代化首都样板[J]. 前线, 2022(8): 79-82.

李周, 温铁军, 魏后凯, 等. 加快推进农业农村现代化: "三农"专家深度解读中共中央一号文件精神[J]. 中国农村经济, 2021(4): 2-20.

杜志雄. 农业农村现代化: 内涵辨析、问题挑战与实现路径[J]. 南京农业大学学报(社会科学版), 2021, 21(5): 1-10.

秦国伟, 董玮. 农村现代化的内涵、演进与建构体系[J]. 中国发展观察, 2021(5): 45-46.

李志平, 田小坤. 中国特色农村现代化未来演变趋势与对策思考[J]. 统计与决策, 2022, 38(11): 5-10.

钱佰慧, 陈思霖, 徐洋, 等. 农村现代化水平评价指标体系构建与测度分析[J]. 农业经济与管理, 2021(6): 39-49.

李三辉. 乡村治理现代化: 基本内涵、发展困境与推进路径[J]. 中州学刊, 2021(3): 75-81.

何海霞. 互联网时代我国智慧农业发展痛点与路径研究[J]. 农业经济, 2021(6): 15-17.

罗芳芳. 中国共产党推进乡风文明建设的基本经验和启示[J]. 安徽农业科学, 2022, 50(19): 263-265, 273.

李健. 数字技术赋能乡村振兴的内在机理与政策创新[J]. 经济体制改革, 2022（3）：77-83.

吴惠舜, 刘海峰, 钟林忆, 等. 广东农业农村大数据应用服务平台研究与设计[J]. 现代农业装备, 2022, 43（2）：18-25.

冯亮, 王爱根. "互联网+乡村振兴"的具体应用及思考[J]. 农业科技通讯, 2020（1）：6-9.

上篇　理论总结篇

第四章　苏州智慧农业推动农民现代化的成效

农民现代化在农业农村现代化中是关键的一环，也是最难的一环。本章从苏州智慧农业的实践经验出发，全面分析苏州通过智慧农业推动农民的生产方式、生活方式、思想观念现代化的作用和做法，以为我国农民现代化的路径选择提供借鉴。

一、农民现代化及其在我国的推进

（一）农民现代化的内涵

农民现代化是指农民在与农业、农村现代化乃至社会现代化互动发展的过程中，在生产、生活和综合素质等方面摒弃传统落后因素，获得物质生活和精神生活的大幅度提高，实现由传统农民向现代农民转变的过程。农民是农业发展的承载者，是美丽乡村的建设者，没有农民的现代化，农业农村的现代化就无从谈起，国家的现代化更无从谈起。从人的现代化与社会现代化的关系来看，农民现代化是农业农村现代化发展的重要保障。美国学者英格尔斯认为："人的现代化是国家现代化必不可少的因素。它并不是现代化过程结束后的副产品，而是现代化制度与经济赖以长期发展并取得成功的先决条件。"① 同样，农业农村现代化的推进也需要农民现代化作为保障。只有彻底消除传统落后的小农意识，提升农民的现代意识、现代能力、现代素质，实现"传统农民"向"现代农民"的转变，才能充分发挥农民在乡村振兴中的主体作用，实现农民在乡村振兴中由被动参与向主动作为的转变，进而为乡村振兴提供坚实的主体力量。同时，农民现代化也是实现农村现代化的根本途径和不竭动力。人是生产力中最活跃的因素，也是决定性因素。实现农村现代化，需要农民在这方面拥有与之相配套的现代化素质，并由政府相关部门提供坚强保障。农民现代化与农村现代化是一个相互联系、相互作用的整体，农民现代化是农村现代化的具体体现，农村现代化是农民现代化的集中反映。

---

① 阿历克斯·英格尔斯. 人的现代化［M］. 殷陆君，译. 成都：四川人民出版社，1985：8.

(二) 农民现代化的解构

农民现代化可以有不同的解构方式。有学者认为，中国农民的现代化要在非农和农业两个领域进行：一方面，离开农业生产活动，通过职业和身份的非农化转变实现市民化；另一方面，通过转变传统经营方式，使传统农民转变成经营现代农业市场的高素质农民。也有学者认为，农民现代化主要包括农民劳动能力的全面发展、农民社会交往的全面发展和农民个性化的全面发展。还有学者认为，农民现代化包括农民生产方式的现代化、农民生活方式的现代化和农民思想观念的现代化。本书采用第三种分类方式，从生产方式现代化、生活方式现代化、思想观念现代化这三个维度来分析苏州智慧农业对农民现代化的推动成效。

1. 农民生产方式的现代化

农民生产方式的现代化包括生产场景、生产资料、生产技术等的现代化，它一方面给农民带来了先进的发展理念、提升了其生产能力，另一方面也有助于农民建立乡村文化自信并形成积极向上的精神面貌，充分激活乡村现有人才的活力，调动其工作的主动性和积极性。

农民生产方式的现代化不仅仰仗农民自身素质的提高，还有赖于农业基础设施、农业技术、生产设备和农业生产场景的改善。因此，梳理我国"三农"和乡村振兴相关部署可以看到，我国不仅持续不断地通过推动农业基础设施的现代化、农业生产设备和装备的现代化、强化农业科技支撑来推动农业生产场景和设施的现代化，还高度重视新技术的普及和培训，以及农业经营体系的现代化，以此来提升农民整体的科技文化素养和就业技能，将先进适用的品种、投入品、技术、装备导入小农户，从而加快农民生产方式现代化的进程。当前，新型农民的培养体系不健全、农民的老龄化程度提高、农业基础设施的建设不均衡等问题，成为推进农民生产方式现代化的重要障碍。

2. 农民生活方式的现代化

农民生活方式的现代化主要包括农民收入水平的提升，以及在收入水平提升基础上的生活方式转变，如消费观念现代化、闲暇时间利用现代化、农民交往方式现代化等。由于各类现代化技术和设备的利用，农业劳动生产率大大提高，农民的闲暇时间也逐渐增加，能够充分、有效地运用现代化手段来利用这些闲暇时间是农民生活方式现代化的一个重要体现。农民交往方式的现代化包括交往范围扩大化和交往方式多样化，是推动农民认知发生变化的关健因素，因此也是农民现代化的重要组成部分。

在我国乡村振兴战略中，生活富裕与农民生活方式现代化的关联最为密切。生活富裕是乡村振兴和农村现代化的首要任务，涵盖了物质、精神、社会关系和社会生活的富足及对未来生活的自信乐观，是亿万农民对美好生活的

苏州高新区树山村景色

期盼。从总体上说，生活富裕的过程也是多数农民进入中等收入生活水平，相对贫困和低收入人口数量逐步减少的过程。温铁军认为，农民是乡村建设的主体，必须把农民的积极性、主动性、创造性调动起来，只有给予农民肉眼可见的实惠，只有农民生活富足了，乡村振兴全面发展才能实现。生活富裕是实施乡村振兴战略的根本出发点和最终落脚点，是农村广大群众对美好生活的向往和追求，涉及农民最关心、最直接相关、最现实的利益问题，不仅反映着他们当前的生活水平和基本需要，还影响着他们参与环境改造、文化传承、村庄治理等乡村振兴其他方面活动的态度和行为。广义上讲，生活富裕也包含了基础设施完善、提升服务供给、保障全体公民生存和发展基本需要均等的部分，可以被看作是农村物质和精神生活的协同发展及共同富裕目标的实现。狭义上讲，生活富裕是农民收入增加、生活质量提升的过程。从目标与部署上看，国家对农民生活富裕的部署主要包括拓展增收渠道和场景，加强农民职业技能培训，实现农村居民收入稳步增长，持续缩小城乡居民收入差距；进一步加强低收入人口和欠发达地区帮扶，守住不发生规模性返贫底线。

3. 农民思想观念的现代化

农民思想观念的现代化是乡村振兴战略的内在动力。首先，农民思想观念的现代化可以为乡村振兴战略的实施提供良好的外部环境。农民只有拥有了现代化的思想观念，才能主动参与各类现代化、机械化、规模化的生产活动，才能实现农业的现代化发展。其次，农民思想观念的现代化还为农业农村现代化提供了充足的内在条件。乡村振兴战略的实施需要农民在思想观念充分转变的

同时构建起充分的文化自信，要求农民必须具有现代化的政治、经济、文化观念。意识对行为有着能动的作用，因此，党的二十大报告明确提出，要从根源上实现农民思想观念的现代化。然而，在改革开放大潮中，农民的思想观念发生了极大转变，如何使农民在这种转变中继续传承中华优秀的乡土文化，是当前面临的一个重要问题。

在我国乡村振兴体系中，农民思想观念的现代化主要用"乡风文明"来统领。乡风文明是指通过深入广泛的思想道德和文化设施建设，改善农民的精神面貌，提高乡村社会文明程度，带动农民形成文明、科学、健康的生活方式，营造风清气正、向上向善的道德风尚。乡风文明是实现宜居的关键，是乡村治理有效的灵魂，是农村现代化进程中不可或缺的一环。乡风文明作为乡村振兴战略的重要抓手，既包括陈规陋习的有效遏制、文明乡风管理机制和工作制度的建设，也包括婚事新办、丧事简办、孝亲敬老等优良社会风尚的传播，以及农民精神文化设施和供给的不断提升，最终目的是实现乡村社会文明程度不断提高、农民精神文化生活不断丰富，让农民有实实在在的获得感，激发出乡村的内在活力，形成积极、健康、向上的社会风尚。2005年提出的新农村建设20字方针已将"乡风文明"作为目标之一，之后经过不断演进，乡风文明建设工作的内容不断得到拓展。到党的十九大召开，乡风文明作为乡村振兴的关键一环再次进入人们的视野。党的二十大报告提出，"全面建设社会主义现代化国家，最艰巨最繁重的任务仍然在农村"。文化是乡村振兴之魂，要将乡村文明建设与中华优秀传统文化相结合，铸就具有中国特色的乡风文明。近年来，我国有关乡村文明工作的部署基本包括加强乡村精神文明建设和思想道德教育、强化村规民约建设、提升乡村教育质量、强化乡村文化产品供给、建立健全乡风文明建设的管理监督长效机制等方面。

从实践发展来看，我国农民的思想已经发生了翻天覆地的变化，但小农思想依然在一定程度上影响我国农民现代化程度的提高，突出表现在一部分农民封闭守旧、进取心不强、对新生事物和新技术接受慢等。此外，由于城乡差距的存在，以及历史、文化等多方面的原因，大多数人并不认为农民是一种职业，对农民的认知仍然处在农民是社会的一个阶级或者是底层身份的象征这一阶段。这种问题的存在，与我国乡村文化产品缺位、公共文化服务匮乏、基础设施相对落后、人口老龄化、人才不足等问题密切相关。

二、苏州智慧农业推进农民生产方式现代化的成效

农民生产方式的现代化要求农民必须从根本上转变传统生产方式，走科技兴农的道路，不断提高农业的现代化程度，加快用现代物质条件装备农业、用现代科学技术改造农业、用现代产业体系提升农业、用现代经营形式推进农业的步伐。

（一）改造农民生产场景

生产场景指的是在一定空间内，由人（现场也可能没有人）、机、料、法、环、数据等要素组成的，以价值输出为目的的生产综合能力。农民生产场景的主要要素包括生产机械（农具）、生产方法、生产环节和生产数据。在传统农业生产场景中，由于生产机械不能及时更新，并且农民自身缺乏相应机械的使用培训，因此，生产机械较为落后。同时，传统的生产方法和生产环节效率较低，对各项生产要素的运用不够充分。以上这些问题都会造成农业生产效率较低，不能满足现代化农业生产场景的需求。苏州的实践证实了智慧农业在改造农民生产场景方面具有颠覆性潜力。

以养猪为例。传统养猪场景又脏又臭，吓退了不少年轻人。然而，常熟的智慧式养猪项目实现了喂料、冲洗、控温、通风、排污等全面自动化，管理人员不需要进入生产区就能实现生产管控、远程指导和诊疗，又脏又臭的养猪变成了"白领工作"。再以水稻大田生产场景为例，传统的水稻种植从播种到采收全过程费时费力，需要农民付出艰辛劳动，而吴江的"无人化农

常熟德康农牧有限公司智能饲喂设备

场"实现了耕、种、管、收全程无人作业，人们只需动动鼠标即可完成农业生产全过程。又如，张家港市七彩明珠农业科技专业合作社的葡萄生产场景，通过手机遥控大棚温控系统、灌溉系统、施肥施药系统，颠覆了葡萄生产是中高强度劳动的印象。

吴江区无人农场收割机作业场景　　　　吴江区无人农场插秧机作业场景

（二）优化农民生产资料

农民生产资料主要包括农机设备、各类农具、农药、农作物种子，以及农、林、牧、副、渔等类产品的加工、运输、储存设备等。现存的农民生产资料形式大多较为单一，并且相互之间缺乏联动互助，附加值较低，且耗费大量的人力和物力。苏州的智慧农业能够优化每个农业生产环节的农民生产资料。

1. 无人机、手机、电脑成为新农具

随着智慧农业设施的完善，无人机在苏州农业生产中的用途越来越广泛，使用方法越来越便捷，使用成本也越来越低，模式创新程度却越来越高，在灾情监控、农田测绘、病虫害防治、传花授粉、施肥等多个农业生产环节中，都有无人机的应用。重要的是，苏州通过创新模式，使农民无须拥有无人机，无须掌握无人机操控技术，甚至无须出门，只要点点鼠标或用手机下单、支付，就可以让无人机以相对低的成本且以"不见面"的方式为自己服务。

2. 数据、操作系统成为生产资料

智慧农业的发展不仅使数据、操作系统和操作模型的价值逐渐显现出来，还使更多的数据与信息及整合了现代农业知识和技术的生产模型流向乡村，成为越来越重要的生产资料。比如，吴江区利用大田种植、畜禽养殖、水产养殖、设施园艺等几大智慧农业主导项目的生产数据整合53万条数据和55个业务图库，通过数字管理平台汇聚形成"一张图"，为农业农村发展提供有力的生产经验和数据支撑；同时，将平台系统中的数据作为生产信息资源，以辅助农产品质量安全追溯、农业综合执法、渔业生态管理、智慧农机装备、农业生态环境监测等为抓手，有力弥补农业农村生产中的信息鸿沟。布瑞克农业大数据科技集团有限公司依托强大的数据采集能力，应用先进的信息处理技术，为用户提

供高质量的信息服务，包括数据查询、数据分析、行情报价、新闻资讯、研究报告、竞争情报、数据地图等。据称，全国排名前列的农业院校中有80%以上都在用布瑞克农业大数据科技集团有限公司的农业数据终端，利用数据挖掘工具和统计分析工具实现农业数据资源的可视化、专业化、智能化图表展示。此外，布瑞克农业大数据科技集团有限公司的数据库还支持定制化服务，用户可以自行定义和上传数据，对数据进行灵活加工，制作专属的农业研究模型。相城区倪家湾水之田现代农业基地引进荷兰温室管理自动化公司的Priva操作系统，通过信号采集系统、中心计算机、控制系统对农作物的生长环境、生长过程进行调控。在生长环境监控调控方面，系统可设定适合每种作物适宜生长的温度、湿度、光照，通过传感器采集温室内的温度、湿度、光照等数据，实现自动加温、降温、遮阳。在生长过程检测调控方面，可以通过Priva水肥一体化灌溉技术，在准确的时间对植物供水配肥进行最优化控制，以形成作物所需的最佳组合；在病虫害防治中采用绿色防控技术，如物理防治、生物防治等，可以减少农药使用量30%，提高果品品质。在常熟市的德康农牧改进生产操作系统中，所有的操作都能通过电脑系统进行控制，空气能热泵及中央空调主机由微电脑控制，在调试时只要设置好所需要的参数配置，主机就会根据室外温度、室内温度及水温情况，实现远程智能化操控。

吴江数字农业农村管理平台

3. 农业机械和设施的智能化

在苏州的智慧农业场景中，各种农业机械如无人插秧机、无人收割机、无人采草莓机、毛豆机、农业机器人等比比皆是，传统的农机逐步被淘汰，农民越来越多地通过操控手机和电脑来操作农业机械。与之相伴随的是农业设施的

苏州漕阳生态农业发展有限公司

智能化。比如，相城区倪家湾水之田现代农业基地建成了国内领先的智能化玻璃温室，温室四周全部应用钢化双层中空玻璃，配套增加侧保温幕与内保温幕，顶部应用漫反射钢化玻璃与折叠式防虫网，同时配备进口风机、湿帘、弥雾、循环风机等设备，使温室能满足多种植物生长的需要，且温室中配备的采摘机器人和温室轨道运输机器人可灵活移动、自动行走，从而实现生产、采摘、运输一体化。

（三）提升农民生产技能

人才的现代化是推动生产方式现代化的重要方式之一，但是由于农村地区缺乏吸引力，年轻人外出现象严重，留下的都是农业生产能力较低的老年人。苏州智慧农业不仅通过线上培训提高农民的生产经营能力，还通过改善农村相关的生产条件和生产场景，使现代化的农业生产更加适合受教育水平和综合素质更高的年轻人，许多年轻人受此吸引来到农村从事农业生产相关的工作，农民生产技能得到了提升。

1. 通过线上培训提升农民生产技能

智慧农业具有资源高度共享的特点，通过定制化的服务降低农民接入互联网的门槛，利用农村与城市数字资源对接，绕过线下教育的困境，让农民足不出户就能享受到互联网平台的优质教育资源，实现"随时在线"的网络教育服务。同时，农民还能通过线上安全知识和职业技能竞赛，提升对网络平台的使用能力，增强学习的积极性，学习更多的农业防灾减灾等相关知识，切实提高综合素养。苏州以发展智慧农业系统为契机，搭建起可以迅捷连接每个农户的遍在化网络，整合政府、农业园区、企业、集体等的培训资源，形成全天候的便捷培训体系，使农民摆脱时间、空间和身份等的束缚，随时随地接受各种培训，这在提升农民素质及促进农民创业、就业、增收方面具有不可估量的价值。

比如，苏州智慧农机龙头企业苏州久富农业机械有限公司通过"服务前置，授农机手以渔"的方式，依托微信公众号、微信视频号、快手、抖音、钉钉云等新媒体搭建"云课堂"，为农民提供高效、便捷、实时互动的远程技术培训，让农民随时随地能学习智慧农机知识和技能，为农业农村发展提供急需的人才支撑，培养时代新农人。相城区倪家湾水之田农业科技园与苏州农业职业技术学院智慧农业学院合作成立智慧农业产教融合基地，通过5G技术下的VR云视讯对农业机器人无人化生产场景进行直播教学，以辅助农民进行智慧化生产。吴中区光福镇香雪村通过组织"线上+线下"的多渠道专业培训学习，着力培育高素质农民、电商人才、苗木经纪人及绿化养护人员，围绕"党组织+苗木市场+合作社+农户+苗木经纪人"的发展思路，探索"党组织+"的人才队伍培养模式，通过素质提升为农民生活富裕创造条件，全年苗木产业年产值超4亿元。昆山市巴城镇东阳澄湖村坚持每年定期为村民组织网店运营、实战营销、网络直播等方面的电商培训，有270名村民参加培训并取得合格证书，平均每年创造村级电商销售收入超3500万元。张家港市杨舍镇善港村运用录播录课、远程教育等数字化手段进行"线下培训+线上辅导"，设置"理念革新""模式推广""党建引领""项目扶持""专技讲堂"等5大模块80多个专题，针对不同培训对象，量身定制培训套餐，累计培训学员1.5万人次，带贫减贫6万多人。

张家港市凤凰镇"直播带货 惠农致富"培训班

2. 通过改善生产条件吸引高技能农民进入农业

通过生产场景、生产资料和生产效益的提升，智慧农业为苏州乡村吸引了越来越多的年轻创新创业群体，并悄然提升着农民的生产技能。比如，苏州市华冠园创园艺科技有限公司就是一家以年轻创业者为主的新型农业经营主体，不仅打造了高标准的智慧园艺场景，还经营淘宝店铺1家、天猫店铺3家、抖音店铺1家。2021年，该公司在淘宝、抖音、微信公众号等电商平台的销售额累计超5600万元。近三年，该公司的网店客户平均增长率超30%，客户平均转化率为7%，月季类产品在整个行业所占比重在15%以上。现代化的生产和销售方式需要更多的年轻人加入，同时，也正是先进的生产理念和销售方法吸引了更多的年轻人。苏州博田自动化技术有限公司是一家人工智能赋能现代农业的机器人高新技术公司，核心团队由中国农业大学教授、博士及行业专家组成。苏州华冠园创园艺科技有限公司、苏州立美园艺科技有限公司、苏州大域无疆航空科技有限公司等智慧农业代表性企业都是由掌握了现代科技的年轻人下乡创建的。由此可见，在智慧农业的带动下，农民群体的人员构成也在悄然发生变化，农民生产技能不断提升。

3. 通过智慧生产系统降低对农民生产技能的需求

由于智慧农业生产系统把农业生产所需的繁杂知识、技能和理论集成到智慧农机或操作系统中，在很多情况下，使用者无须拥有相关的知识、技能，只要动动鼠标或操作一下手机，就可以完成复杂的农业作业，因此对农民生产技能的要求大幅度降低。借助智慧农业生产系统，许多原本不可能进入农业的人才也能够便捷地从事农业生产。

三、苏州智慧农业推进农民生活方式现代化的成效

前文提到，农民生活方式现代化不仅与农民自身有关，同时还与农业现代化和人居环境现代化的进程有关。鉴于前文已分析过智慧农业对农业现代化和人居环境现代化的推动作用，这里不再赘述，重点谈一下智慧农业对农民生活、交往和闲暇时间利用等方面产生的巨大影响。

（一）通过增加集体资产收益来提升农民生活质量

苏州智慧农业在农村集体资产增收方面发挥着重要作用。通过完善农村产权线上交易平台，苏州不断深化农村集体产权制度改革，制订苏州市农村集体资产商业化保险实施方案，通过网签大大节约程序化与沟通的时间成本，在固定时间内让资金在乡村完成更多的周转，从而增加乡村集体经营性资产。2022年，苏州全市农村集体总资产规模达到3800亿元，其中镇级资产2528亿元，村级资产1272亿元。集体经济收益的提高，不仅通过增加分红提升了农民收入水平，同时还提升了村集体对基础设施、公共服务的供给能力，从多个方面推动了农民生活质量的提升。

（二）通过提升农业效益来富裕农民

苏州智慧农业通过农业产业链的拉长、产业的深度融合、产业要素与市场的优化配置，集成市场需求、渠道、科技、人才、创意等资源，拓展农村产业

发展空间，突破各类要素瓶颈，极大地丰富了农民的就业增收渠道，使农民有了提升生活质量的经济基础。比如，吴中区光福镇香雪村的"农村电商+生态体验"经营模式，带动农产品实现年销售额近1000万元，在2021年实现村级收入1087万元，且农民人均可支配收入达46992元，同比增长7%。昆山市周庄镇东浜村通过产业联盟整合辖区内120余家民宿，统一对其进行线上线下管理，辖区内民宿年平均总收入升至1500万元左右，村民收入水平大幅提升。昆山市张浦镇金华村通过开发"智慧金华"小程序，以智慧地图导览、博物馆3D、全景VR、AI管家、短视频等方式，打造前端"数字乡村+智慧出行+惠民服务"和后端"大数据+智慧管理+智慧营销"的智慧金华文旅资源综合平台，推动金华村吃、住、行、游、购、娱全产业链建设，仅腊肉年销售额就达1500多万元。智慧农业企业苏州大域无疆航空科技有限公司培训的所有飞手均为当地农户、农忙季有空闲的兼职人员及农村未就业的剩余劳动力，年龄

昆山市张浦镇金华村"智慧金华"小程序

层覆盖20~60多岁，甚至有65岁的老人，飞手每年仅农忙季节的飞防作业收入即可达到人均4万~7万元，有些甚至可以达到十几万元，大大增加了农户及兼职人员的额外收入，带动了农村剩余劳动力的就业。

（三）通过推动基础设施与公共服务均等化来提高农民生活质量

苏州智慧农业通过各种智慧基础设施和公共服务建设，方便居民生活，优化乡村人居环境，筑牢现代化生活的物质环境基础。比如，张家港市的乡村固定宽带接入速率超50M用户数达到55.34万户，占比达98.03%；同时，张家港市积极推进5G网络覆盖，已累计建设开通5G基站1635个。在乡村办公、居

住、学习、娱乐等方面，张家港市乡村与城市的差异越来越小，吸引着年轻创业者到乡村创新创业。又如在文化设施建设方面，苏州智慧农业一方面利用数字网络的互联互通特点，创新文化共享模式，扫除农村与农村、农村与城市之间的文化交流障碍，形成城乡互促的村庄文化体系，不断丰富乡村文化生活内涵；另一方面，通过推动村庄文化设施的数字化升级改造，带动乡村文明实践站的数字化建设，实现村庄文化活动场景的拓展，催生出更多更具时代意义的文化精品。比如，苏州高新区通安镇树山村对介石书院进行数字化升级改造，与苏州市图书馆进行资源对接，使村民不仅可以通过市民卡、支付宝芝麻信用积分或游客房卡借阅图书资源，还可以在苏州市各大图书馆及分馆通借通还；并且，借此场景，定期举行主题文化交流活动，举办相关讲座、展览、体验、创作等活动，极大地丰富了群众的文化生活体验。张家港市通过启动数字图书馆、数字文化馆、数字美术馆、数字博物馆建设，建成基层公共文化服务数字化集群，为群众提供一站式公共文化服务。昆山市千灯镇前进村与喜马拉雅 App 合作，为村民配备专用耳机，村民可以在村委会的帮助下选择感兴趣的课程或书籍进行有声学习，实现了有声图书馆场景下的村民素质提升。

四、苏州智慧农业推进农民思想观念现代化的成效

（一）智慧课堂，助力农民文化素养提升

苏州通过线上教学平台，打破时间和空间限制，实现城乡教育资源互通，缩小城乡教育差距，提升农民整体素质，不仅丰富了村民的精神文化需求，而且有效解决了乡村文化建设"师资"不足等问题，如凭借大数据对互联网上的海量信息进行搜集、分类，筛选出更适合当地人群的教育资源，提供定制化教学服务。

张家港市不断发展乡村网络文化，启动数字图书馆、数字文化馆、数字美术馆、数字博物馆建设，建成基层公共文化服务数字化集群，为群众提供一站式公共文化服务，以文化素养的提升带动道德素养的提升，推进乡风文明建设，进一步加强农民思想观念的现代化。苏州高新区通安镇树山村通过智慧教育建设，将村庄教育资源与远程教育、网络培训平台对接，通过线上线下相结合的方式，提供农业农村生产生活教学培训，为农村居民提供多媒体教室、智慧课堂、智慧图书馆等公共服务场所，助力农民文化素养的提升。太仓市城厢镇万

丰村通过搭建线上智慧培训平台，开发多类乡村振兴课程资源，为农民提供餐饮美食、金融、党政、文学经典等公共或专业型课程服务，村民可通过移动设备随时随地在线学习、做笔记，也可以自己制作公开课件、开展直播交流。吴中区甪直镇湖浜村通过线上发布阅读学习、文体活动、农技学习等方面的内容，倡导全民阅读，丰富农民的精神文化生活；同时，建立调查问卷题库，设置多种题库管理功能，相关人员可以根据题库的内容发布问卷，开展调查。张家港市凤凰镇支山村把服务"三农"与"互联网+教育"相结合，对接张家港市农机信息化在线平台、张家港市远程网络教育平台，为农业农村生产生活提供在线培训，建设多媒体教室、智慧课堂、智慧图书馆、图书驿站等公共服务场所，增强空间承载力强，提升资源集聚度高，积极推动智慧教育模式创新发展。

（二）线上党建，扶正乡村文明之风

苏州以智慧农业建设带来的互联网终端普及为机遇，通过线上线下相结合的方式，以数字化党建管理制度来促进思想观念现代化，实现了社会主义核心价值观及农村思想道德的宣传教育，让文明乡风迅速占领农村文化阵地，推进社会公德、职业道德、家庭美德、个人品德建设。

常熟市古里镇坞坵村借助数字系统对党务工作、党员信息、党员活动等进行公示，实现党务工作信息化、党员活动便捷化，提升党建引领、党建服务能力，实现"互联网+"党建引领，突出乡风文明建设的价值。苏州高新区通安镇树山村依托互联网技术，建设网上新时代文明实践站，通过线上线下相结合的方式，使网上新时代文明实践站成为新时代文明宣讲的阵地、新时代文明学习的场所、文明实践活动的参与媒介、文明创建与培育的平台，通过建立文明积分制度，激励和促进村民、游客参与新时代文明活动，杜绝不文明行为，逐步形成良好的精神风貌、生活习惯和行为习惯，提高自身的思想觉悟、道德素质和文化素质。张家港市通过新时代文明实践智慧云平台，实现"线上+线下"文明实践活动同步开展、无缝衔接，联通全市1个市级中心、7个分中心、9个区镇新时代文明实践所、265个村级农村新时代文明实践站等各级各类阵地，赋予"文明张家港"新时代新内涵。

（三）数字传承，助力优秀文化推陈出新

数字技术具有传播快、复制性强的特点，苏州借助数字技术对地方戏曲等非物质文化遗产进行场景化处理，并通过全息技术进行场景还原，利用互联网

平台建设乡土文化数据库、数字纪念馆、数字图书馆等，开发更加多元化的文化活动，吸引更多人参与村庄文化保护和传承，拓宽农村文化发展渠道，消除乡村传统技艺因资金匮乏、人才短缺等问题而面临消失的风险，实现乡村文化的传承与发展。此外，互联网上具有海量信息，通过互联网不仅可以查询资料实现村庄遗失文化的复原，还可借鉴其他地区优秀的文化发展经验，对其加以创新，从而形成一套适合自身发展的文化脉络，探索出更多的乡村文化发展的模式，创造出更多具有乡村特色的文化精品，丰富本土优秀农耕文化遗产，将传统文化与现代生活相融合，推陈出新，激发出乡村文化新的活力。

近年来，苏州许多乡村开发出独特的乡村文化 App、小程序等，让传统文化焕发新生机，坚决落实乡风文明建设深入每家每户，推动农民思想观念现代化的有序发展。张家港市塘桥镇金村在智慧农村建设过程中，通过"IT+农村"模式，强调将 IT 技术和线下点位、特色传统文化、红旅资源相结合，实现"1926园茂里"、慈乌书院、金村古街、金村苑、金村警务室、老兵驿站的数字化升级改造；在省级文物保护单位金村"1926园茂里"植入立式电脑柜机、多媒体智能终端，通过信息化手段向游客展现园茂里红色文化；在《金村志》中引入扫码识别延伸阅读功能，使其集文字、图片和视频于一体，充分展示金村深厚的历史文化底蕴、浓郁的江南水乡风情、独特的美丽乡村风采；利用网络平台进行金村庙会云展，并进行直播互动，云展期间线上直播总观看人数超过 74 万人，最高时段有 14.3 万名观众同时在线观看，增强了金村文化的影响力。

国家级非遗"金村庙会"网上直播

【本章参考文献】

张珍珍. 国外农民现代化模式探析[J]. 南方论刊, 2008（4）：20-21.

阿历克斯·英格尔斯. 人的现代化[M]. 殷陆君, 译. 成都：四川人民出版社, 1985.

刘文祥, 王聪. 乡村振兴中工具理性和价值理性的契合：基于农民现代化的视角[J]. 天水行政学院学报, 2022, 23（3）：67-71.

林炜, 杨连生. 农村现代化首先是农民现代化. 农民日报[N], 2015-07-18（03）.

李宇征, 赵仕超. 改革开放以来我党推进农民现代化的历史进程与基本经验[J]. 哈尔滨师范大学社会科学学报, 2022, 13（4）：50-55.

郭少华. 新型城镇化视域下农民现代化实现路径探析[J]. 中州学刊, 2014（4）：78-81.

郝耕, 孙维佳. 农业生产方式变革是乡村振兴的根本出路[J]. 西安财经大学学报, 2020, 33（6）：66-74.

张梦丹. 农民生活方式的现代化[J]. 企业导报, 2015（6）：182, 184.

王思斌. 乡村振兴中韧性发展的经济：社会政策与共同富裕效应[J]. 探索与争鸣, 2022（1）：110-118, 179.

黄承伟. 论乡村振兴与共同富裕的内在逻辑及理论议题[J]. 南京农业大学学报（社会科学版）, 2021, 21（6）：1-9.

李培林. 乡村振兴与社会治理值得关注的五个课题[J]. 社会治理, 2018（7）：10-12.

李周, 温铁军, 魏后凯, 等. 加快推进农业农村现代化："三农"专家深度解读中共中央一号文件精神[J]. 中国农村经济, 2021（4）：2-20.

金炜玲. 理解生活富裕：农民的感知与需求[J]. 中国农业大学学报（社会科学版）, 2022, 39（4）：106-122.

中 篇

经验总结篇

第五章　效能化驱动

大量研究发现，智慧农业是把双刃剑。在理想状态下，发展智慧农业的潜在正面效应包括：可降低劳动力数量需求，改善劳动环境，降低劳动强度，放宽劳动力年龄和体力限制，化解生产能力不足问题；可优化配置水、土、肥等资源，节约集约利用资源，提高效益；可破解农业知识、技术和信息不足问题，降低农业创新创业甚至就业的门槛；可便捷、精准地对接市场，提高农业收益；可提高农产品的品质和安全性，便利品牌打造，助力提高产品附加值；等等。然而，由于数字基础设施、生产规模、资金、技术、知识、能力和意愿等共同造成的"数字鸿沟"的存在，智慧农业也可能产生众多负面效应，譬如：机器替代人导致许多低素质农民失业；智慧农业所需的土地规模、资金、技术门槛较高，使许多小农户被抛下，与大农户在效益、品质、品牌、市场等方面的差距进一步拉大；电商、物流等平台利用数据优势压价，不利于农民收入水平的提高；由资本主导的农机、技术、数据服务等领域的龙头企业一旦形成垄断，就会产生滥用市场支配地位、损害农民利益的风险。

正如凯文·凯利所说，技术本身没有价值观，它无法判断哪些可能是好的，哪些可能是坏的，但使用技术的人——也就是我们——拥有这个能力。因此，发展智慧农业，必须首先明确效能目标，引导智慧农业"向善向好"，规避甚至努力消除其负面效应。令人遗憾的是，许多地方在实践中往往混淆了目标和手段，将本应作为"手段"的智慧农业本身作为"目标"，片面追求场景建设数量、设施投入力度、设备购买数量等，从而不可避免地产生了能耗飙高、小农户受损、收入差距拉大等负面效果。鉴于此，全面总结苏州智慧农业试点过程中效能化驱动的经验具有重要意义。

一、智慧农业发展的效能目标

(一) 国家农业农村现代化的目标追求

纵览近十年中共中央、国务院连续发布的关于指导"三农"工作的一号文件和综合性规划，可以发现，农业农村发展目标由以保供增长、促进农民增收为主逐渐转向涵盖农产品保供、农民增收、脱贫攻坚、农村生态宜居等经济效益、社会效益、生态效益三个方面的综合性目标（表5-1）。比如，《"十四五"全国农业农村科技发展规划》确立的目标中就包括了粮食保供、农业质量效益和竞争力提高、农村生态环境改善、乡村治理能力增强、农民增收、脱贫成果巩固等经济、社会、生态多方面的效益目标。党的二十大报告全面分析了中国式现代化的特色和本质要求，明确指出中国式现代化是人口规模巨大的现代化，是全体人民共同富裕的现代化，是物质文明和精神文明相协调的现代化，是人与自然和谐共生的现代化，是走和平发展道路的现代化。因此，任何领域的现代化建设，都不应该脱离中国式现代化的独特性，都必须服务于中国式现代化的本质要求。农业农村的现代化必须立足全局和长远，对标共同富裕、人与自然和谐、物质和精神文明协调等综合性目标，不能以偏概全，单从经济效益看待问题。

表5-1 近十年我国关于"三农"工作的重要文件目标摘引

年份	中央一号文件名称	政策目标	效益体现
2012	中共中央 国务院关于加快推进农业科技创新 持续增强农产品供给保障能力的若干意见	农业好收成，农民较快增收，农村社会和谐稳定	经济效益、社会效益
2013	中共中央 国务院关于加快发展现代农业 进一步增强农村发展活力的若干意见	保供增收惠民生、改革创新添活力	经济效益、社会效益
2014	中共中央 国务院关于全面深化农村改革 加快推进农业现代化的若干意见	努力走出一条生产技术先进、经营规模适度、市场竞争力强、生态环境可持续的中国特色新型农业现代化道路	经济效益、社会效益、生态效益
2015	中共中央 国务院关于加大改革创新力度 加快农业现代化建设的若干意见	努力在提高粮食生产能力上挖掘新潜力，在优化农业结构上开辟新途径，在转变农业发展方式上寻求新突破，在促进农民增收上获得新成效	经济效益、社会效益、生态效益
2016	中共中央 国务院关于落实发展新理念 加快农业现代化 实现全面小康目标的若干意见	到2020年，粮食产能进一步巩固提升，国家粮食安全和重要农产品供给得到有效保障，农产品供给体系质量和效率显著提高；农民生活达到全面小康水平	经济效益、社会效益、生态效益

续表

年份	中央一号文件名称	政策目标	效益体现
2017	中共中央 国务院关于深入推进农业供给侧结构性改革 加快培育农业农村发展新动能的若干意见	农业增效、农民增收、农村增绿；力争农村全面小康	经济效益、社会效益、生态效益
2018	中共中央 国务院关于实施乡村振兴战略的意见	到2020年，农业综合生产能力稳步提升……农民增收渠道进一步拓宽，解决区域性整体贫困……农村生态环境明显好转，农业生态服务能力进一步提高	经济效益、社会效益、生态效益
2019	中共中央 国务院关于坚持农业农村优先发展 做好"三农"工作的若干意见	决胜脱贫攻坚，保障重要农产品有效供给，拓宽农民增收渠道，补齐农村人居环境和公共服务短板	经济效益、社会效益、生态效益
2020	中共中央 国务院关于抓好"三农"领域重点工作 确保如期实现全面小康的意见	农业稳产保供和农民增收，推进农业高质量发展，保持农村社会和谐稳定	经济效益、社会效益、生态效益
2021	中共中央 国务院关于全面推进乡村振兴 加快农业农村现代化的意见	全面推进乡村产业、人才、文化、生态、组织振兴，充分发挥农业产品供给、生态屏障、文化传承等功能……促进农业高质高效、乡村宜居宜业、农民富裕富足	经济效益、社会效益、生态效益

（二）国家智慧农业发展的效能目标

总的来讲，我国智慧农业发展的效能目标经历了由追求经济效益到经济效益、社会效益、生态效益兼顾的变化，逐渐与农业农村现代化目标密切协同起来。

2015年12月，农业部发布的《关于推进农业农村大数据发展的实施意见》提出，到2025年，实现农业产业链、价值链、供应链的联通，大幅提升农业生产智能化、经营网络化、管理高效化、服务便捷化的能力和水平，通过农业数据化改造，全产业链提升农业的经济效益。可以看出，该文件关注的主要是经济效益。

2016年，农业部等8部门发布的《"互联网+"现代农业三年行动实施方案》要求加强高素质农民培育、新农村建设，大力推动网络、物流等基础设施建设，并提出了到2018年城乡"数字鸿沟"进一步缩小，大众创业、万众创新的良好局面基本形成的目标任务。可以看到，除了经济效益目标之外，社会效益目标也受到了关注。2019年，国务院发布的《数字乡村发展战略纲要》不仅明确了培育农村电商产品品牌、基本形成乡村智慧物流配送体系等经济目标，还明确了缩小城乡"数字鸿沟"、建设新农民新技术创业创新中心、乡村网络文化繁荣发展和完善乡村数字治理体系等社会目标，以及建设智慧绿色乡村、基本实现生态宜居美丽乡村建设的生态效益目标。至此，生态效益目标也进入了目标体系。2020年5月农业农村部办公厅发布的《"互联网+"农产品出村进城工程试点工作方案》，计划在100个县开展"互联网+"农产品出村进城工程试点，示范带动农业增产、农民增收。可以看出，我国智慧农业发展的目标总体上是由经济效益向社会效益、生态效益扩展。

二、苏州智慧农业发展的效能目标设定及其相关部署

在2020年发布的《苏州市智慧农业改革试点工作实施方案（2020—2022年）》中，苏州除了强调要以智慧农业促进第一、第二、第三产业融合，推动农业产业、乡村旅游等新业态良性共生等经济目标外，还立足"需求导向、力求实效"原则，提出要为农民提供用得上、用得起、用得好的实用技术，让农民群众在共享智慧农业发展成果上有更多的获得感，并在方案中高度重视"普惠农民"的体制机制设计，如通过全产业链专家服务系统构建以农民需求为导向的

苏州市智慧农业专家服务系统首页

农业农村信息服务模式等，可见其高度重视智慧农业建设的社会效益。该规划并未明确提及生态效益，仅在农产品质量安全智慧监管系统中间接涉及。

到2021年，苏州在《苏州市数字乡村建设实施方案》中已经将发展目标扩展到农业提质增效、新产业新业态发展、乡村社会治理、生态保护和防灾减灾数字化应用升级、农民数字化素养提高、公共服务均等化等涵盖经济、社会、

生态等多个方面的综合性目标。该方案的重点任务部分还对提升乡村生态保护精准度等生态建设任务做出了专门部署。2022年7月，苏州推出了更为综合的《关于"十四五"深入推进农业数字化建设的行动方案》，在实现经济效益、社会效益、生态效益目标方面做出了更为精准的工作部署（表5-2）。

表5-2 苏州智慧农业改革试点方案中的效益目标及部分相关工作部署

目标	部分相关工作部署
经济效益目标	实施种植业智能化改造行动；实施乡村新业态数字化发展行动；实施农业稳产稳面积数字化保障行动
社会效益目标	完善农业科技信息服务网络，实施高素质农民培育项目，加强农民教育培训教学资源、实习实训基地建设；建设智慧农业专家服务系统，为农民提供预警预报、病虫害智能诊断、分析防治等服务；打造重要农产品"从田间到餐桌"数据通道，探索融合全过程各环节的农产品质量追溯体系
生态效益目标	推广应用环境监控、自动精准投喂、粪污收集处理等智能技术管理设备；在生猪等养殖场和畜禽育种场普及推广精准饲喂、环境实时调控、疫病防控、粪污无害化处理等技术产业；加强农业面源污染、减肥控药、畜禽粪污资源化利用等的动态监测；推进"药""肥""膜"集中配送、科学实用、统一回收的农资"三位一体"综合服务体系建设

三、苏州智慧农业发展的效能实现结果

（一）经济效益

经济效益涉及参与农业生产经营各个环节人员的收入，苏州在智慧农业建设中的经济效益直观体现在农产品生产、流通和销售环节的降本增收效应上，具体包括以下几个方面：通过智能化生产、管理，减少用工投入，提高生产效率；通过基地直采和集约冷链，减少运输损耗；通过打造特色品牌，增加农产品的附加值，多途径实现经济效益提升。

1. 智慧生产，节本增产

苏州通过智能化生产、管理，提高生产效率，降低劳动成本，进而提高整体经济效益。比如，江苏润正生物科技有限公司打造菌菇智慧工厂，通过生产流水线改造及智能控制，实现菌菇栽培全域可视化、自动化、数字化、智能化，单位面积产出提高65.4%，劳动生产效率提高200%，实际年增加产值400万元，年净增利润100万元。苏州市毛氏阳澄湖水产发展有限公司通过智慧渔业管

理系统对养殖水体和生态条件进行自动监测和控制，创造出最适宜养殖生物生长的水环境，达到最快的生产速度，从而获得较高的单位产量，使农业生产更具智慧，减少用工量约20%，减少用电量约20%，提高饲料利用率约10%。太仓市鹿杨蔬果生产专业合作社和常熟国家农业科技园区的农业发展公司通过搭建智能环控系统，实现设施生产关键环节的智能化作业，相比常规作业方式能有效节约劳动用工30%以上，同时还可以提高土地利用率、提高作物产量、降低生产成本。诸如此类的案例，苏州有很多，如中科禾信遥感科技（苏州）有限公司的"天空地一体化"遥感监测服务、苏州久富农业机械有限公司研发的插秧机、苏州立美园艺科技有限公司的智能花卉育苗等，都是利用现代化技术对生产、加工环节进行智能管控，为农业生产"保驾护航"，节省人工成本，有效提高生产效率，使经济效益最大化。

江苏润正生物科技有限公司菌菇智慧工厂

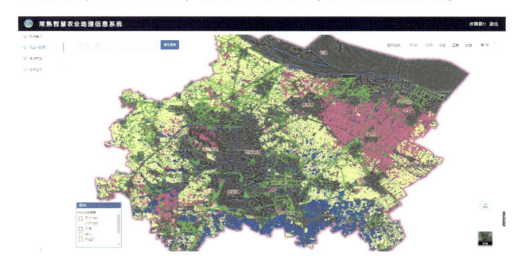

常熟智慧农业地理信息系统

张家港市神园葡萄科技有限公司"神园耘管家"管理平台登录界面

2. 冷链运输，降损增值

在流通环节，苏州通过引进保鲜技术、完善供应链、缩减运输时间成本来提高流通效率。以苏州食行生鲜电子商务有限公司为首的农产品电子商务服务企业，以电子商务为载体，通过大规模的基地直采和集约化冷链配送，直接连通农产品生产基地与消费者，并通过稳定强大的冷链物流体系和分拣、加工环节，极大降低了农产品流通过程中的损耗，损耗率是行业水平的1/5，提高了农产品附加值。常熟谷田科技有限公司通过引入"鲜霸"等保鲜技术，建设集冻、鲜、冷藏于一体的智能化多温层仓库，全面提高农产品流通效率，延长整个生鲜商品的存储周期，减少损耗，生产加工效率提升30%以上，成为生鲜、冻品行业的标准化标杆。

3. 品牌赋能，促销增值

品牌建设不仅能使该品牌产品获得更多的销量和利益，还能使品牌在市场竞争中获得更强劲、更稳定、更特殊的优势。苏州通过智慧农业推动打造区域公用品牌，提升了相关农产品的经济效益。通过智慧农业赋能便捷打造特色品牌，可以更为高效地提高农产品附加值，拓宽产品的销售渠道，进而提高销量。以昆山市阳澄湖现代渔业园区为例，园区通过数字赋能品牌渔业，全力打造"五好"大闸蟹品牌渔业，实现阳澄湖大闸蟹"一品一证二码"，着力打造"巴城阳澄湖"牌和"巴城"牌大闸蟹区域公用品牌，助推产业发展，提高大闸蟹的附加值和市场竞争力，带动农业经济增长。类似的还有苏州太湖现代农业示范园"江南味稻"种植团队打造的"江南味稻"品牌，采用集约化种植，按照"1+4"模式种植6000多亩高标准农田水稻，从生产到销售环节连接一体，线上线下同步推广销售，使产品单价从原来的4.5元/斤提升至6元/斤，经济效益提升约33%。

苏州市智慧农业品牌案例

（二）社会效益

社会效益主要体现在扩大农民就业、助农增收等方面。苏州一方面通过智慧农业催生的助农馆、社区微菜场等服务农民、提高效益，另一方面通过提供相关技术培训，拓宽农民就业渠道，示范引领助农增收，精准扶贫，带动年轻人返乡就业，激发乡村活力，促进乡村振兴。

1. 科技赋能，助农增收

苏州智慧农业凭借自身规模效益、生产成本的降低、劳动效率的提高等，促进农民增收。苏州食行生鲜电子商务有限公司即是典型案例，其独创的"线上助农馆+线下社区智慧微菜场"助农模式"一手牵农民，一手牵市民"，有效激发了帮扶地区农民的种菜热情，帮助当地农民树立了品牌意识，提高了农产品的知名度。值得一提的是，苏州食行生鲜电子商务有限公司的助农足迹遍布省内多个城市，累计销售助农产品超5000万元，帮助3000多位农户实现了经济增收。又如，中科信禾遥感科技有限公司以遥感技术为农业生产、经营、管理、服务提供数据支撑，依托农情监测服务，掌握粮食生产布局、面积及农情等生产动态，有力地巩固和提高了粮食生产能力、保障粮食安全，既守住了市民的"菜篮子""米袋子"，又为做好保供稳价工作添砖加瓦，切实保障基本民生。

2. 技术培训，带动就业

苏州依托"龙头企业+合作社+家庭农场"的发展模式，使农民享受到多渠道的技术服务。在政府层面，依托40余个乡村振兴培训基地，持续不断地对各类农业从业人员进行各种长期或短期培训，提升农民的知识技能，弥合智慧农业知识素养鸿沟。在企业层面，则为农民提供了众多社会化培训机会。苏州久富农业机械有限公司通过搭建农机服务平台，设置"农技服务""农机大讲堂""专家在线"等板块对农民进行线上课程培训，帮助用户解决在农机操作、维修、保养过程中遇到的"疑难杂症"；苏州大域无疆航空科技有限公司针对本地飞手举办的无人机培训，大大增加了农户及兼职人员的收入，带动了农村剩余劳动力就业。在园区层面，几乎每个现代农业园区都有培训服务平台。张家港市常阴沙现代农业示范园区瞄准稻麦种植及设施园艺生产向精准化、数字化和智能化方向发展的趋势，通过产业化辐射带动周边农民加入新型农业生产，年实现农民信息化技术培训100人次以上；太仓市独溇小海生态农业园打造出一支现代渔业运营专业团队，培育产业化工人5~7人，人均工资可达7万元以上，带动了农民增收。

太仓市独溇小海生态农业园

江苏常熟国家农业科技园区果蔬采摘机器人

3. 示范引领，精准扶贫

苏州通过打造自下而上的智慧农业生产场景和示范村，已经形成了"智慧农业—技术迭代—科技研发—政策扶持—惠及农民"的良性循环的闭环。苏州恒洋澳龙农业科技有限公司开辟新型养殖品种，形成了具有地域特色的产业，其育苗基地和成品虾回购模式已经成为精准扶贫项目，成功带动当地青年返乡创业。常熟谷田农业科技有限公司创建的"美菜网"自成立之日起就自带"帮扶基因"，探索并总结出"互联网+渠道+基地"的模式，筑牢救穷帮扶机制，为帮扶地区建立稳定的农产品渠道，做到"真帮扶、扶真贫"，从根本上带动帮扶地区产业振兴，促进产业兴旺。

（三）生态效益

除了提升农业的经济效益、社会效益之外，苏州智慧农业发展区非常注重对生态环境的保护，遵循可持续发展理念，通过减肥、减药、节水、节能等措施保证农产品安全，实现农业可持续发展，在提升农业生产经济效益和社会效益的同时，保证生态效益，既要金山银山，也要绿水青山。

1. 减肥减药，保障食品安全

苏州通过营造良好的农产品生长环境来降低虫害发生率，在一定程度上实现农药、化肥减量使用，提高了农产品的安全性。苏州市毛氏阳澄湖水产发展有限公司实现产品生产过程可追溯，保证上市流通的水产品没有使用禁药，无药物残留，让消费者吃上放心食品；进行科学化的调水和合理的投饲，减少了水体污染、土地污染，保护和改善了生态环境，提高了农产品的安全性。太仓市鹿杨蔬果生产专业合作社通过投入智能农机装备，营造了良好的生态环境。相较于传统人工种植模式，使用智能农机种植的作物株行距整齐，利于通风采光，降低了病虫害的发生率，减少了各类药剂的使用次数，保证了食品安全，产生了良好的生态效益。

昆山市阳澄湖生态高效渔业发展有限公司

应用投饵机器人投喂饲料

2. 节水节能，减少面源污染

苏州通过建立有机的节水循环体系，改善灌溉技术，高效处理农业废弃物，达到了节水节能、减少污染的生态效益。比如，太湖现代农业示范园将生产、经营、销售连接成一个有机循环的整体，使区域水利用系数从 0.66 提升到 0.85，每年可节约灌溉用水 23.5 万立方米，节约耕地 10 亩。又如常熟国家农业科技园采用温室潮汐式灌溉技术种植天狼月季，高效节约水肥 90% 以上，解决了目前水资源短缺和肥料渗漏污染严重问题，而且成品率高，质量有保证。太仓市东林农场专业合作社通过生态循环农业、农业物联网建设，有效解决了农业废弃物处理问题，秸秆综合利用率达到 100%，减少化肥使用量 20% 以上，减少农药使用量约 25%，节约灌溉用水 15% 以上，通过治理农业面源污染，显著提高了生态效益。

【本章参考文献】

唐星汉，谢炆炆. 区域农业公用品牌引领农业全产业链、全服务链标准化研究[J]. 山西农经，2022（16）：20-22.

第六章　一体化推进

所谓一体化推进，指的是在智慧农业改革中，采取农业、农村、农民"三位一体"、同步推进的模式。农民是智慧农业改革的受惠目标，也是智慧农业一线操作者，农民的意愿和素养在很大程度上决定着智慧农业改革的成败；农村则是智慧农业资源、载体、市场等的供给者，农村的设施条件、治理水平、资源配置等从各个维度影响着智慧农业改革的进程。通过"三农"一体化推进，智慧农业所需的新基建设施、规模化标准化载体等得到同步优化，农民的数字素养和参与意愿得到持续提升，农村治理水平和人居环境得到改善，公共服务的"云上均等化"吸引了大量复合型人才返乡创业，打破了智慧农业发展的人才瓶颈。

一、智慧农业"三农"一体化推进的理论和政策依据

我国是传统的农业大国和农业强国，农业、农村和农民一直都是立国之本。我国经过数千年的发展形成了有序的城乡社会结构，农民是主体，农业是根本，农村是生产地。"三农"问题是居住地域、从事行业和主体身份"三位一体"的问题，三者的侧重点不一，但大量研究发现，我们必须一体化地考虑"三农"问题。

在理论研究上，不少学者专门论述过"三农"一体或协同推进的重要意义。翟坤周以马克思主义中国化视域观照新时代"三农"协同发展这一全局性理论和实践问题，认为新时代"三农"协同发展方法路径创新主要涉及"统筹"和"协同"两个层面，要抓住"协同"这个关键，打出"三农"协同发展"组合拳"，充分拓展农业功能和挖掘乡村价值，协同发挥乡村三次产业融合发展的乘数效应。张文以"三生（指生产、生活和生态）"协同推进为理念，即妥善处理好农业生产、农民增收与环境治理、生态修复的关系，生产上让农业强起来、生活上让农民富起来、生态上让农村美起来。将"三生"协同发展作为农业现代化的新理念，为我国从整体上全面解决"三农"问题提供了价值遵循和科学指引。石萌以协同推进"三农"现代化为研究的出发点，提出要努力让我国农村地区成为生态宜居、治理有效的现代化区域，努力让农业成为有发展前景的

现代化产业，努力让农民成为有吸引力的现代化职业。

从政策上看，我国不仅在乡村相关重大战略部署中始终对"三农"进行一体考虑，在智慧农业、数字乡村各项规划中也注意将三者作为一体来考虑。我国乡村振兴战略明确提出了要促进"农业全面升级、农村全面进步、农民全面发展"的战略目标；每年的中央一号文件都是将农业、农村和农民问题统筹协同部署，2021年的中央一号文件还特别强调要"坚持农业现代化与农村现代化一体设计、一并推进"。2019年，国务院办公厅印发的《数字乡村发展战略纲要》提出了发展农村数字经济、推进乡村治理能力现代化、培育信息时代新农民等任务，同年，农业农村部制定的《数字农业农村发展规划（2019—2025年）》也对农业农村的数字化进行统筹考虑。

二、苏州智慧农业"三农"一体化推进的实践经验

苏州智慧农业改革方案在出台之初就致力于农业、农村、农民"三位一体"的智慧化改造，在智慧农业和数字乡村两条主赛道上，聚焦农业农村生产、经营、管理、服务等环节，打出"三农"协同数字化发展的精彩"组合拳"。

（一）苏州智慧农业规划中的"三农"一体设计

苏州智慧农业改革试点的工作任务虽然是以农业的智慧化发展为主体，但基本遵循了"三农"一体的思路，主要体现在以下三个方面。

一是提出要建立政府、企业、农户联动的智慧农业生产经营体系。围绕农业生产的智慧化，提出要建设智慧农场、智慧蔬菜、智慧园艺、智慧渔场、智慧牧场等农业示范场景，还提出要从资金、技术、用地、人才等角度制定出台一系列的智慧农业发展扶持政策，鼓励包括农民在内的各类主体积极参与智慧农业各生产经营领域和红利分配，确保企业与农民参与智慧农业建设的长效性和积极性。

二是提出建立普惠农民的智慧农业服务体系与体制机制、创新创业协同融合体系。具体包括构建以农民需求为导向的农业信息服务模式，建立水稻、特色蔬菜、茶果、大闸蟹、生猪等5条产业链专家系统，提供产前、产中、产后等全产业链的专家服务，保证农民能够方便、及时、高效地获得相应问题的技术解决方案，使农民享受到智慧农业便捷高效的服务。

三是明确提出打造15个左右"智慧农村"示范村的任务。内容是以行政村

苏州市智慧农业主题沙龙"数学农业革命：智能技术如何改变农业"

或片区为单元，打造具有明确产业定位、文化内涵、旅游特征和社区功能的智慧农村试点，集成村庄环境整治信息化、补贴申报信息化、资产管理信息化、教育文化信息化、旅游康养信息化、农村党建信息化、便民服务信息化等，培育农村新产业、新业态、新模式，促进农村第一、第二、第三产业融合发展。

（二）苏州数字乡村规划中的"三农"一体设计

虽然苏州智慧农业改革方案并未明确提出"三农"一体，但是《苏州市数字乡村建设实施方案》已经明确对农业、农村、农民的数字化进行统筹考虑，系统地提出了通过智慧农业全面赋能、乡村数字治理提档、农民数字素养提升推动农业、农村、农民现代化的目标。

针对农业，苏州数字乡村规划通过推动农业生产数字化应用、强化行业监管数字化应用、推进数字农业技术装备研发、促进新产业新业态数字化发展等措施来展开智慧农业赋能行动，推动乡村经济与数字技术深度融合。

针对农村，苏州数字乡村规划主要通过实施乡村新基建提升行动和乡村数字治理提档行动拓展乡村"互联网+党建"覆盖面，提升乡村社会治理精细度、生态保护精准度和应急管理有效性，推动乡村公共服务数字化延伸，最终推动乡村治理体系和治理能力现代化取得重大进展、城乡公共服务数字化均等化。

针对农民，苏州数字乡村规划主要通过信息技术惠民便民行动，强化农村科技信息服务、公共法律服务、在线政务服务、新农民新技术教育培训等举措，不断扩大数字技术惠及农民的广度和深度，提升农民的数字化素养。

（三）苏州智慧农业改革实践中的"三农"一体效应

事实证明，农业、农村和农民的协同一体智慧化互相促进、相互制约、缺一不可。任何一个领域的滞后，都会对其他两个领域造成严重制约。

首先，农业智慧化提供了动力源。苏州的改革实践证明，农业智慧化改善了生产条件、生产场景，提升了农业效益，改善了农业的环境影响，进而有利于农村人居环境优化，吸引大城市有知识、有文化的年轻人进军农业，激励农民自觉提升自身的数字化素养，而这些新导入或升级后的新农民又反过来对农业、农村和农民的现代化起到重要的推动作用。

其次，农村智慧化提供了基础和前提。智慧化对乡村基础设施、公共服务、治理体系、人居环境等的赋能，大幅缩小了城乡差距，使乡村的优越性得到充分彰显，为智慧农业提供了迫切需要的配套环节，为新农民的导入创造了吸引力，为农民生活质量的提高和智慧素养的提升创造了需求和条件。

最后，农民智慧化起着决定性作用。没有农民的智慧化意愿和技能，智慧农业、智慧农村也就无从谈起。国际上数字鸿沟产生的重要原因之一就是农民对智慧技术的采纳能力和意愿不足。可以说，没有农民的智慧化，再发达的智慧农业技术也无法应用，再现代化的智慧乡村设施也无人使用，智慧农业和智慧乡村的创新与发展更是无从谈起。在苏州，通过培训、示范等举措，农民的数字素养得到了大幅提升，对智慧农业技术的应用、场景的推进、模式的创新等发挥了巨大的作用。尝到了甜头的农民，对各种电商培训、直播培训等课程开始抢先报名、积极参与，其数字化意愿明显提升。随之而来的是，部分地区出现了智慧养老设施推进难、智慧农机无人会使用等问题，这也从反面证明了农民智慧化不可或缺的价值。

苏州市农村电子商务专题培训班结业典礼

苏州市农村电子商务专题培训班教学现场

【本章参考文献】

翟坤周. 新时代"三农"协同发展的马克思主义中国化逻辑:问题、范式及目标[J]. 新疆师范大学学报(汉文哲学社会科学版),2020,41(1):73-83.

张文. 乡村区域"生产—生活—生态"协同发展问题研究[D]. 曲阜:曲阜师范大学硕士学位论文,2018.

石萌. 协同推进"三农"现代化对策研究[J]. 山西农经,2022(17):45-47.

第七章　标准化指引

智慧农业改革是一项全新的开创性工作，国内还没有现成的模式可以借鉴，而苏州基于实践经验的积累，率先制定了19类186组1562项涉农数据标准、五大智慧农业场景标准。同时，基层还在试点过程中创新制定特色化的智慧乡村建设标准。这些"苏州标准"集成了一线试点经验、农民反馈和专家知识，并不断升级迭代，不仅可以科学引领基层智慧农业建设工作，避免了"摸着石头过河"的高试错成本，还为各部门监督评估、数据跨部门跨地区互通、基层经验的广泛推广创造了条件。

一、标准化指引的内涵与意义

标准是指在一定的范围内为获得最佳秩序，经协商一致制定并由公认机构批准，共同的和重复使用的规则。而标准化则是为在一定范围内获得最佳秩序，对现实问题或潜在问题制定共同使用和重复使用的条款的活动。标准与人们的生活息息相关，人们曾把标准与人的关系比喻为人与空气（氧气）的关系。标准是企业生存、发展的重要技术基础和推动企业技术进步的杠杆，也是各行各业加强管理、政府进行宏观调控的重要技术手段。

标准化的作用包括以下几个方面。

（1）标准化有利于提高效率和效益。标准化应用于科学研究，可以避免在研究上的重复劳动；应用于产品设计，可以缩短设计周期；应用于生产，可使生产在科学而有秩序的基础上进行，提高企业产品之间的兼容性，减少企业产品标准不一致带来的巨大社会浪费；应用于管理，可促进统一、协调、高效率等。

（2）标准化有利于技术进步。一项科研成果，一旦纳入相应标准，就能迅速得到推广和应用。因此，标准化可使新技术和新科研成果得到推广应用，从而促进技术进步。

（3）标准化有利于组织的现代化生产。标准化还可以使复杂的生产活动在技术上保持高度的统一和协调，以使生产正常进行，为组织的现代化生产创造前提条件。

（4）标准化有利于资源的合理利用。标准化是经过多次实践后得出的最为有效的形式，因此对资源的合理化利用有着积极的意义。

（5）标准化有利于更好地满足社会需求。标准化是对当前产品的精炼，是针对市场需求的细分，把最适合的保留下来，将更好地满足社会需求。

（6）标准化有利于秩序稳定。标准化的规定程序将人为因素对产品质量的影响降到最低，有利于保证产品质量，维护消费者的利益；在社会生产组成部分之间进行协调，确立共同遵循的准则，建立稳定的秩序。

总之，标准及标准化所具有的引导性、前瞻性、公平性、强制性和惩戒性，决定了标准化在市场经济中的作用是多层次、全方位的，进而也决定了它是建立和完善市场经济体制不可缺少的重要元素。应用标准化的目的是有效解决市场经济发展中的质量问题、效率问题、秩序问题、可持续发展问题等。对于智慧农业这个复杂的新兴事物而言，标准的建设与标准化指引工作更加重要且紧迫。智慧农业的标准化不仅包括资源、数据、网络、应用、技术、人才、法规等方面的基础标准、通用标准、专用标准，还包括各种通信方式、服务模式、生产过程与各种业务管理协同等方面的标准化。杨静认为，智慧农业标准化可以有效促进智慧农业科技成果转化为现实农业生产力，不断引领农业转型升级。黄宇杰认为，智慧农业标准化可以提高农业资源的监测、动态管理与共享水平。吴慧认为，生产模式的生产组织、信息化管理和技术协调等问题千头万绪、错综复杂，必须有一套完整的标准来进行规范，一套完善、系统、适用的标准信息数据库，将对农业生产全生命周期起到重要的技术支撑作用。王小莉认为，智慧农业标准化有助于调整农业生产结构，保证农业生产各环节的质量要求，促进农业生产各环节之间的衔接，减少各环节之间的交易成本，进而推动智慧农业向体系化、产业化发展，形成具有地域特色的信息化农业全产业体系。吴婧认为，智慧农业标准化有利于提高农业各类资源的利用率，减少土地污染，提高农产品质量安全水平，拓展农业创新发展空间。

二、国家智慧农业相关标准的推进情况

国家高度重视农业标准化工作，2019年市场监管总局、农业农村部发布的《关于加强农业农村标准化工作的指导意见》提出，要健全农业农村标准化工作体制机制，优化标准体系，强化标准实施，创新标准服务，提高农业农村标准化发展水平，持续加强农业全产业链标准化、农业农村绿色发展标准化、农产

品品牌标准化等工作。2021年4月，农业农村部发布《关于开展现代农业全产业链标准化试点工作的通知》，提出以提升农业质量效益和竞争力为主攻方向，突出品种培优、品质提升、品牌打造和标准化生产，构建以产品为主线、以全程质量控制为核心的现代农业全产业链标准体系。2021年10月，中共中央、国务院印发《国家标准化发展纲要》，提出要强化标准引领，实施乡村振兴标准化行动，加强高标准农田建设，加快智慧农业标准研制，加快健全现代农业全产业链标准，加强数字乡村标准化建设，建立农业农村标准化服务与推广平台，推进地方特色产业标准化。2022年1月，国家标准化管理委员会制定《2022年国家标准立项指南》，提出要积极推进农业国家标准全覆盖，推动标准化与科技创新互动发展，强化关键技术领域国家标准的制定。

总的来看，在信息技术高速发展的背景下，我国智慧农业标准化工作取得了一定的成绩。目前智慧农业领域共有国家标准127项，其中：农业感知类标准最多，占31%；其次为通用基础标准，占27%；农业分析类标准最少，只占2%。目前智慧农业领域共有行业标准174项，其中：智能化管理领域有51项，占29%；农业分析类标准只有14项，占比最低，为8%。在技术层面，已经形成《农业信息基础共享元数据》《农业大数据核心元数据（征求意见稿）》《农业农村行业数据交换技术要求》《基于区块链的生猪肉品牌溯源信息采集规范》等标准；在管理层面，已经形成《农业农村地理信息数据管理规范》《农业物联网应用服务》《农业数据共享技术规范》《农用地分类管理信息系统建设技术规范》等标准；在工作层面，已经形成《农业信息化标准体系（暂行）》《高标准农田建设通则》等标准。此外，《畜禽养殖场空气源热泵应用技术规范》《饲料机械 安全设计要求》等多项标准已进入编制和报批阶段。在实践中，很多标准的作用已逐渐显现出来，如《农业数据共享技术规范》《农业信息基础共享元数据》等标准，在推进农业数据资源整合相关工作方面发挥了积极作用。

尽管标准建设已受到重视，各地也已围绕标准化生产建立了一批适合各地环境条件的标准和规范体系，其中，有关环境管理的技术指标已经成为智慧农业的最佳模型数据，但数量偏少、操作性不强，远远不能满足智慧农业的发展需要。尤其是不同地区、不同部门的农业信息数据差异较大，信息资源未能按统一标准分类，共享整合困难。比如，农业物联网相关标准规范缺失，导致不同区域、不同产业、不同主体的智慧农业系统"各自为政"；农田建设标准不一导致现代农业装备难以适应应用需要；智慧生产场景、智慧乡村的标准也相对滞后；等等。因此，智慧农业标准化工作任重而道远，需要集合社会各界力量，持续完善智慧农业各方面的标准体系,尤其要注重标准化体系的科学性、导向性,兼顾可操作性与前瞻性。

三、苏州智慧农业标准的建设实践

近年来,苏州以国家农业标准化的有关法律、法规为制定依据,不断巩固完善农业标准化的立法工作,出台了一系列政策,为苏州的农业标准化工作指明了方向。

在智慧农业标准化建设方面,2021年发布的《苏州市智慧农业改革试点工作实施方案(2020—2022年)》明确提出要"统一标准",推进农业领域的智慧应用。2022年6月,苏州市政府办公室印发《数字苏州标准化建设实施方案》,提出到2025年基本建成全域覆盖、高效协同的数字苏州标准体系,其中也包括了智慧农业相关标准的建设。2022年8月,中共苏州市委、苏州市人民政府发布《关于贯彻落实国家标准化发展纲要的实施意见》,提出要积极参与农业物联网、智慧农业信息系统等国家、行业标准的研制,加快智慧农业示范基地建设与评价系列地方标准研究。在具体实践中,苏州基于实践经验的积累,探索制定《智慧农业示范基地建设与评价规范》系列标准,具体分为智慧农场(大田作物)、智慧牧场(生猪)、智慧渔场、智慧菜园、智慧园艺等5项评价标准,以及19类186组1562项涉农数据标准,系统构建了三级指标体系,考核内容翔实,覆盖基地情况、生产(产销)过程、管理决策、产出效益、创新与规划的多个方面,为苏州的智慧农业标准化建设提供了有效保障。

(一)数据标准化

农业大数据是大数据理念、技术和方法在农业领域的实践。标准化和规范化是大数据快速分析应用的基础保证,也是农业进入大数据时代的必然选择。苏州将数据作为重要的基础性资源,依托现代农业信息服务平台、现代农业数据资源中心、农业地理信息系统等管理平台,形成了19类186组1562项涉农数据标准,并不断扩展。不仅如此,苏州基层还在试点过程中创新制定特色化的操作标准,实现各部门数据的互联互通。比如,张家港市建立城乡62.16万条标准地址库,建成数据资源目录1400多条,累计共享各部门政务数据1.32亿条,实现了各部门数据的互联互通,提高了工作效率。常熟市基于"智慧农业""124+N"整体架构,梳理归集11类219项1914个数据字段的数据标准,实现对农村集体"三资"的一网统管、一屏统揽、精准发力、效率提升。昆山市全面实施数据标准化工程，畅通数据通道，创新建立农业 19 类 186 组 3000 项数据标准，汇聚农业资源、农业生产、农业服务、农业监管等全链条和农业、渔业、生产经营单位等全领域数据信息。总体而言，数据标准化建设为推进苏州全市农业农村系统、数据、资源有机整合，提升行业管理效能提供了有力支撑。

（二）生产场景标准化

苏州的智慧农业生产场景标准分为 5 类，分别是智慧农场（大田作物）、智慧牧场（生猪）、智慧渔场、智慧菜园、智慧园艺的建设与评价规范。这 5 类标准均基于激励引导原则，目的是充分发挥智慧场景评价的激励、示范和引领作用，鼓励先进、创新和对未来的良好规划，并且均重视兼顾智慧农业生产场景的经济效益和生态效益。从评价内容来看，这 5 类标准均包含基本情况、生产（产销）过程、管理决策、产出效益、创新与规划等 5 个方面。评价指标均分为三个层次，其中一级指标基本一致，不同场景的差别主要表现在二级和三级指标上。譬如，智慧大田主要考察农场全产业链生产过程的智慧化程度，包括农资投入、育苗、播种、农情监测、土壤墒情监测、虫情监测、病虫害防治、施肥、除草、灌排控制、作物生长过程模拟和调控、收储、农产品质量追溯、加工及电子商务等多个方面；而智慧渔场主要考察渔场全产业链生产过程的智慧化程度，包括清塘管理、投入品、环境监测、水质监测、饵料投喂、模拟和调控、水下活动监测、增氧系统、智能分拣、尾水处理、可追溯、产品包装和电子商务等多个方面。在每个细分领域，都有详尽深入的标准来指引，如养殖管理的饵料投喂部分，采用无人船或无人机智能投喂饵料得 5 分，未采用得 0 分。

这套标准被用于 2022 年和 2023 年的苏州市智慧农业示范生产场景认定，累计认定了 57 个智慧农业示范生产场景。

（三）智慧农村标准化

苏州市制定发布的《智慧农村建设与评价规范》从基础设施、治理精准化、服务均等化、产业特色化等方面对智慧农村进行建设指引与评价，创新性地增加了满意度调查的评价指标，强化村民知晓率、满意度评价，引导行政村（涉农社区）以群众满意为结果导向建设"智慧农村"。2021 年 10 月，该标准得到正式应用——苏州市下达《关于开展 2021 年度苏州市"智慧农村"示范村申报工作的通知》，利用该标准，从全市 82 个候选行政村（涉农社区）中筛选出张家港市南丰镇永联村等41个村为2021年度苏州市"智慧农村"示范村，初步验证了标准的可行性。2022年，苏州市对该标准进行完善修改，认定常熟市支塘镇蒋巷村等61个村为2022年度苏州市"智慧农村"示范村。2023年，经主体自主申报，县级农业农村部门初审推荐，结合现场踏勘和群众满意度调查，认定张家港杨舍镇章卿村等63个村为2023年度苏州市智慧农村。此外，各县、市（区）也基于自身实践需求，因地制宜地制定了自己的智慧农村标准，如吴江区"智慧农村"建设制定了"一星为基础、两星为主干、三星为引领"的递进式标准。

张家港市南丰镇永联村

四、苏州智慧农业标准的特点

在国内外尚无较为具体的标准可参考的基础上，苏州针对智慧农业生产和农村生活特点制定相关标准，填补相关空缺，具有很强的创新性。

在标准制定和推广运行的过程中，苏州将专家团队的理论知识和一线实践经验相结合，持续对标准执行情况进行跟踪调查，及时发现标准中存在的问题，通过应用反馈持续开展标准的升级迭代，不断提高标准体系的先进性、引导性和适用性，因此苏州智慧农业的标准具有很强的操作性。

由于苏州的各类标准来源于基层实践，且注意充分兼容各县、市（区）农业农村生产生活的差异性，尤其在标准迭代过程中尽量兼顾到了地域差异，因此在全国也有很强的可推广性。

【本章参考文献】

杨琇涵，宿丽丽，王青蓝. 论5G时代农业信息化的发展趋势[J]. 农业科技管理，2020，39（2）：11-12，35.

杨静，李博，胡世玮，等. 智慧农业标准化实践与建议[J]. 中国标准化，2021（22）：60-63.

黄宇杰，张轩，刘春艳，等. 贵州省农业资源信息数据库标准化规范的构建[J]. 贵州农业科学，2020，48（8）：132-139.

吴慧，赵国敏. 河南省农业标准化信息数据库建设研究[J]. 大众标准化，2021（17）：31-33.

王小莉，周仕国，赵颖，等. 襄阳市智慧农业评价标准在现代农业示范区建设中的应用[J]. 现代农业科技，2018（4）：267-269.

吴婧. 驻马店市农业产业转型升级研究[J]. 现代商贸工业，2016，37（25）：28-29.

仝国栋，应珊婷. 智慧农业标准化现状分析及标准体系构建[J]. 中国标准化，2022（11）：112-117.

汪懋华. 中国工程院院士汪懋华：大数据要为农业现代化作贡献[N]. 中国科学报，2014-05-07（1）.

杨谨，刘旭云，胡学礼，等. 大数据时代背景下的农业标准化[C]//. 中国标准化协会. 标准化改革与发展之机遇：第十二届中国标准化论坛论文集. 2015：1929-1933.

第八章　平台化服务

智慧农业发展所需的数字基础设施投资大、技术复杂、涉及面广、投资回收期长，众多小农户、合作社无法介入，市场化企业更是不愿投入。数字基础设施的滞后成为许多地区出现"数字鸿沟"的重要原因。苏州利用云平台体系形成公共基础设施，结合"三高一美"改造，导入物联网、人工智能、区块链、大数据等信息技术，搭建数据中心、管理系统和应用平台，不仅为农户提供了强大的共享硬件基础设施，还通过易扩展的应用平台，按需提供数据、信息、品牌、质量追溯、农技农资供给、技术培训、补贴、保险、全产业链专家支持、产业链体系等各种各样的定制化服务，使技术、服务、信息、专家支持等可以一键直达企业和农户。更重要的是，接入平台角色的增多，势必引发威力巨大的网络效应来赋能农户。这样的公共平台，如同一个个航母，让每个主体在需要时能够调动起自身不具备的强大资源，以更低的门槛和成本、更高的效率和效益更多更快地分享到智慧农业的时代红利。此外，苏州还鼓励有实力的企业、园区开放共享自建的各类综合性或专业性平台，实现平台供给的社会化。

一、平台化及其价值

平台是一个相对概念，任何软件都可以叫"平台"，也可以叫"工具"。一般理解的平台就是能够让用户在上面自行进行开发的软件。工程设计领域将"平台"定义为一组稳定的组件，平台通过稳定的核心组件和模块化接口组成的平台架构，实现与外围补充组件的交互。从经济学角度看，英国经济学家安娜贝莉·高沃尔将平台视为组织，认为平台是通过提供平台架构设计促成双方交易，并且交易双方受网络效应影响的一类组织。对于智慧农业的"平台"而言，其更接近的定义是范如国所下的定义：平台是指以互联网、信息技术为结构基础，以信息、资本、数字、流量为核心要素，以运用数字与技术来实现价值增长和功能优化为动力，通过吸附大量行为主体交互作用，为各类主体提供差异性商品或服务，最终实现资源、信息和价值共享的网络化空间。它本质上是一个集中了主体、技术、资本、资源与创新等多维度要素与能力的复杂网络系统。在范如国的这个定义中，数字技术是平台的结构基础和构成要件，商品交易、社会服务、数据分析等是平台的实体,平台提供者及利益相关者是平台的核心主体,信息、资本、知识、数据是平台的关键生产要素,提供差异化的商品或服务是平台的基本功能,网络效用是平台的核心目标,技术赋能是平台运行的动力。

平台化是基于数字化链接提供"端到端"的优质体验和差异化服务,它既能保持运营的效率和灵活性,又能降低供需双方的交易成本与摩擦成本。平台化可能涉及的创新主要有服务创新、商业模式创新、客户体验创新、运营创新、组织创新,因此,平台化其实是一个综合性的创新集群,而平台则是搭建这样一个创新载体的"航母"。

一般认为,平台与平台化的价值主要体现在以下五个方面。

(一)赋能价值

近年来,阿里巴巴、腾讯、京东、滴滴出行等大型平台企业都在强调平台的赋能价值,也就是运用数据技术和模式创新,为赋能对象提供支持和帮助,强调用数据服务助力平台商家的业务发展,实现共同受益。曾鸣分析了淘宝网平台赋能小商户的表现,发现平台的赋能价值主要体现在以下几个方面。

1. 平台提供服务设施,实现产业效率提升

平台基于产业数据沉淀、知识积累、流程优化和人才集聚等优势,使平台上的参与主体提升能力、获取资源、获得金融服务,从而有效解决企业和个体资金获取难、技术支持获取难、资源汇聚难等问题,实现产业整体的效率提升,最终带动产业的转型升级。

2. 平台资源集中采购,满足参与主体需求

参与主体由于缺乏对上游供应商的谈判能力,往往不能获得很好的资源支持,这时就需要平台来对线上参与主体的某些公共服务需求进行精准获取,帮助参与主体向上游供应商进行集中采购,以获得更优惠的价格和更便捷的服务。

3. 平台提供标准产品和服务,保障产品品质

在平台提供标准服务的基础上,参与主体进一步发挥创造力,使其与平台间的合作关系更具价值。不同于传统形式,参与主体与平台之间是一种合作伙伴的关系,即在平台给参与主体提供基本的、能保障品质水准的产品和服务框架下,参与主体依据自身的个性特点,进一步实现自我创造价值,以获取消费者的青睐。

(二) 网络效应价值

平台化的网络效应，即平台协同上游服务商，通过建立使用者之间的关系网络，达到价值激增的目的。这种效应包括两类：同边网络效应和跨边网络效应。同边网络效应指的是某一边市场群体用户规模的增长，将影响同一边市场群体内其他使用者所得到的效用，这一合作的态势会让同行一起把市场做大。跨边网络效应指的是一边用户的规模增长将影响另一边群体使用该平台所得到的效用。所以，同边网络效应和跨边网络效应让平台上提供服务或产品的"群体"，以及享用服务或产品的"群体"都具有积极性，前者有主观动力去满足多样化需求，后者则有信心找到想要的产品或服务。

(三) 连接价值

平台具备利益相关者连接功能，因而成为能够快速重组资源以满足复杂多变的市场需求的组织形态。平台的连接不仅能够打破隔阂，简化价值链流程，缩短产业链，帮助供需双方直接完成对接，实时快速地撮合交易，帮助形成更加精准的匹配，而且能够帮助企业增加与消费者、供应商、合作者的多方面关联，形成共创共享的巨大平台网络，使信息沟通变得畅通无阻、交易成本大大降低、沟通速度加快，并且更容易让交易双方碰撞出更多的火花。

(四) 跨界整合价值

平台跨界整合的价值在于，通过对平台与其他行业进行整合，挖掘增长亮点，吸引能够进行价值交换的消费者，挖掘跨界的潜在力量，从而产生交易的便利性。

(五) 共享价值

平台化开发了价值创造的新来源：共享经济。共享经济的发展，将造就一个全民就业的时代，P2P（个人对个人）将成为主流。每个人都在创造价值，每个人都有独特的想法、独特的能力，这些能力都可以在平台上进行交流和交换。平台化改变了供应方的特性，解封了闲置的产能，使社会资源得到充分利用。同时，平台化还通过提供默认的保险合同和信用系统鼓励诚信行为，显著降低社会资源的交易成本。

二、苏州智慧农业农村平台化服务的总体架构

苏州智慧农业平台的特征可概括为"四级架构、多元主体"。四级架构是指市级,县、市(区)级,乡镇(产业园区),村级四级平台;多元主体包括政府、企业、园区、集体等多种平台供给主体。

(一)市级平台

在苏州智慧农业总体架构中,"一中心一平台"指的是基础数据中心和苏州市农业农村云平台,是物联网、卫星遥感、云计算、大数据、人工智能等新兴信息化技术与农业农村工作深度融合的结果。目前该平台已成为苏州智慧农业神经系统与农业农村现代化的核心和关键要素,推动了苏州农业农村信息化整体水平的升级,培育了一批满足"三农"需求的新技术、新产品和新服务,促进了农业农村生产方式、经营方式、管理方式、服务方式和农民生活方式的深刻变革。

苏州市农业农村基础数据中心

1. 苏州智慧农业大数据平台的集成架构

该平台的集成架构分为展示层、应用层、支撑层和数据层。

展示层主要实现业务功能的展示,以及微服务的管理、发布和监控,为第三方应用提供技术组件服务。

应用层分为管理后台、核心网关和统计服务等三个子系统。管理后台主要负责系统配置、系统管理、运维管理等，是使用人员的主要入口；核心网关主要负责请求转发、权限管控、流量控制等；统计服务主要负责各类数据的统计。

支撑层主要有微服务相关依赖、消息队列、数据缓存及服务生成等内容。同时，支撑层也提供技术组件服务，将组件内容发布为公有服务，为第三方应用建设提供即插即用服务。技术组件服务包括认证管理、数据访问、数据权限、工作流引擎、定时调度、日志管理、异常处理、流程编排、消息中心、文件中心等内容。这些技术组件为业务系统提供权限管控、流程管控、服务监控、消息服务等四大类服务，以满足业务系统建设的基础需求，提升应用建设速度。

数据层为各系统提供数据存储和数据源。云平台支持结构化、半结构化、非结构化数据存储。结构化数据主要为云平台提供基础数据服务；半结构化数据主要实现日志存储；非结构化数据主要存储应用系统文件，提供在线文件服务。

2. 苏州智慧农业大数据平台的服务功能

苏州农业农村大数据管理平台具备农业农村大数据综合管理能力，包括数据采集汇聚、数据存储、数据治理、数据监控、数据安全管理等功能。

数据采集汇聚：构建了苏州市农业农村数据采集体系，采集了苏州市农业农村各个环节所涉及的数据，数据源包括智能装备、物联网设备、政务系统、业务系统、第三方系统及苏州市农业农村云平台等。数据的采集方式主要有接口采集、文件导入、纸质文件电子化、物联网数据采集、空间数据接入、网络抓取、数据共享等。

数据存储：具备结构化数据存储、非结构化数据存储、半结构化数据存储等功能，保证数据全方面覆盖；构建了苏州市农业农村数据特点的分布式关系型数据集群、分布式文件系统和分布式缓存存储等海量数据存储架构。

数据治理：具备对农业农村基础数据中心各类数据进行提取、清洗、对比、标识等处理功能，实现了元数据管理、数据血缘分析、数据建模、数据生命周期管理。

数据监控：对农业农村大数据平台的使用过程进行跟踪监测，为常态化的数据使用提供依据；对大数据平台的整体运行情况、资源目录编制情况、数据资源归集情况、基础库治理情况、数据资源共享情况、数据资源开放情况等进行多维分析，为平台的高效运行提供数据决策服务。

数据安全管理：数据是应用系统的核心，数据安全是农业大数据平台正常运行的基础保障。苏州农业农村大数据管理平台能够保证数据存储的安全、数据传输过程中的安全、数据的一致性、数据访问的安全等。

3. 苏州智慧农业大数据平台的数据库资源

在整合农业农村局现有数据的基础上，苏州农业农村大数据管理通过数据补充采集及数据整合技术，构建了20类农业农村数据资源库，具体包括农业自然资源库、农业产业数据库、经营主体数据库、农业科技数据库、农业农产品市场数据库、农业金融数据库、农业物联网数据库、农业统计数据库、社会信用数据库、农业特色产业知识数据库、农村数据库、政务数据库、扶贫数据库、农业资源数据库、农业生产经营数据库、农业监管数据库、农业业务管理数据库、农业经营主体专题空间库、空间资源数据库和平台支撑能力数据库。

（二）县、市（区）级平台

依托市级智慧农业平台，苏州各涉农县、市（区）也搭建起了各具特色的综合性、专业化智慧农业平台。这些平台相对于市级平台而言，更加贴合地方实际服务需求，服务内容更具体、服务面更广（表8-1）。

表8-1 各县、市（区）智慧农业平台典型代表

平台所属县、市（区）	平台名称	功能特征
张家港市	"数字乡村一张图"平台	依托地理信息、农业物联网、遥感等技术，做好农业农村基础信息采集、农业农村基础数据库、数字乡村建设全景平台、农业农村大数据对接等信息化项目，全面获取农业资源底数，最大限度地掌握决策信息，不断提高农业决策管理的精准度
常熟市	智能化监管平台	包括四个子平台：一是农村人居环境智慧化监管平台，致力于提高数字化、智慧化在"千村美居"暨农村人居环境长效管理中的场景应用；二是农产品质量监管应用平台拓展农药销售管理，以农业生产投入品信息及生长环节管控为功能；三是农村集体资产监督管理平台，通过系统集成、数字赋能，实现对农村集体"三资"的一网统管、一屏统揽；四是长江智慧禁渔平台，融合全市涉江视频监控资源，对长江捕鱼违法行为进行智能识别预警
昆山市	农产品质量监管平台	全程记录农（渔）事活动，实现农（水）产品"一证一品二码"和质量安全全程可溯

续表

平台所属县、市（区）	平台名称	功能特征
吴江区	吴江区农业农村大数据平台	集数据采集、监测预警、决策分析、展示共享于一体，具备全区农业农村各领域的数据和场景聚集，统筹指导、监测、服务、评价乡村各项数字化工作等功能
吴中区	"气象为农"服务平台	年发送各类服务信息60多万条；设立190个室内外农业气象宣传显示屏，建立直通镇村的生产、市场等信息快速传递渠道
相城区	监管大数据平台	以管理数据化为核心建设内容，通过与苏州市农村集体"三资"监管平台、苏州市农村产权交易系统和相城区各乡镇的资金管理系统无缝对接，实现农村"三资"业务数据在相城区"三资"监管链上链存证，利用区块链、大数据、全文检索、可视化等技术，为农业农村局和纪委实现科学管理决策提供科技支撑

（三）乡镇（产业园区）层级平台

现代农业园区是苏州的特色与优势，截至2022年，苏州共有国家级现代农业示范区7个，国家级现代农业园1个（吴江国家现代农业园），省级产业示范园11个，市级现代农业园区60个，乡（镇）级农业园135个，实现了镇级、市级、省级、国家级四级农业园区的全面创建，现代农业园区集聚的生产要素、多元功能和丰富的经营主体为推进农业智慧化转型提供了良好的建设基础，目前已有20余个现代农业园承接苏州智慧农业试点项目。依托这些农业园区，也建起了一批以服务农业生产场景为主要功能的智慧农业平台（表8-2）。

表8-2 乡镇（产业园区）智慧农业平台典型代表

平台类型	平台名称	功能特征
大田种植型	吴江国家现代农业示范区稻麦综合性智能化管理平台	集农田物联网、立体遥感、作物精确管理模型于一体，可实现田块、园区、区域等不同尺度下作物播前栽培方案的定量设计、产中苗情的实时监测与动态调控、作物产量和品质指标的定量预测
	张家港市常阴沙现代农业示范园区智慧农业服务平台	以农业物联网等硬件设施的投入，集成园区内种植地块的土地信息、农作物信息和环节信息，集成常阴沙稻麦种植电子地图，以田块为最小管理单元，完成园区稻麦从种到收的全过程精准管控，帮助平台上的涉农企业与农户及时获取农作物的生长态势和产量信息

续表

平台类型	平台名称	功能特征
水产养殖型	昆山现代渔业产业园智慧渔业平台	接入园区视频监控安防系统、水质在线监测系统和微孔增氧自动控制系统，实现昆山市1.8万亩渔业园区水体环境实时监控、饵料精准投喂、病害监测预警等智能化生产与管理功能
畜禽养殖型	苏太美丽生态牧场智慧化管理平台	接入每栋猪舍的环境控制系统和自动饲料饮水系统、废水污物集中处理系统、物联网平台，实时监测猪场内所有栋舍的温度、湿度、二氧化碳浓度、负压、饲料消耗等数据

常阴沙智慧农业服务平台

昆山现代渔业产业园智慧渔业平台

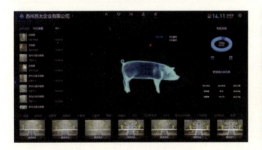

苏太美丽生态牧场智慧化管理平台

苏州市吴江数字农业农村管理平台

（四）村级平台

村级平台的类型较为丰富，主要功能体现在村庄治理的高效化、服务的均等化、种养殖的智慧化等方面。典型案例有吴江区黎里镇东联村的"治惠东联"村级大脑、常熟市董浜镇的"数字乡镇"平台等（表8-3）。

表8-3 村级智慧农业平台典型代表

平台类型	典型案例	功能特征
治理高效化型	吴江区黎里镇东联村"治惠东联"村级大脑	具有全面感知、数据资源和事件调度功能，使村庄管理更加高效、治理更具创新力
	吴江区盛泽镇渔业村的"数字渔村"平台	集数字党建、村务服务和农村资产管理、农业监测、平安管理、文明积分、智慧交通和市场管理等功能于一体
	苏州高新区通安镇树山村公共服务平台	实现信息公开、村务互动等信息的集成化管理；建设网上办事处，办事流程全程公开，便于村民办事，同时为村民提供参事、议事通道
	常熟市董浜镇"数字乡镇"平台	初步形成"治理要素一张图、互联互通一张网、数据汇聚一个库、场景应用一平台"
服务均等化型	昆山市张浦镇金华村网上村委会	为包含"阳光村务""普惠金融""优品商城""积分商城"等功能模块的网上村委会和村微信公众号，全过程记录村民民生矛盾、村庄建设问题、村庄发展规划反馈等情况
	张家港市南丰镇永联村开发的"1+3+N"平台	聚焦数字产业、数字民生、数字治理等多个数字化应用场景，开发应用"永联一点通"App、"福村宝"医疗互助体系、健身管理系统、垃圾智能分类系统，以及海豚急救自助系统等。其中，海豚急救自助系统的"一键呼救"功能可以及时推送患者位置，实现第一时间救援
	吴中区光福镇香雪村村情公开服务平台	为村民提供"水气土"环境监测和智慧养老等各类信息服务，促进乡村公共服务的均等化
生产智慧化型	太仓市城厢镇永丰村养殖物联网设备数字化管理平台	服务于低成本、高收益的渔菜共生循环养殖零排放的智慧渔场
	常熟市董浜镇"数字乡镇"平台	围绕智林村黄金小玉米保育基地，集成环境监测、农情监测、植保无人机、四足机器人等物联网设备，实时掌握大棚内的环境数据及生产环境的水质、虫害情况，促使农业生产活动从人工化向智能化转型

(五) 企业层级平台

企业通过在各地布局农业服务平台，将包含技术指导、金融服务等内容的专业农业社会化服务下沉至村级市场，最大限度地满足了包括中小农户在内的农业社会化服务需求；同时，依托地域布局的便利性，提供本地化的农业服务，提高农业服务的质量和及时性。典型代表有张家港市神园葡萄科技有限公司的葡萄产业精准营销神园耘农管家平台、苏州食行生鲜电子商务有限公司的"食行生鲜"App平台、苏州大域无疆航空科技有限公司的农业植保服务平台等（表8-4）。

表8-4 企业级智慧农业平台典型代表

平台类型	典型案例	功能特征
销售型	张家港市神园葡萄科技有限公司的葡萄产业精准营销"神园耘管家"平台	创建交互式场景，提高供需捕获效率，实现葡萄生产端和销售端精准匹配，达到生产、销售、服务等全过程的高效协同，拓宽小农户的葡萄销售渠道，提升苏州葡萄产业的经济效益
	苏州食行生鲜电子商务有限公司的"食行生鲜"App平台	实现市场与助农帮扶地区相关产业、企业产销对接，打造农产品上行新通路，助力农产品畅通出村、销路无忧；同时，以平台的动态反馈机制，打造全流程闭环追溯生态系统，指导农户种植适应消费需求的产品
服务型	苏州大域无疆航空科技有限公司的"嗨森植保"服务平台	将专业的农业社会化服务下沉至村级市场，最大限度地解决包括中小农户在内的农业社会化服务需求，通过近距离、本地化的农业服务，切实提高服务质量和服务及时性，助力农户解决科学用药、病虫害预防、假药甄别、农资利用率提升、农资成本降低等问题，真正促进农户降本增收

三、苏州智慧农业农村平台化服务的作用

近些年，苏州不断加大智慧农业农村平台化的投入力度，推动数字基建不断完善、数据平台日益健全。目前已建的各类型、各层次应用平台，对苏州乃至整个长三角地区都具有重要的参考意义，其发挥的作用主要体现在以下几个方面。

（一）提供共享基础设施

创新云平台需要以一定的基础设施为支撑，同时由于平台的共享属性，底层的基础设施也必须具有一定的共享能力。比如，张家港市常阴沙现代农业示范园区智慧农业公共服务平台建立常阴沙稻麦种植电子地图，为园区内的农业大户、农业企业提供信息服务，并指导周边农户做好田间管理与农事记录，向农户及经营主体及时发布政策及相关信息，更好地保障农业生产的正常进行。建信金融科技（苏州）有限公司在信息化惠农便民方面，以总公司的农业金融平台"裕农通"为抓手，为农民提供惠农金融服务，建立"乡情圈"等便民工具，通过数字化技术使金融和社会化服务向农村延伸。

常阴沙稻麦种植电子地图

（二）按需提供定制化服务

苏州依照涉农企业和农户的需求，以各类型平台的多元化供给，提供数据信息、质量追溯、农技农资供给、技术培训、补贴、保险、全产业链专家支持等方面的定制化服务。平台提供定制化服务，可以避免产品不符合消费者需求、农产品生产过剩的风险，保障生产活动的长效发展。比如，苏州食行生鲜电子商务有限公司依托"食行生鲜"App平台的动态反馈机制，打造全流程闭环追溯生态系统，指导农户种植符合消费者需求的产品，以实现消费助农和智慧助农。布瑞克（苏州）农业互联网股份有限公司的布瑞克数据库支持定制化服务，用户可以自行定义和上传数据，对数据进行灵活加工分析，制作专属的农业研究模型。苏州震泽丝绸之路农业科技发展有限公司搭建互联网平台，消费者可以利用互联网与生产商（太湖雪）

苏州市吴江区震泽镇太湖雪

直接对话，定制生产，无需门店，节省了大量的时间和金钱成本，由此节约的成本也直接反映在产品价格中，消费者能够以更低廉的价格买到优质农产品。

（三）辅助农事全过程生产决策

依托苏州各级各类平台数据支撑进行农业生产，不仅降低了农户和企业的生产投入成本，而且实现了农业的高效增收，极大地提升了农业生产效率，使农民摆脱了繁重、枯燥无味、低附加值的农事活动，极大地缓解了农村现存的劳动力短缺和人口老龄化等问题。同时，基于平台数据的精准化管理，节省了化肥、农药等化工品的用量，有效地减少了农残和环境污染，最终实现了经济和生态的双效益。

比如，苏州大域无疆航空科技有限公司"嗨森植保"服务平台助力农户解决科学用药、病虫害预防、假药甄别、农资利用率提升、农资成本降低等问题，真正促进了农户的降本增收。苏州立美园艺科技有限公司依托智能 ERP 中央管理系统，自动计算出作物的播种日期、播种数量、泥炭和其他资材使用量，对整个生产工序提前预警、提示，实现全程信息化，提高效率 30% 以上，节省人力成本 25% 以上。常熟市依托"智慧三农"平台形成的多源、多尺度的智慧农业地理信息系统，理清全市农业资源数据，为农作物生产布局、水稻生态补偿、轮作休耕、秸秆综合利用、生产过程管理、作业收获管理等提供精准服务，同时通过数据动态分析，为全市农业生产的指挥调度提供辅助决策依据。昆山市阳澄湖生态高效

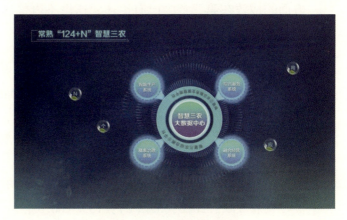

常熟"124+N"智慧三农平台

渔业发展有限公司应用昆山智慧农业农村管理系统渔业智能化管理平台，实时监测溶氧、pH 值、水温等参数，结合水质监测溶解氧参数，远程控制微孔增氧，满足虾蟹溶氧生长需求；应用昆山智慧农业农村管理系统水产品质量安全管理平台，全程记录渔事活动，做到水产品质量安全可溯；应用昆山地产阳澄湖大闸蟹信用管理平台，加强养殖户积分管理，坚持科技兴农、数字赋能、产业向绿，发挥阳澄湖大闸蟹区域标志品牌优势，努力提高渔业的附加值，在加

快智能装备系统集成和应用的基础上，开展园区水产分院水产品质量安全检测和提供鱼病会诊服务等工作。太仓市东林农场专业合作社建设智能感知平台，利用综合监测与可追溯等关键技术，实现土壤墒情监测、水质监测、植保病虫害监测、作物长势与产量监测等信息的采集汇总。张家港市神园葡萄科技有限公司在葡萄生产基地现场搭建全面的智慧网络平台，进行实时监测、异常情况智能预警、险情灾害及时排解、设施设备精准控制，最终实现了降低成本、提高效率、提高产量与改善品质的目标。苏州浦江源太湖特种水产有限公司智慧管理平台作为养殖数据存储和智能管控中心，协同物联网设备进行远程实时监控，实时采集养殖环境信息，为实现快速精准管理决策提供技术支撑，同时也为养殖户提供渔业政策、养殖技术方面的云上服务。

（四）助力乡村治理水平提升

苏州以数字乡村建设为抓手，在村级数字化建设中，搭建智慧党建、村务活动、乡村安全、乡村环境整治等方面的数字服务平台，扩展村民参与村级公共事务和乡村人居环境治理的渠道，调动村民参与美丽乡村建设的积极性。这方面的成效在第三章中已有论述，这里不再赘述。

【本章参考文献】

GAWER A, CUSUMANO MA. Industry Platforms and Ecosystem Innovation[J]. *Journal of Product Innovation Management*, 2014, 31 (3): 417-433.

范如国. 平台技术赋能、公共博弈与复杂适应性治理[J]. 中国社会科学, 2021 (12): 131-152, 202.

孙新波, 苏钟海, 钱雨, 等. 数据赋能研究现状及未来展望[J]. 研究与发展管理, 2020, 32 (2): 155-166.

曾鸣. 智能商业[M]. 北京: 中信出版社, 2018.

林楠, 席酉民, 刘鹏. 产业互联网平台的动态赋能机制研究：以欧冶云商为例[J]. 外国经济与管理, 2022, 44 (9): 135-152.

陈威如, 余卓轩. 平台战略：正在席卷全球的商业模式革命[M]. 北京: 中信出版社, 2013.

OLLILA S, YSTROM A. Exploring Design Principles of Organizing for Collaborative Innovation: The Case of an Open Innovation Initiative[J]. *Creativity and Innovation Management*. 2016, 25(3): 363-377.

忻榕,陈威如,侯正宇. 平台化管理[M]. 北京:机械工业出版社,2019.

陈威如,王诗一. 平台转型:企业再创颠峰的自我革命[M]. 北京:中信出版社,2016.

林英泽. 电商平台规则与共享经济发展[J]. 中国流通经济,2018,32(1):85-92.

杰奥夫雷·G. 帕克,马歇尔·W. 范·埃尔斯泰恩,桑基特·保罗·邱达利. 平台革命:改变世界的商业模式[M]. 志鹏,译. 北京:机械工业出版社,2017.

第九章　全链化发展

苏州在试点中发现，智慧农业若不能全链打通，就无法释放出智慧化发展的最大效能。因此，苏州高度重视体系化设计和系统谋划，强化各类场景、基地、产业链、服务链的高集成度。在产业集群建设上，重视从研发、服务、装备、生产、包装、冷链、品牌到电商销售等全链条龙头带动和创新集群培育；在应用场景搭建上，高度重视建立覆盖生产、加工、流通、销售全产业链的智慧农业应用场景；在专家服务系统建设上，强调覆盖产前、产中、产后等全产业链的专家服务。甚至许多企业在发展中也高度重视全产业链的整合。事实证明，这种全链化发展对智慧农业改革的快速高效推进具有重要意义。

一、全链化及其必要性

2009年，中粮集团有限公司首次提出"全产业链"发展模式，将全产业链经营作为一种商业模式创新。之后，全产业链发展实践在各地广泛推进，学术界的相关研究也逐渐深入。黄光灿等从横向和纵向两个维度对全产业链进行了解读：一是单一产业价值链，主要体现为上下游之间在产品、服务和信息等环节上的一种纵向一体化；二是多个产业空间链，主要表现为不同产业链在渠道、营销、管理等多个环节上的一种横向一体化。王志涛等则具体指出，农业全产业链是以消费者的购买需求为导向，通过电商平台或实体市场对企业或农户生产的农产品进行统一销售。同时，平台在企业或农户交易过程中通过终端收集消费者的反馈意见，为企业或农户的下一轮生产和种植提供有效指导。通过农业企业和中介组织把周边的农户以农业全产业链的形式联合起来，形成标准化的生产模式，这是全产业链的发展核心。王山等从产业集群的角度指出，农业虚拟产业集群是以互联网为基础，对农业生产的产前、产中、产后进行无缝衔接，将不同地区的农业组织通过信息技术集合到一起形成的。其目的是通过数据资源的共享，将农业产业互联网化，推动农产品的网上交易、网上结算包括订单农业等一系列的农业信息活动，增强农业生产的经营能力。对于智慧农业改革来说，农业全链化发展不仅有重要价值，而且有必要性。

（一）全产业链的整合与流通，提升链条各环节效益

全产业链的核心在于对产业链的全面掌控，协调产业链上各主体的关系，延伸产业链、提升流通效率、提高价值的增值效率，降低流通成本并提升规模效应。因此，农产品的全产业链整合和流通，解决了农产品产业链的链条断裂、信息不畅和逆向选择等问题，理顺了流通渠道，打通了产业链各节点间的行业壁垒，通过构建完善、高效的运行机制，尤其是以消费需求为指引，确保市场供需平衡。

（二）全产业链的过程可控，实现农业活动精准高效

应用信息化技术的农业产业链实现了农产品从生产到销售再到配送的全面监控，通过建立可追溯的农产品流通体系，使得流通过程中的各方可以方便、快速、高效地了解农产品的生产、加工和流通过程，不仅有利于从源头把控农产品的质量安全，而且可以提高整个农业供应链的经济效益，促进农业的可持续发展。同时，通过对全产业链上农产品的跟踪，企业可及时获取和整合消费者的消费意向，农户也能及时获取各种产品反馈，为生产出更为优质且符合市场需求的产品做出充分准备。

（三）全产业链的协同效应，促进企业核心竞争力提升

全产业链的全部生命力就在于产业协同，包括战略协同定位、市场协同开拓、技术协同创新、管理协同改善等。只有发挥好产业协同效应，才能体现出全产业链相对于市场交易的竞争优势。因此，企业可以通过组织内部的管理协调来优化和重新布局产业链资源，纵向集成产业链内上下游各个环节的资源，尤其是整合产业链源头资源，横向整合不同产品和产业链间在服务、品牌、物流、信息方面的优势资源，在纵横交错的产业链网络内寻找价值增值关键点，最终在经营、管理和财务等方面上产生"1+1＞2"的协同效应，提升企业在行业中的竞争力。

（四）全链化发展的价值实现，是智慧农业持续发展的必然前提

如果仅仅实现生产环节的智慧化，流通和市场销售环节不能智慧化，那么不仅生产环节的投资效益难以在市场得到充分实现，而且生产环节投资的积极性也会受到严重影响，并且由于无法实现市场信息的传递，生产环节的智慧化

投资也只能是浪费。如果生产场景中只是个别环节实现智慧化，那么生产数据将无法全归集，生产模型将难以完善，全过程追溯也就难以实现，这些个别环节的投资也只能是白费力气。

正是因为认识到了全链化发展的价值与必要性，我国不仅专门出台了《关于加快农业全产业链培育发展的指导意见》，提出要推进延链、补链、壮链、优链，从抓生产向抓链条、从抓产品向抓产业、从抓环节向抓体系转变，贯通产加销，融合农、文、旅，打造一批创新能力强、产业链条全、绿色底色足、安全可控制、联农带农紧的农业全产业链。与此同时，智慧农业相关规划与政策意见也对智慧农业的全产业链发展做出了相应部署。如中央网信办、农业农村部等7部门在发布的《数字乡村建设指南1.0》中提出，要通过大数据、人工智能、物联网和智能装备等在种业全产业链的应用，实现育种科研、制种繁种、生产加工、营销服务和监督管理服务的多场景信息化，以及品种创新数字化、生产经营智能化和产业体系生态化。农业农村部办公厅在发布的《农业现代化示范区数字化建设指南》中提出，要推动农产品产地市场开展数字化改造，加快建设产地云仓，完善集物流管理系统、自动化技术、运营标准于一体的智能仓储体系，强化进出库、运输、交易全程数字化管理，推进农产品网店、仓储、分装、运输、配送等各环节数字化管理。农业农村部在发布的《"十四五"全国农业农村信息化发展规划》中提出的第二条任务就是推动全产业链数字化，提升农产品供给质量和效率，重点推进农业生产经营主体互联网融合应用，加速农产品"加工—仓储物流—电商—追溯"各环节数字化改造升级，形成农业全产业链信息流闭环。

二、苏州智慧农业全链化发展的总体特点

苏州高度重视智慧农业全链化的顶层设计和系统谋划，以农产品加工、包装、运输、仓储、交易、溯源等生产流通过程为对象，应用现代信息技术，在农产品初加工、分类分拣、智能分仓、物流配送、仓储管理、电子商务、产品溯源等方面，促进农产品小生产与大市场有效衔接。此外，苏州还重点围绕产业集群、产业场景、服务体系打通农业产业链条，从前端的研发设计和数据收集，到平台、冷链、加工、电商，最终到农产品卖出去，实现全链化发展和经济效益的释放。

（一）智慧农业生产场景的全链化

苏州打造智慧农业生产场景，不是从单一环节接入，而是高度重视建立覆盖生产、加工、流通、销售全产业链的智慧化标准，实现农业生产全场景的在线化、可视化及生产流通过程的全程可追溯。以智慧农场（大田）生产场景为例，苏州建立了包括投入品管理、耕整地、育苗、插秧和播种、作物农情遥感监测、土壤墒情和水层高度监测、农田小气候监测、施药、施肥、除草、虫情监测、灌排控制、收割、可追溯系统、加工、包装、电子商务、管理决策等贯穿大田生产所有环节的智慧化标准。再以智慧渔场生产场景为例，标准涵盖了从产地环境监测、清塘管理、投入品管理、空气环境监测、水环境监测、自动化供水、饵料投喂、喷药、模拟和调控、活动监测、增氧系统、尾水监测、尾水质量、可追溯系统、分拣、电子商务到管理决策的全链条。

（二）智慧农业产业集群的全链化

苏州依托发达的现代农业园区和大型龙头企业，重视在一定区域范围内打通研发、服务、装备、生产、包装、冷链、品牌、电商销售等农业全链条，实现生产加工、冷链运输、仓储销售等各环节密切链接，延长产业链条，增加产品附加值，扩大生产规模，形成规模经济。以张家港市常阴沙现代农业示范园区为例，该园区基本实现了从种植端、收购端、仓储加工包装端到销售端的全产业链智慧化发展。种植端——根据卫星遥感数据，科学决策当前农作物的田间管理措施，并向农户发送"告农户书"，提供具体的用肥用药量、时间等指导，并实时反馈大户操作情况，确保田间管理到位。比如，在常兴社区建立智能化大田灌排系统和灌区基本农田、河网水系、泵站、管网等灌排管理数据库，根据灌排管理模型、水稻生长周期内各时段最佳水深，自动控制田间水位，结合雨情监控数据实现智能灌溉控制管理；开展农机作业监控、农

张家港市常阴沙现代农业示范园区

机自动导航试验示范,在插秧机、施肥机、收割机等作业装备上加装监控终端、智能导航、产量监测等智能装备,提供稻麦大田生产耕、种、管、收全过程农机作业面积、效率、质量的监管服务,全面提升农机作业管理的智能化与精细化程度。收购端——结合智慧农业公共服务平台内的常阴沙营销系统,由联农农产品专业合作社牵头吸纳园区现有规模经营大户,在系统内展示并提供大户信息、大米信息,同时绑定农产品追溯系统、绑定产区、绑定投入品,在真正意义上实现常阴沙绿色稻米产能信息的实时汇集,面向规模采购商、目标消费人群进行集中展示,从而形成快速、便捷的农产品销售及采买模式。仓储、加工、包装端——逐步向自动化升级,每包米下生产线的时间都精准到秒,精准到操作人员,精准到来源于哪个农户,一品一码,每包米的信息都进数据库,让消费者有据可查。销售端——除了依托联农农产品专业合作社的线上线下销售渠道外,积极对接并开拓第三方线上线下全渠道,通过订单农业的方式,不断健全常阴沙大米的标准化销售体系,缩短大米从生产到消费的交易链条,帮助农户降低交易成本、运输成本,避免由交易的不确定性造成的损耗。

张家港市常阴沙现代农业示范园区"稻米生产种植管理系统"稻麦种植电子地图

(三) 智慧农业服务系统的全链化

苏州基于互联网、云计算、大数据和人工智能等技术建立专家知识库,利用视频、图像、文字、语音识别等多种形式,设置智能决策、知识概览、人工智能病虫害诊断、专家问答、农事指导等功能,实现水稻、特色蔬菜、茶果、渔业、生猪等 5 个方面的数字化全产业链服务，为农民提供种养殖预警预报、病虫害智能诊断、分析防治等个性化农业生产智能服务。

三、苏州智慧农业全链化发展的作用

苏州以信息化、数字化和智能化手段激活各类助农资源，推进农业全产业链协同发展。苏州智慧农业全链化发展的作用主要体现在以下四个方面。

（一）实现投资收益闭环，促进农业价值实现

张家港市南丰镇永联村通过全产业链的数字化改造，赋能第一、第二、第三产业融合，在种养殖端应用智能温室物联网监测等物联网技术，实时监测、分析作物生长数据，在销售配送环节尝试整合分销平台，依托线上商城实现产品销售，与线下门店互补。苏州博田自动化技术有限公司和中国农业大学联合研发设施农业机器人化生产系统，覆盖农业生产链中的高频次、高强度作业环节。该公司融合人工智能和多传感器技术研发的设施农业果蔬采摘机器人被农业农村部推介为"2019 数字农业农村新技术新产品新模式优秀项目"。相城区倪家湾水之田农业科技园自建物流和冷链配送，实现卫星实时定位和温度远程监控，完善智慧系统在农业生产环节的全覆盖。江苏润正生物科技有限公司加快智能装备应用，加强对生产各环节相关参数的智能监测，加快监测数据应用，实现菌菇栽培全链条智能化生产和专家模型信息化管理，推动企业效益大幅提升。

（二）提供专业化服务，提高农业各环节附加值效益

产前、产中、产后的全方位"互联网+农业"服务支持，农业产业规划、数字化种养殖管理、智能化市场风险管理、公用品牌打造、产销决策等服务，使农业各个环节的附加值得到大幅提高。苏州食行生鲜电子商务有限公司依据大数据，采用"以销定采""产地直供"的模式，解决农产品流通过程中的高损耗；同时，用社区冷柜自提解决产品品种保障和种类要求难题。苏州市华冠园创园艺科技有限公司在系统平台、仓储物流、产品追溯方面，通过与专业的电商 ERP 公司合作开发 WMS 物流管理系统和 ERP 系统，实时监控并调配苗圃库存情况，以及商品挑选、拣货、打包、出库等一系列流程，提升发货效率。布瑞克（苏州）农业互联网股份有限公司针对县级政府、涉农企业、农民主体提

出的基于农业大数据的农业产业互联网解决方案,为县域涉农经济的产前、产中、产后提供全方位的"互联网+农业+金融"服务支持。常熟市农业农村局"智慧三农"农业地理信息系统应用整合地理信息、共享数据资源,完善"用数据说话、用数据管理、用数据决策、用数据创新"的机制,实现产前、产中、产后全环节管理。

(三)实现定制化生产,推动供给侧改革

在以往的农业生产中,农户主要根据自己的计划进行相应的作物种植或牲畜养殖,生产出的产品往往无法适应市场需求,加上从生产者到消费者需要经过几个流通环节,存在一定的流通阻隔,最终可能导致农产品的废弃浪费。而发挥产品流通链条的信息化优势,可以从消费者视角出发确定订单量和订单要求,最大限度地指引农户或企业预估产品生产量和产品种类,及时调整产品生产结构,促进农产品的结构调优。比如,常熟市谷田农业科技有限公司打通田间地头到餐饮消费者的供应链条,让利两端,重组农产品供应链,大力发展源头直采,缩短农产品流通环节,以自建供应链系统连接农业与餐饮业,一端连接田间地头,一端连接市场和消费者,使农民的农产品可以通过"美菜网"一站式送达城市餐厅,全流程精细化管控农产品从田间到餐桌的每个环节。

(四)实现全链条信息可追溯,保障产品质量安全

民以食为天,安全、放心是农业生产的首要考量,而技术是实现农产品安全的最强大手段。在当下,要建立领先的全程食品追溯机制,就必须结合信息化技术,构建全流程闭环追溯生态系统,赋予每个农产品独一无二的"追溯码",做到产品从"田间到舌尖"的可见、可控、可追责。

苏州盒马网络科技有限公司实行食品安全的全程追溯,从原材料采购到递送至消费者的每个环节,都做到了事前预防、事中管控、事后追溯的全程追踪。苏州食行生鲜电子商务有限公司对从配单中心到冷藏车再到自提柜等均进行信息化管理,构建产品流通的全程冷链体系,形成对配单温度、车辆温度、站点温度的全程监控、记录和管理,建立农产品全品类、全区域、全覆盖和全流程的一站式追溯体系,实现产品从生产、仓储、物流、销售到售后的全流程可追溯,全力保障食品安全,维护消费者的合法权益。苏州金记食品有限公司在产品包装上印刷溯源二维码,保障消费者的知情权,提高客户满意度,消费者通过扫码可随时轻松查询该批次产品的规格、生产日期、原料信息、加工情况、

保质期等信息。张家港市七彩明珠农业科技专业合作社销售的所有农产品的包装箱上都贴有产品追溯平台的二维码,真正做到了质量严控制、产地可追溯。

【本章参考文献】

　　黄光灿,王珏,马莉莉.全球价值链视角下中国制造业升级研究:基于全产业链构建[J].广东社会科学,2019(1):54-64.

　　王志涛,张瑞芳.数字化背景下农业全产业链发展分析[J].植物学报,2022,57(5):721.

　　王山,奉公.产业互联网模式下农业产业融合及其产业链优化研究[J].现代经济探讨,2016(3):47-51.

　　陶章.全产业链视角下农产品流通困局与流通体系构建[J].商业经济研究,2017(20):125-127.

　　李国英."互联网+"背景下我国现代农业产业链及商业模式解构[J].农村经济,2015(9):29-33.

　　杜龙政,汪延明.基于大食品安全的全产业链治理研究[J].科学决策,2010(10):29-38.

　　魏晓蓓,王森."互联网+"背景下全产业链模式助推农业产业升级[J].山东社会科学,2018(10):167-172.

　　陈秉恒.物联网技术下农业供应链的构建[J].江西社会科学,2013,33(4):214-217.

　　杜长征,冯建辉.全产业链:愿景,抑或陷阱?:基于中粮实践案例的观察与思考[J].企业管理,2017(2):44-46.

　　韩喜艳,高志峰,刘伟.全产业链模式促进农产品流通的作用机理:理论模型与案例实证[J].农业技术经济,2019(4):55-70.

第十章　多元化参与

苏州智慧农业改革试点在方案设计中高度重视突出市场主导，支持市场主体开展智慧农业应用，鼓励社会资本参与。在实践中，出台了一系列政策，并成立乡村振兴产业发展基金，创新推出"上图招商""专员服务""信息直报"等服务机制，与金融科技机构合作，鼓励其通过独资、合资、合作、联营、租赁等途径投资和经营智慧农业。良好的政策环境有效带动了各类信息化头部企业相继加入，吸引了银行、运营商、媒体、高校和科研院所甚至艺术家积极与小农户携手参与智慧农业建设，初步形成了智慧农业发展的多元化参与、开放式协作创新系统，弥补了乡村地区发展智慧农业的技术、资金、信息、数据、人才、经验等短板。

一、多元化参与及其相关政策

（一）多元化参与的意义与趋势

政府、市场、社会及个体等的多主体参与，有助于实现优势互补、扩大资源池、激发创新协同，有利于知识溢出、技术转移、扩大产业规模、实现创新加速，还可避免出现主体单一导致的视野狭窄、资源匮乏、规模约束等问题。

国际上，在智慧农业发展中高度重视多种力量参与对于智慧农业在技术创新与应用、信息化基础设施建设、数据共享与协作等方面的贡献。其中，"政府+金融机构+社会资本"三位一体的金融支持体系，为发达国家智慧农业的资本保障发挥了强有力的作用。比如，美国农业融资计划从农场发展、农民教育、技术研发与推广等方面全方位支撑智慧农业发展；欧盟以政府引导吸引社会多方资源的方式为智慧农业提供资金支持，多元的融资渠道与形式保障了国家及地区智慧农业的有序发展。

（二）我国乡村振兴与智慧农业建设中的多元参与政策

我国的乡村振兴战略一直高度重视引导农民和多元社会力量的参与。国务院发布的《乡村建设行动实施方案》提出，不仅要广泛依靠农民、教育引导农民、组织带动农民搞建设，不搞大包大揽、强迫命令，不代替农民选择，同时还要大力引导和鼓励社会力量投入乡村建设，尤其是对经营性建设项目，要求规范有序地推广政府和社会资本合作模式，切实发挥运营企业作用。《"十四五"推进农业农村现代化规划》也明确提出，要搭建社会参与平台，构建政府、市场、社会协同推进农业农村现代化的工作格局，引导和鼓励工商资本投入现代农业、乡村产业、生态治理、基础设施和公共服务建设。

我国智慧农业发展的相关规划和政策更是高度重视鼓励引导多元化力量的参与。中国网信办等10部门印发的《数字乡村发展行动计划（2022—2025年）》提出，要注重社会力量参与，鼓励金融机构加强对智慧农业、农村电商、乡村新业态等领域建设项目的信贷、融资支持，持续深化农村普惠金融服务；支持企业、社会组织开展以数据为关键要素的农业生产社会化服务，促进小农户和现代农业发展。同时，还要强化农民主体地位，支持利用小程序、移动互联网应用（App）等信息化手段开展村民自治，拓宽农民参与数字乡村治理的渠道。此外，农业农村部印发的《"十四五"全国农业农村信息化发展规划》，农业农村部会同国家发展和改革委员会、财政部、商务部印发的《关于实施"互联网+"农产品出村进城工程的指导意见》等与智慧农业相关的重要规划与政策文件，均反复提出要充分发挥多元市场主体的带动作用。

在实践中，我国也高度重视发动社会力量，特别重视加强与电商企业、互联网企业合作，充分发挥其在资金、人才、技术、管理、渠道等方面的优势，共同推进数字农业建设。比如，在组织实施信息进村入户工程中，引入互联网企业、电信企业等作为运营商，探索建立"政府+运营商+服务商"三位一体的市场化运行机制，不断集聚各类涉农服务资源，创新服务方式，为农民群众提供公益、便民、电子商务等"一站式"服务。在开展"互联网+"农产品出村进城工程试点中，遴选部分电商企业作为试点参与企业，与县级地方政府结对子开展工程试点建设，整合行业内资源，因地制宜地建立健全县级农产品产业化运营主体，打造优质特色农产品供应链，建立适应农产品网络销售的运营服务体系和有效的支撑保障体系，确保农产品顺畅销售、优质优价。

二、苏州智慧农业发展中对多元参与的激励

苏州坚持以市场为主导的发展模式，制定出台了一系列扶持政策，鼓励农业企业、村集体经济组织、社会资本等积极参与智慧农业各生产经营领域，为

其提供良好的政策支持和营商环境，确保智慧农业发展红利在利益主体之间的均衡分配，确保企业和农民参与智慧农业建设的长效性与积极性。

首先，财政金融对多元参与的支持是最核心的抓手。各级财政统筹现有资金渠道，优化资金使用结构，对农业农村数字化重点建设项目给予支持。鼓励金融机构优化信贷投放机制，加大中长期信贷支持力度，积极开发并推出针对性强的"三农"金融产品，持续引导银行机构单列普惠型涉农贷款信贷计划，加大对机构的差异化考核力度，降低融资成本，加大对"三农"市场主体的金融支持力度。比如，吴江区进一步加大对智慧农业农村建设发展的财政投入和政策支持力度，探索政府购买服务、政府与社会资本合作、贷款贴息等方式，拓宽投资和融资渠道，吸引社会力量广泛参与，引导其投入智慧农业农村建设，强化财政资金的引导激励作用，对于通过市级认定的各类智慧生产场景、智慧农业集成示范园区和智慧农村的建设主体，按市级奖补资金的50%进行配套奖补。吴中区以区级产业化扶持资金、现代农业发展资金为支撑，引导扶持特色镇村发展农产品电子商务、农业信息服务站、农村信息化培训基地等，促进地方农业发展，与金融科技机构合作，形成多元化的融资机制，鼓励通过独资、合资、合作、联营、租赁等方式投资和经营数字农业，借助农业农村大数据建立诚信服务体系，结合银行、政府、行业等多级风险控制管理架构，为农业企业、农民提供多种供应链金融服务。

其次，通过探索多元化的参与模式，拓宽参与渠道，发挥政、产、学、研"一镇一院校"的平台优势，依托南京农业大学、扬州大学等涉农院校，通过共建市场化主体、创新平台等多种形式，不断推动物联网技术的落地，为智慧农业工作的展开汇聚更多力量。张家港市发挥政府引导、市场主导作用，逐步形成"政府自建自营""政企共建运营""企业自建自营"等模式，吸引社会多元主体广泛参与数字乡村建设。吴江区瞄准智慧农业领域关键技术和产品的重大需求，鼓励本地农业企业与高校、科研机构开展产学研合作。

三、苏州智慧农业农村参与主体及其发挥的作用

苏州拥有数量众多、类型多样的涉农经营主体，包括专业合作社、产业园区、涉农企业、村集体、农业科研院所等，它们在资金、技术、信息、人才、数据、经验等方面拥有不同的优势。由于苏州在智慧农业改革方案设计之初就高度重视突出市场的主导作用，并通过政策激励市场主体开展智慧农业应用，

因此在智慧农业改革中，银行、大数据公司等众多不大关注农业农村的企业也参与进来，使得苏州智慧农业的参与主体越来越多元。

（一）政府机构

除了强化规划指引、政策支持引导、标准规范、数字化基础设施建设外，苏州各级政府主要通过搭建数据中心和各类公共服务平台来推动智慧农业的发展，如常熟市董浜镇人民政府的数字董浜一网统管平台、常熟市农业农村局的"智慧三农"农田地理信息应用提供服务平台、昆山市农业农村局的农机安全监督和渔船管理等服务平台。

（二）现代农业园区

苏州的现代农业园区规模大、实力强、分布广、类型丰富、资源相对集中，是智慧农业建设的示范引领者。它们的优势主要体现在以下三个方面。

第一，依靠规模化的耕地和相对优越的农田基础设施，在智慧农业生产场景打造上成为绝对主力。比如，江苏常熟国家农业科技园区建成了智慧园艺、智慧大田、智慧水产、智慧养殖等多种生产场景。

第二，依靠规模、招商、政策、要素集成等方面的优势，吸引大量智慧农业龙头企业集聚，缩短生产者与加工者之间的距离，延长产业链条，提升农产品加工水平，成为农业全产业链智慧化的领军者。比如，苏州太湖现代农业示范园围绕"一粒米""一只蟹""一朵花"三大主导产业构建了智慧化产业链条。

第三，通过打造各类专业化和综合性的智慧农业平台，辐射带动整个区域的农业智慧化发展。比如，苏州市吴江区国家现代农业产业园区基于北斗导航系统的"无人农场"水稻智能化生产应用终端及系统，利用信息技术快速、实用、便捷、互联的优势，形成纵向贯通、横向相连、综合性强的农业

苏州太湖现代农业示范园

信息管理平台，推进农业自动化和现代化，对整个农场的农田、农机、农民进行信息化管理，有效解决了农业发展中存在的痛点问题。

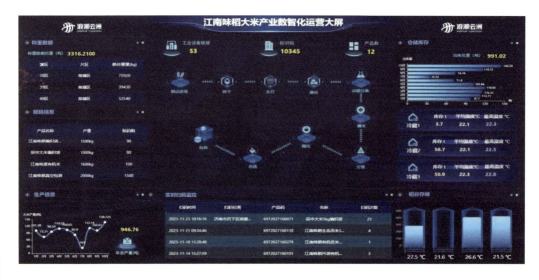

江南味稻大米产业数智化运营大屏

随着现代农业园区在推动农业智慧化发展中优势的日渐显现，其推动路径也发生了分化，主要分为以下三种类型。

其一，生产端主导的现代农业园农业智慧化发展路径：以园区主导产业为依托，改善生产环境，集成应用物联网、大数据、云平台、控制系统、智能装备实现智慧农场、智慧牧场、智慧蔬菜、智慧园艺、智慧渔场生产示范场景打造，实现全流程机械化、数字化、智能化。该路径的优势在于能够全面呈现智慧农业效能，集成应用技术；劣势在于对人、地、技术、基础设施等要素水平的要求高，门槛高，建设周期长。

其二，经营端主导的现代农业园农业智慧化发展路径：以农产品电商平台为牵引，利用大数据将生产端与市场端连接，解决信息差带来的农产品阻销问题，使得农产品销售不受时间和空间的限制。该路径的优势在于利用大数据连接生产端与市场端来解决信息壁垒，通过"以需定产"的订单农业模式推动农业供给侧改革；劣势则突出表现在电商平台会分走一部分农产品附加值。

其三，管理端主导的现代农业园农业智慧化发展路径：以智慧管理平台为载体，集成技术、信息、人才、政策等资源，通过合理配置、科学管理、精准控制、及时反馈，实现园区农业管理智慧化。该路径的优势在于通过柔性方式科学合理地整合、配置各种资源要素；劣势在于平台建设成本高、周期长，需要较强的运营能力。

(三) 涉农企业

苏州涉农企业依托自身的技术和资金优势，在智慧农业发展中不仅起到场景示范、生产组织、技术服务、创新引领等作用，还通过公共平台的打造，在人才培训、数据服务、信息服务等方面起着越来越大的作用。比如，建信金融科技（苏州）有限公司以金融科技力量解决智慧农业农村在生产经营、管理服务和乡村治理上的痛点问题，打造金融服务特色的"建信金科智慧农业"品牌；苏州食行生鲜电子商务有限公司、苏州太湖雪丝绸股份有限公司、常熟谷田农业科技有限公司皆通过市场端、流通端的智慧化向生产端延伸，极大地提高了农产品的流通效率，组织带动了小农户的智慧化；苏州久富农业机械有限公司不仅通过耕、种、管、收全程无人作业的久富"无人农场"发挥示范引领作用，还通过搭建农机服务平台，实现产品定位、监督管理、人才培训，提升服务效率，节约资源；中科禾信遥感科技（苏州）有限公司依托农业遥感技术、地理信息技术在农情监测服务、农业生产监测遥感服务、种植业保险精准承保和理赔服务、农业补贴辅助申报与核查服务等方面的应用，用遥感大数据为农业生

AI 自动绘制地块

AI 分析田间照片作物长势

"作物云"平台农技指导功能界面

中篇　经验总结篇

"作物云"平台农情调度功能界面

产"保驾护航";苏州大域无疆航空科技有限公司开发的嗨森植保服务系统,打造了统一的飞防服务标准,开创了"滴滴农服"新模式,为农户提供地块规划、需求发布、数据查询、质量评估、电子处方查询等服务,并具有结算管理和结果互评等功能,实现了飞防作业全流程闭环管理,让植保服务信息交流变得简单便捷、快速高效。

（四）农业专业合作社

苏州的农业专业合作社在智慧农业发展中发挥着实现土地资源规模化、智慧农业生产场景打造、全产业链联通等重要作用。比如,太仓市东林农场专业合作社通过与市农技部门合作,建设土壤监测、作物长势检测等系统,为周边农户提供土壤施肥建议、土壤情况分析、作物长势分析等服务,带动全市农作物生产技术的进步;苏州临湖农业专业合作社联合社通过采取土地规模化、耕作全程机械、生产全程监控、加工设备自给、高素质农民管理等措施,实现了从"一粒种子"到"一粒米"的质量全程可追溯,有效保障了大米的食品安全。

（五）村集体及集体经济组织

苏州乡村集体经济发达,在智慧农业农村建设中,村集体和集体经济组织发挥的作用表现在多个方面。一是搭建村级智慧农业农村平台,上接各级政府、企业、园区和各类市场平台，下通各个农户、生产基地，提供数字治理、信息传输、技术培训、公共服务、生产组织、市场对接、产业融合等众多服务；二是通过基层创新、需求收集，向上集成与反馈，推动苏州智慧农业发展模式和路径的丰富与优化；三是开展智慧基础设施建设，集聚数字化人才等资源，试点实验智慧农业各类生产场景、生活和服务场景，推动智慧农业改革在基层落地。以上每个方面都能找到很多典型案例。比如，张家港市南丰镇永联村成立数字化管理部门，引进百余名数字化领域人才，积极鼓励引导永联籍高校毕业生、返乡就业人员参与"数字永联"建设；吴中区光福镇香雪村通过组织"线上+线下"多渠道专业培训学习，着力培育高素质农民、电商人才、苗木经纪人及绿化养护人员，同时采取"农村电商+生态体验"经营模式，整合桂花酱、蜂蜜、话梅、桂花红茶等香雪村特色农产品，稳步推进集生态农业、旅游观光、民宿餐饮、休闲娱乐、农耕文化、农业体验于一体的现代农业综合体建设；太仓市城厢镇永丰村通过对接盒马鲜生和上海清美绿色食品（集团）有限公司，实现订单式生产，高品质鱼类年产量预计可达50万千克，产值可达2000万元，利润高达500万元；张家港市锦丰镇南港村智慧农村平台充分利用已经建设的基础信息化资源和数据资源，运用互联网理念和思维，面向管理部门和村民，打造现代信息技术与村务管理、产业分析、环境监控、安全服务等各方面融合的管理平台。

（六）科研院所

在苏州智慧农业改革试点过程中，拥有技术、人才、信息等优势的科研院所，在技术支撑、路径设计、人才培训、中介服务等方面发挥着重要作用。比如，相城区倪家湾水之田现代农业基地与苏州农业职业技术学院智慧农业学院合作成立智慧农业产教融合基地，通过5G技术和VR云视讯进行农业机器人无人化生产场景直播教学；苏州立美园艺科技有限公司与苏州农业职业技术学院合作，加入江苏现代农业校企（园区）合作联盟，共同培养未来智慧农业发展需要之人才；常熟市农业科技发展有限公司通过与南京农业大学、江苏省农业科学院蔬菜研究所进行产学研合作，整合人才、技术、品种和产业优势，集成创新总结出自然光型植物工厂蔬菜高效栽培模式；苏州浦江源太湖特种水产有限公司与中国水产科学研究院淡水渔业研究中心在养殖尾水处理、绿色养殖、水产疾病预防和诊断、渔业经济综合分析等领域深入合作，在现有先进的物联网硬件基础之上，通过数据采集和大数据分析，建立属于大闸蟹养殖全过程的算法和数据模型；张家港市塘桥镇金村村与常熟理工学院团委合作共建大学生数字乡村实践基地，开发金村智慧旅游小程序，向游客推介特色农、文、旅资源；苏州市相城区黄埭镇冯梦龙村与浙江大学合作建设智慧农业信息平台，建立农业农村大数据控制中心、农情监测管理系统、水肥一体化系统、果品基地可视化监控系统，以及物联网生产智慧管理与品质全程安全追溯系统，保证农副产品的质量安全。

【本章参考文献】

张绮雯，林青宁，毛世平. 国际视角下中国智慧农业发展的路径探寻[J]. 世界农业，2022（8）：17-26.

第十一章　特色化集成

"苏周到" App 线上乡村总入口截图

苏州的村庄千姿百态，既有高度工业化、外来人口众多、规模堪比城镇的张家港市南丰镇永联村等工业型村落，也有分别位于太湖、阳澄湖深处以特色养殖为主业的莲花村、清水村等养殖型村落，还有农、文、旅高度融合的旅游型村落，电商高度发达的淘宝村，等等。每个村的规模、产业、人口构成、收入、设施基础、区位、建设能力等千差万别，村民的需求也不一致，面临的突出矛盾更是五花八门。在进行智慧乡村建设时，如何在统一步调、服务均等的同时兼顾乡村的差异性，进而激发出基层的创造力？苏州用"集成+特色"的"1+N+X"模式完美解决了这一难题。

具体而言，"1+N+X"模式就是以治理精准化、服务均等化、产业特色化为标准，围绕涉农产业、乡村治理、乡村服务、乡村经营、乡村监管、村情民意、基础设施等各项功能，用1个通用基础模块发挥自上而下的方向指引作用，靠N个服务自选模块和X个特色产业模块兼顾基层差异、激发基层创新活力，实现千村千面、百花齐放。在此基础上，以群众满意为结果导向，阶段性地将这些示范材料汇编成册，提炼总结特色建设方案，鼓励县级市（区）、乡镇推行"一地创新，全县（镇）共享"模式，避免重复建设，降低试错成本，加快创新扩散。

一、以1个通用基础模块确保共性技术支撑和均等服务

"1+N+X"模式中的1个通用基础模块包括智慧基础设施、智慧治理和智慧民生3个模块,这3个模块是每个智慧乡村的标准化必选模块,发挥着共性技术支撑、精准治理、均等化服务等作用,确保各村的智慧乡村建设走在正确的方向。

(一) 智慧基础设施模块

智慧基础设施模块主要由网络基础设施、信息服务设施、数字支撑中枢构成,其作用是为智慧乡村提供技术底座。网络基础设施主要包括农村宽带网络、移动网络、广电网络,智慧乡村示范村的标准是Wi-Fi无线网络和5G网络全覆盖,数字电视入户率达100%。信息服务设施,主要是通过建设益农信息社,配备专用网络设备,为村民提供农业技术咨询,生产、生活资料、农产品代购代销等公益服务和便民服务,以及电子商务和培训体验服务。数字支撑中枢是指为示范村提供治理、服务、管理等服务的村级综合系统,以及全面汇聚融合农业农村数据的村级基础数据库。

(二) 智慧治理模块

智慧治理模块由智慧绿色乡村、"互联网+基层社会治理""互联网+党建""互联网+村务管理"构成,其作用是确保各村精准治理的实现。在智慧绿色乡村方面,各示范村从人居环境监测和生态环境监测两方面着力,依靠信息化技术对垃圾分类、污水处理进行监督整治,对村庄空气质量、地表水质、土壤环境进行数字监测,从而减少污染源,优化生态环境。"互联网+基层社会治理",包括网格化管理、智慧积分、智慧安防、民情地图等四种治理路径,其实施目的是推动自治、法治、德治有效联动。在"互联网+党建"方面,各示范村借助小程序、微信公众号、村网站等渠道为农村党员和干部队伍提供党建宣传、党务公开、咨询推送等服务,实现智慧化农村党务管理。"互联网+村务管理",主要包括"三资"管理、"三地"管理和村务公开,其实施目的是实现村集体房屋、土地资产的电子化台账管理。此外,智慧治理模块还提供商户空间分布、类别、经营状态等基础信息,实现集约化建设、实景化管理、物联网接入、大数据可视分析、商区高效运转、精准治理。

(三) 智慧民生模块

智慧民生模块由政务服务、生活服务构成，其作用是确保公共服务均等化的实现。在政务服务方面，设立政务服务一体机，帮助村民办理基础便民服务事项。在生活服务方面，通过智慧医疗、智慧教育、智慧养老建设，以数字技术为核心，提供满足村民基本公共服务和个性化服务需求的数字化场所。

二、以N个服务自选模块激发基层自主性

在智慧农村"1+N+X"模式中，N个服务自选模块为各村按需自选模块，可选菜单包括种养殖户培训、景区数字化运营、网络营销、农机数字化、便捷金融、云物业等N项专业化、社会化、综合性服务（表11-1）。这种安排，使得各村在1个通用基础模块所奠定的坚实基础下，跳出了千篇一律的固定模式，拥有按需定制的更大自由度，极大地增强了基层的自主性。

表11-1　代表性自选模块及其典型案例

模块类型	典型案例介绍
种养殖户培训模块	万丰村：通过使用"农技耘"App平台搭建起农业科技知识服务与产业、专家与农户对接的信息化桥梁，凭借"信息发布+数据查询+问答互动+视频培训+供需对接"，畅通"知识信息流"和"产业问题导向流"的交汇渠道，构建起知识内容与服务融合、线上线下协同的新型数字学习模式
种养殖户培训模块	东联村：利用益农信息社，向农民提供涉及农业及水产养殖新技术、新品种、新产品的专家培训服务，帮助农民解决生产中（包括产前、产中、产后等）的技术和销售问题，促进农业、农村、农民与大市场的有效对接
景区数字化运营模块	金华村：通过"美丽金华村"小程序，设置地图导览、酒店预订、全景VR、AI管家、短视频等功能模块，帮助游客提前制订行程计划，使游客可根据线上订单获得精准服务，提供"吃、住、行、游、购、娱"一站式服务
景区数字化运营模块	树山村：打造苏州高新区智慧乡村（树山）系统平台，推动景区运营服务数字化、景区营销推广数字化、景区管理数字化，通过线上线下的深度融合，打造高品质的吃、住、行、游、购、娱服务体验，并利用"元宇宙新体验""沉浸式新场景""数字人新应用"的全新概念，打造"永不落幕的梨花节"，拓展乡村旅游发展新空间

续表

模块类型	典型案例介绍
网络营销模块	**万丰村**：通过电商小程序、微店和直播带货开展农产品电子商务，大大拓宽农产品的销售渠道，增加销量。曾经在短短1个小时的直播带货中销售价值10万多元的新毛芋艿、万丰大米
	香雪村：通过线上公众号、小程序等电商平台助力香雪村特色产业的传播，销售香雪村特色农产品如桂花酱、蜂蜜、话梅、桂花红茶等，推动香雪村苗木产业和特色农产品品牌影响力的提升
农机数字化模块	**万丰村**：在服务平台集中整合社会化服务机构的植保无人机、旋耕机、喷灌机、无人驾驶拖拉机、无人驾驶水稻插秧机、无人驾驶收获机等智能农机装备，经营主体使用移动终端发布需求信息，社会化服务机构或农机手接单前往指定的田间地头作业，完成卫星整地平地、精准喷药、变量施肥、谷物自动测产等功能，实现在线下单、远程监测、精准调控、线上结算，帮农户"足不出户"完成作业
便捷金融模块	**永联村**：联合永钢集团和建设银行、中国银行、农业银行、工商银行、农商银行等金融机构打造一站式便民金融服务超市，提供24小时不打烊服务，采取"线上+线下""金融+政务"的运作方式，推出30余款个人贷款产品，涉及信用贷、抵押贷、经营贷等多个贷款产品。其中，建设银行开发的"金融+永联场景"金融服务提供17项基础金融服务和附加永联特色功能，如绑定金手指卡、社员确权、福利补贴、信用分值、信用等级及享受权益展示等
云物业模块	**树山村**："乡村云物业"为村民提供物业服务体系，主要包括信息通知、报修服务、绿化与保洁管理、出租房管理、装修管理、投诉建议等功能。其中，管理类功能面向村内物业服务管理人员，应用类功能面向村民

三、以X个特色产业模块实现千村千面

在"1+N+X"模式中，"X个特色产业模块"充分汲取了因地制宜、多样化发展的中国智慧，是特色化建设的重要动力和创新变量。一方面，通过不断强化的产业特色，避免千村一面的同质化发展；另一方面，通过智慧引领的专业化发展，形成特色要素集聚高地，持续提升村庄发展能力（表11-2）。

表 11-2 代表性特色产业模块及其典型案例

模块类型	典型案例介绍
水产养殖特色产业模块	**永丰村**：村内建成渔菜共生循环养殖零排放的智慧渔场，通过养殖物联网设备数字化管理平台，依托部署在渔业生产现场的各种传感节点、无线通信网络、环境监控、智能增氧机、自动精准投喂器、水下机器人等设备，通过数字形式处理监测预警、环境分析、密度分析、水域生态、捕捞和养殖等渔业作业，用 1/10 的土地和 1/10 的人工，产出 50 万千克优质商品鱼和 7.5 万千克有机蔬菜，年产值超 2000 万元
	渔业村：将农业养殖区域纳入渔业村系统，引入农业生产养殖监测系统，24 小时监测渔业村外围养殖区域生产情况；建设渔业村农产品信息电商服务板块，提供村民农产品线上销售渠道
大田种植特色产业模块	**坞圩村**：通过数字平台，将全村 3800 亩土地分成 10 块，用不同的图斑分别表示 10 个种植承包区域土地，并对水稻生育期的环境温度、湿度、土壤、虫情等进行全程监控分析，依托智能化农机实现种植环境监测、病虫害防治、农业生产全流程智能化，形成农产品质量安全溯源系统
农、文、旅融合特色产业模块	**东联村**：围绕"研学旅行、美美江村"主题，基于 GIS 地图呈现新驿小馆、党建小屋、老灶头、张翰纪念馆、乡愁馆地图等特色景点的分布及建设情况，汇总农、文、旅融合发展的情况及结果，统计各景点客流量，合理安排接待人员和安保人员，合理调整农、文、旅、研、学商品品类及数量，同时基于地图呈现文、旅、研、学参观接待活动情况和结果
	永联村：接入乡村旅游"智游宝"，实现互联网购票、自动电子验票，接入虚拟游、免费 Wi-Fi、电子语音讲解、视频监控等智能旅游功能与设备，开通线上点餐系统，提供定制化服务，增强用户体验
	金华村：建设"智游金华"小程序，通过智慧地图导览、博物馆 3D、全景 VR、AI 管家、短视频等方式，打造前端"数字乡村+智慧出行+惠民服务"和后端"大数据+智慧管理+智慧营销"的智慧金华文旅资源综合平台，推动金华村"吃、住、行、游、购、娱"全产业链建设
商贸流通特色产业模块	**东阳澄湖村**：村内 80% 的村民从事大闸蟹养殖销售工作，为拓展销路、提高收入，村里成立村电商工作小组，为村民搭建农村电子商务营销平台，定期为村民组织网店运营、实战营销、网络直播等形式的电商培训。目前 400 多家农户中有电商 180 余家，平均每年创造村级电商销售收入超 3500 万元，东阳澄湖村因此荣获"江苏省农村电子商务示范村"称号。2020 年村级经济总收入 1128.97 万元，村民人均可支配收入达 54706 元
	永联村：建立永联"天天鲜"小程序电商平台和"永联菜篮"电子商务网站，开设 9 家直营门店，配以强大的冷链仓储和物流系统，形成"线上商城+线下超市"的营销配送网络，并运用信息技术，实现对食材的生产、检验、流通全程记录和可追溯。平台拥有学校、银行、政府食堂等企事业单位客户 120 多家，并在张家港市区的 120 个社区、写字楼投放生鲜智能柜 4000 多只。客户在"天天鲜"线上商城下单后，"天天鲜"物流系统在 4 小时内就能完成单位直送或社区智能柜投递

四、小结与理论思考

善于把政府的引领作用与民众的自发创造结合起来，形成两股合力，是苏州智慧农业发展的重要经验。美国作家约翰·奈斯比特在其著作《中国大趋势：新社会的八大支柱》中讲到，"自上而下"与"自下而上"的结合，是中国社会长治久安最重要、最微妙也是最关键的支柱。规划"森林"，让"树木"自由生长，鼓励多样化的存在，对中国的生存起着十分关键的作用。政府引导民众"摸着石头过河"，通过实践、认识、再实践、再认识的反复过程，逐步获得规律性认识，最终探索出可行的发展路径。这种政府权威与民众意志的双向互动，是中国独特的"纵向民主"模式，它有效避免了西方"横向民主"可能造成的资源浪费与政治动荡，足以确保社会实现平稳转型。

苏州智慧农业农村发展中"集成+特色"的"1+N+X"模式，"1"就相当于一个由政府制定的、通用且目标统一的智慧农村发展框架，在自上而下的过程中，发挥着方向指引的作用；"N+X"相当于因地制宜、自主选择的创新变量，在自下而上的过程中，不断激发着基层的特色活力，各村宜种则种、宜养则养、宜融合则融合。在这种无定式的特色发展下，以群众满意为结果导向，阶段性将这些示范材料汇编成册，提炼总结特色建设方案，鼓励县级市（区）、乡镇推行"一地创新，全县（镇）共享"模式，既发挥了基层的创造力，允许各村根据自身特色进行因地制宜的多元化尝试，在长期目标统一的前提下，发挥自下而上的创新力量，又能够有效避免重复建设、降低试错成本，还能够依靠强大的政府能力，迅速推广基层的成功经验，使创新能够迅速得到复制扩散。有自发创造，就能自我迭代；有顶层设计，就有发展航向。在"摸着石头过河"的过程中创造新事物、新经验，在顶层设计中把握改革发展的方向和节奏，就能为智慧农村的特色发展注入双重动力。

【本章参考文献】

约翰·奈斯比特，多丽丝·奈斯比特. 中国大趋势：新社会的八大支柱[M]. 魏平，译. 北京：中华工商联合出版社，2009.

第十二章　品牌化示范

为加快创新示范推广，降低改革过程中的试错成本，苏州将不同领域的成功创新模式整合提炼为智慧农业品牌，定期进行评选、展示和示范推广，高效推动各类创新效能释放，借鉴企业发展的战略思路，探索出一条品牌化示范"单点突破、以点带面、纵横交错"的苏州特色路径。截至2022年年底，全市已累计认定了30个在农业农村生产、经营、管理、服务数字化改造等方面成效明显的品牌。比如，让农户低成本享受无人机植保服务的"嗨森植保"品牌；通过C2B2F形式，让缺乏信息和食品溯源、冷链配送、品牌运作、精准对接市场能力的小农户享受到数字化红利的生鲜电商品牌"食行生鲜"。

一、农业品牌化的内涵、意义与政策

（一）品牌及品牌化的内涵

品牌，从字面上可以简单理解为"好品质的产品加牌子"，它是具有特殊价值的无形资产，是用特有的、抽象的、可识别的标识来展现其独特性，使之与竞争对手区分开来，从而占据人们意识的综合反映。农产品品牌就是在一众农产品中具有鲜明特色、品质及创意的优质品牌。随着经济发展和城乡居民生活水平的提高，人们对农产品的消费需求不再仅仅满足于数量，而更多地追求质量安全、品种多样和特色优质，农产品面临着内需潜力巨大、消费变革升级的发展机遇。农业品牌是现代农业发展的重要标志，是农产品质量和信誉的重要载体，对全面推进乡村振兴、加快农业农村现代化发展具有重要作用。

品牌化是品牌的外延，其根本就是突出特点，使产品与众不同。品牌化是将具有独特性的品牌赋予产品的过程，包含了品牌创立巩固、发展壮大的全过程，农产品品牌化就是将特有的农业品牌赋予农产品的过程，它是提高农产品质量的重要途径。

（二）智慧农业品牌化的意义

品牌化示范战略，从提供"品牌经验"到形成"示范效应"，其现实性与针对性很强。其一,"授人以鱼"不如"授人以渔",更不如"营造渔场",重要的是在"渔场"里掌握真正"捕鱼"的方法,甚至创造出更好的"捕鱼"方法。品牌的培育不仅仅是授牌,更是方法的传递与共享,是经验的分享与共赢。其二,有利于提高资金效率。其三,有利于避免品牌建设趋同和低水平重复建设。其四,有利于制造品牌势能,带动各领域全产业链发展。可以说,"单点突破、以点带面、纵横交错"是"以先进带后进,以局部带整体,共同奔一流"的一条切实可行的路径。具体流程是先将不同领域突出的成功创新模式塑造为智慧农业品牌,达到重点突破的目的,再以点带面,迁移品牌化带来的流量,从"一竖"到"一横",高效推动各类创新的扩散和效能释放。

(三)国家智慧农业品牌化有关政策

2012年,"褚橙"开启了中国农业品牌建设的先河,这一年也因此成为中国农产品品牌建设元年。2012年至2022年,从东北平原到热带雨林,从塞外江南到鱼米之乡,山乡巨变,可谓是农业品牌取得历史性成就、发生历史性变革的辉煌十年。在政策、市场的推动下,农民的品牌意识明显增强、品牌数量快速增长、品牌示范作用显著提升,农业品牌打造已成为引领农业供给侧结构性改革、推动农业高质量发展的关键举措。

从政策上看,"品牌"二字从2015年开始频繁出现在我国农业农村相关政策文件中,尤其是频现于之后每年的中央一号文件中。比如,2015年中央一号文件提出,"大力发展名特优新农产品,培育知名品牌"。此后,每年的中央一号文件都会对农产品的品牌化发展进行部署,从未间断。2019年中央一号文件提出"创响一批'土字号''乡字号'特色产品品牌"。2020年中央一号文件提出"打造地方知名农产品品牌,增加优质绿色农产品供给"。2022年,农业农村部办公厅印发《农业品牌精品培育计划(2022—2025年)》,以及配套的《农业品牌打造实施方案(2022—2025年)》《农业生产"三品一标"提升行动有关专项实施方案》,提出要聚焦粮油、果蔬、茶叶、畜牧、水产等品类,培育推介一批产品优、信誉好、产业带动作用明显、具有核心竞争力的企业品牌和优质特色农产品品牌,系统部署了种植业、畜牧业、渔业及农业品种培优、农业品牌打造、农业标准化生产等工作,全力推进农业品牌建设。

我国政府层面印发的《数字乡村发展战略纲要》《数字乡村发展行动计划(2022—2025年)》《"十四五"全国农业农村信息化发展规划》,重点提到了电商品牌、农产品网络品牌和劳务品牌等内容。可见我国智慧农业有关政策文件中所指的品牌主要是农产品品牌。

二、苏州智慧农业品牌化示范的独特性

与全国相比,苏州智慧农业品牌化的独特性在于其并非局限在生产领域,而是在生产智能化、经营网络化、管理数据化和服务在线化四个领域全面开花,分别筛选出所在领域拥有引领示范价值的企业或主体,授予其智慧农业品牌,如生产智能化领域的"江南味稻""浦江源"品牌,经营网络化领域的"食行生鲜""智慧永联天天鲜"等品牌,管理数字化领域的数字董浜一网统管平台、"建信智农"等品牌,服务在线化领域的"嗨森植保""博田机器人"等品牌,通过多领域全覆盖的品牌示范,带领该领域农业智慧化向纵深推进,完成由纵向深耕到横向拓展多元化的转变。

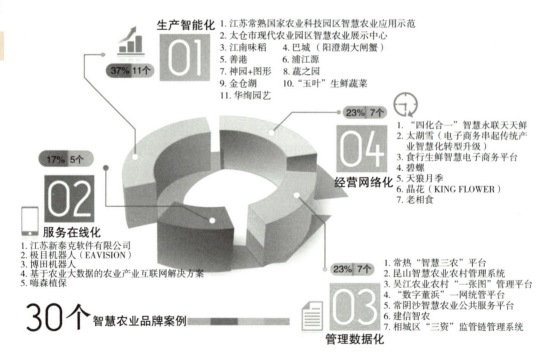

图 12-1　苏州市 30 个智慧农业品牌案例统计图

三、苏州智慧农业品牌化示范案例

（一）生产智能化品牌类型

苏州市共有生产智能化品牌案例 11 个，包括"江苏常熟国家农业科技园区智慧农业应用示范""太仓市现代农业园区智慧农业展示中心""江南味稻""'巴城'（阳澄湖大闸蟹）""善港""浦江源""神园+图形""蔬之园""金仓湖""'玉叶'生鲜蔬菜""华绚园艺"。这里举智慧渔业、智慧园艺这两个不同生产场景的例子来说明。

1. "巴城"（阳澄湖大闸蟹）品牌

本品牌由昆山市巴城镇阳澄湖农业发展有限公司负责经营，是典型的渔业生产智能化品牌。其特点表现为以下三个方面。

一是生产智能化全覆盖。依托昆山智慧农业农村管理系统，构建了园区渔业地理信息系统、渔业智能化生产管理平台、水产品质量安全管理平台、地产阳澄湖大闸蟹信用管理平台和渔药价格

昆山市巴城镇现代渔业园区水质在线分析设备

补贴系统，确保系统高度融合，支持无缝拓展。通过传感器设备、嵌入式设备及自动控制设备等对生产环境进行监测和预警，为虾蟹营造良好的生长环境；园区地理信息系统及时更新维护池塘地理信息，实时掌握池塘养殖空间作业情况，为整体推进巴城 3 万亩池塘标准化养殖地理信息奠定基础；渔药价格补贴系统实行 IC 卡一卡管理，建立渔药补贴名录，实现渔药价格补贴网络化管理，为政府渔药价格补贴政策调整提供数据支撑。

二是智慧生产与线上线下市场联动。建设巴城镇东阳澄湖村省级农村电子商务示范村、美居客电商产业园、五大蟹市场（巴城蟹坊苑、渔家灯火蟹坊苑、巴解蟹市场、巴城湖蟹坊苑、春秋水城蟹坊苑），通过线上和线下多渠道推广与

销售阳澄湖大闸蟹。

三是一张名片带动全产业链发展。以新型基础设施为依托，不断放大阳澄湖大闸蟹品牌效应，由"一只蟹"衍生出蟹种培育、成蟹养殖、暂养储运、包装销售、电子商务、餐饮旅游全产业链，带动巴城旅游、餐饮、零售等诸多行业整体提升，积极推动蟹文化与旅游产业深度融合，打造江南一流的乡村旅游风情小镇。此外，公司将大闸蟹与昆曲结合，设计制作的创意动漫《飞天螃蟹》《粉墨宝贝》等屡获国内外大奖。

2. "神园+图形"——张家港市神园葡萄科技有限公司

张家港市神园葡萄科技有限公司在运营、管理、营销等领域全面建设数字农业物联网，并依托大数据、云计算和人工智能实现葡萄育种、种植、市场等领域的智能化操作。其突出特点表现为以下四个方面。

一是智能化生产。张家港市神园葡萄科技有限公司于2017年开始建设葡萄信息化栽培管理系统，在葡萄生产基地现场搭建全面的智慧网络平台，利用现场气象站实时监测地面气象信息，通过管理分析数据，实现土壤墒情预警。2021年，对该系统进行优化升级，建设"神园耘管家"管理平台和"神园耘"手机App，农民借助电脑或手机即可实现远程化管理，真正做到24小时不间断实时监测、异常情况智能预警、险情灾害及时排解、设施设备精准控制。该公司的数字化育种技术使葡萄育种效率提高1倍以上。

二是品牌化产品。近年来，张家港市神园葡萄科技有限公司重点在无核育种和分子设计育种等方面进行研发，选育出自然无核新品系"东方脆红玉""东方金珠"等，其中，自主育种品种"黑美人"被引种至日本，"园野香""园芊芊指"被引种到以色列国家葡萄种质资源圃。

张家港市神园葡萄科技有限公司神园葡萄遗传育种创新中心

三是形成"互联网+"销售模式。张家港市神园葡萄科技有限公司通过线上销售增加农产品的销售半径，与深圳百果园实业（集团）股份有限公司、北京优之行科技有限公司、中粮集团有限公司等企业深度合作拓宽销售渠道，产品广销广州、深圳、北京、上海等地，提升了农产品销售量，加快了农产品交易速度。

四是品牌示范带动效应强。张家港市神园葡萄科技有限公司在周边5个农业新型主体建立示范点，对接10个科技示范户开展葡萄新品种、新技术、新模式示范，吸纳72个农村富余劳动力就业，农业劳动力人均年收入达42000元。公司依托在葡萄育种及栽培领域的技术、品牌推广等优势进行深度融合，在云南建水、新疆昌吉、四川西昌、内蒙古乌海等优势产区建立标准化示范基地1200亩，联合农户共建优质果品基地10万亩。此外，公司还成立了葡萄产业商学院，通过构建线上、线下双线共推培训新体系，年培训农户超1万人次，培育年营收千万元致富带头人1名、百万元致富带头人50名，辐射带动超15万户农户和70余万亩果园。

（二）经营网络化品牌类型

苏州市共有经营网络化品牌案例7个，包括"'四化合一'智慧永联天天鲜""太湖雪电子商务串起传统产业智慧化转型升级""食行生鲜智慧电子商务平台""碧螺""天狼月季""晶花（KING FLOWER）""老相食"。这里介绍"食行生鲜智慧电子商务平台""太湖雪电子商务串起传统产业智慧化转型升级""天狼月季"这三个品牌案例。

1. "食行生鲜智慧电子商务平台"品牌

苏州食行生鲜电子商务有限公司独创性地推出C2B2F模式，采取"线上预订+基地直采+数字供应链+社区冷柜自提"的运营模式，实现农产品由生产基地直供社区家庭，减少了中间环节，为老百姓提供便捷的生鲜配送服务和新鲜健康、绿色平价的农副产品。截至2022年，苏州食行生鲜电子商务有限公司已在苏州、无锡设立了4000多个社区智慧微菜场，服务超330万户家庭。

一是消费助农：打造上行新通路，农货出村助增收。食行生鲜电子商务有限公司通过市场化的运作，实现与贫困地区相关产业、企业对接，依托"食行生鲜"App平台构建"帮扶馆"，推选贫困地区优质农产品，打通消费者与优质农产品的连接，帮助贫困地区寻找市场需求，引导、督促贫困地区生产适销对路的优质农产品。帮扶产品包括蔬菜、水果、粮油副食等大类，有数百款，涵盖苏州、淮安、徐州、连云港、盐城、宿迁等区域。一方面，公司充分发挥生鲜电商优势，帮助优质农产品打开销路，提高农民收入水平，并且帮助当地建立品牌意识，提升其在华东地区的品牌影响力；另一方面，公司通过全程冷链运输，保证帮扶农产品质量，带动更多市民购买，形成助农消费帮扶的良性循环。其帮扶的吴中区光福镇太湖渔港村和吴江区经济技术开发区叶建村的手打虾滑、手剥虾仁、杭白菜、鸡毛菜深受消费者的喜爱，单2021年两村消费助农销售额就达1100万元。

二是模式助农：科技赋能出实招，智慧助农见实效。苏州食行生鲜电子商务有限公司结合大数据、互联网、云计算等技术，开展全流程闭环追溯生态系统的建设，给助农产品赋予独一无二的产品二维码，做到全链条可见、可控、可追责，实现从生产、仓储、物流、销售直至售后的全流程可追溯，全力保障食品安全。同时，为帮扶对象设立二维码名片，将帮扶产业信息与贫困户建档立卡信息准确对应，做到一户一码，实现精准助农。"食行生鲜"APP的消费者购买薄弱村特色农产品后，可以运用追溯信息查询功能，通过微信扫描二维码了解农产品的生产、物流等信息，增进消费者与农户之间的信任。苏州食行生鲜电子商务有限公司"助力薄弱村"项目共带动184户农户实现增收，整体帮扶助农产品销售额达2289.19万元。该公司通过平台大数据综合分析消费者需求，指导农民种植适销对路的产品，并为贫困地区输送标准，有效推动贫困地区农业产业的健康合理发展，多措并举惠民生。

"食行生鲜"站点实拍图

三是产业助农：搭建长效助农链，凝心聚力共奋进。苏州食行生鲜电子商务有限公司做好帮促助农工作，聚焦冷链流通体系的"最先一公里"和"最后一公里"，完善农产品冷链物流基础设施。该公司通过订单农业的方式，为农户种植制定标准，促进上游供应链提升，进一步促进农产品生产的规模化、标准化、品牌化；在此基础上，逐步设立农产品加工检测中心，建立起集生产、检测、加工、冷藏、物流于一体的长效助农链，形成特色农业的规模与集聚效应。

分拣作业

配送场景

2. "太湖雪电子商务串起传统产业智慧化转型升级"品牌

苏州太湖雪丝绸股份有限公司是一家集蚕桑种植、科技研发、文创设计、生产销售及文旅开发于一体的特色丝绸上市企业，现已建成江南地区规模最大的现代化蚕桑科技示范基地，并搭载智能化催青系统、大蚕小蚕共育室等智能科技生产系统。通过电子商务应用，其电商品牌效益不断增强，激发了周边农户种桑养蚕的热情。截至2022年年底，该公司带动周边农户150多户种桑养蚕，户均增收8000元。该品牌的突出特色表现在以下三个方面。

一是特色农业细分类目电商。该公司于2011年开始开展电子商务业务，于2016年完成"天猫+京东"的电商战略布局，成为蚕丝被细分类目销售天猫第二、京东第一的农产品电商企业。2019年，该公司的农产品销售额首次超过1亿元，占全部销售额的45%。

二是O2O智慧门店。该公司利用遍布全国的实体营销网络搭建"线上—线下—线上"平台，提出了"一城一店一网"战略，为每个线下零售终端建设独立手机微商城，将线下体验与线上支持服务相融合，快速响应个性化服务需求。

三是互联网直播。该公司的主要直播平台有天猫、微信、抖音。除公司专职主播外，该公司积极与各大直播平台、直播达人合作带货，主要直播产品为蚕丝被。2019年，与淘宝直播头部主播合作，带来访客近2万人次，引导300人收藏加购。2020年，与淘宝著名主播合作带货，带来访客30万余人次，引导成交近300万元。

3. "天狼月季"品牌

"天狼月季"是以月季为主的花卉园艺品牌，致力新品种研发与培育，将零售花卉绿植的业务放置于淘宝、天猫及抖音平台运营，同时通过微信、微博、

苏州市华冠园创园艺科技有限公司天狼月季

抖音、快手、B站等主流媒体平台宣传，进行"天狼月季"等品牌形象的输出，并向大众推广月季种植技巧及相关知识。该品牌的各平台店铺每年的营业额和访客量均以倍增速度增长。近三年，网店客户平均增长率超30%，客户平均转化率为7%，月季类产品占整个行业的比重在15%以上。其核心特点表现为以下两个方面。

一是"专业的设备+专业的人才+专业的服务"构成了品牌的循环运营模式。"天狼月季"在淘宝、天猫、抖音等平台均开设店铺，通过互联网将鲜活植物销售到全国各地，并设立运营部、客服部、自媒体部、直播部、物流部等部门进行系列运营。运营部设定整体运营方向和计划，自媒体部根据运营计划设定品牌推广营销计划，直播部根据计划设定销售计划，客服部根据店铺上新和季节变化制定售后政策，并利用平台传播速度快的优势，及时获取客户反馈，充分对接市场需求。

二是以特色IP开展宣传推广。打造《天狼说月季》的个人特色IP，塑造专业且接地气的月季达人形象，由其分享月季的种植养护经验，与消费者互动了解其需求，精准吸引粉丝，建立良好口碑。当粉丝达到一定数量时，公司再利用品牌产品的特点和优势，将流量导入淘宝和天猫店铺，实现销售转化。

（三）管理数据化品牌类型

苏州市共有管理数据化品牌案例7个，包括常熟"智慧三农"平台、昆山智慧农业农村管理系统、吴江农业农村"一张图"管理平台、"数字董浜"一网统管平台、常阴沙智慧农业公共服务平台、建信智农、相城区"三资"监管链管理系统。这里举两个例子来说明。

1. "建信智农"品牌

该品牌由建信金融科技（苏州）有限公司负责，该公司以金融科技力量解决农业农村在生产经营、管理服务和乡村治理上的痛点，打造具有金融服务特色的"建信智农"品牌，品牌建设包括数字乡村平台、农村集体"三资"监管平台及农业信息化标准体系建设服务等内容，旨在推进乡村振兴金融服务工作，促进农业全面升级、农村全面进步、农民全面发展。其核心特点是通过品牌旗下的数字乡村平台和农村集体"三资"监管平台，将互联网、物联网、大数据、云计算、人工智能、"3S"技术等现代信息技术与农业深度融合，实现信息感知、定量决策、智能控制、精准投入、个性化服务等功能，为地方农业农村管理部门、行政村提供数字化转型、资金监管和乡村治理等服务，有效提高管理流程数字化水平和管理效率。

2. "常熟'智慧三农'平台"品牌

该品牌由常熟市农业农村局负责建设运营，立足常熟市"智慧三农"农业地理信息系统，围绕全市"一张底图、共享联动、指挥调度"的管理与服务新格局，理清全市农业资源数据，为农作物生产布局、水稻生态补偿、轮作休耕、秸秆综合利用、生产过程管理、作业收获管理等提供精准服务，同时通过数据动态分析，为全市农业指挥调度提供辅助决策依据。全过程"用数据说话、用数据管理、用数据决策、用数据创新"，实现农作物产前、产中、产后全环节管理，为实现精准治理提供有效手段。截至2022年，该品牌已为6个业务系统持续提供数据交互服务，数据交互量超10亿次。该品牌的地块种养殖属性信息为董浜镇"数字董浜"一网统管平台、"智慧农村"示范村建设、"三资""四网（互联网、广电网、电信网、电网）融合"平台等提供数据、图像等基础支撑，其建设经验被张家港、吴江、通州等市（区）借鉴学习，并在众多媒体发表。其核心特点如下。

一是化整为零，划分地块。平台借助航拍和卫星遥感等技术手段，对全市农业用地及存在种养殖行为的非农用地进行适宜的最小单元划分和编码，持续归集各类地块属性。归集编码地块34.17万个，涉及图斑面积79.35万亩。

二是资源编码，应用延伸。通过对地块进行资源编码，强化数据规范，实现涉农信息的有效管护。再以资源编码为基础，构建"一码一证一档案"模式，拓展至农产品质量安全监管、综合统计、综合移动执法、农药管理、信息管理等业务应用。

三是归集数据，统筹联动。平台面向市、镇、村各级开放账号并设定相应权限，初步形成了市、镇、村三级上报，局下属科、站、所填报，涉农经营主体直报等多种形式的归集方式，梳理归集了 11 类 219 项 1914 个数据字段的数据标准。此外，通过市、镇、村三级联报和科站所汇总两种方式并行更新，将数据对接至市大数据基础平台，逐步实现省、市、县数据互联互通。

四是交叠可视，农业一张图。平台深度挖掘数据价值，形成种养殖布局、高标准农田（池塘）规划及现状、两区划定等图层 78 张。图层内容包括镇村行政区划、农业地块种养殖属性、已建高标准农田（池塘）项目区域、农村土地承包权、现代农业园区分布、土地利用现状及规划（资规数据）等。通过图层的可视化、交叠等功能，不断挖掘图层间的关系，快速统筹各类信息，为业务工作的开展提供方向及数据支撑。

（四）服务在线化品牌类型

苏州市共有服务在线化品牌案例 5 个，包括江苏新泰克软件有限公司、极目机器人（EAVISION）、博田机器人、基于农业大数据的农业产业互联网解决方案、嗨森植保。这里举三个例子来说明。

1. "博田机器人"品牌

"博田机器人"品牌由苏州博田自动化技术有限公司推出。该品牌秉承"科技创新、智能引领、机器助人、智慧农业"的发展理念，打造农机农艺高度融合新模式，创造性地开发出了多种产品，如果蔬采摘机器人、农业智能运输车、智能喷雾机器人、轨道运输机器人、温室巡检机器人、智能除草机器人等，其中部分技术已达到国际先进、国内领先水平。其核心特点是将人工智能和机器人技术融入现代农机，结合作物品种、栽培模式等农艺特征，覆盖农业生产链中的高频次、高强度作业环节，串联温室巡检、育苗、移栽、作物植保、喷灌、环境加湿、果实采收、物资运输、分级和包装等多工位，赋能设施农业动态物料生产、管理和运输的智能化，实现多机器人物联网调度和协同工作，农业生产实现无人化、无污染、高清洁、柔性生产、物联网控制和信息化。

2. "基于农业大数据的农业产业互联网解决方案"品牌

该品牌由布瑞克（苏州）农业互联网股份有限公司建设运营。布瑞克（苏州）农业互联网股份有限公司综合集成大数据、互联网、物联网等技术，实现"先找市场、后抓生产、产销结合、以销定产"，通过县级农业大数据平台掌握数据入口，建立起一整套完善的涉农企业大数据体系。截至 2022 年，已意向、签约、落地 400 余县，数据库总数据量已超 10 亿条，收录了超过 500 种农产品的数据信息，覆盖底层近 100 万家农业合作社、种养大户、家庭农场、涉农企业、农业电商的数据信息，为广大涉农企业、种养大户提供生产、流通方面的指导，提升了全产业链效率，优化了产业结构。其农产品集购网产业互联网项目，通过城市合伙人网络直接服务于 B 端中小企业用户，注册用户已达 78000 余家，交易用户突破 14451 家，初步织出了一张覆盖 21 个省份，包含 17 大网点、辐射全国的大宗农产品分销服务网络。其核心特点如下。

一是农业全链条大数据支持。布瑞克（苏州）农业互联网股份有限公司针对县级政府、涉农企业、农民主体提出的基于农业大数据的农业产业互联网解决方案，可以解决数字农业全产业链条中的农业产业规划、数字化种养殖管理、智能化市场风险管理、公共品牌打造、产销决策等产业升级问题，为县域涉农经济的产前、产中、产后提供全方位的"互联网+农业+金融"服务支持。

二是提供整体解决方案。基于农业大数据的农业产业互联网解决方案包括农业大数据综合管理系统、数据共享查询系统、可视化分析系统、价格监测预警系统等，能够快速地为地方构建起农业大数据指标体系和管理系统，形成数据采集、管理和分析能力，完成平台的基础数据资源积累。同时，快速形成政府、市场、生产主体之间涉农数据互通共享、可视化分析、监测预警的基本能力，并依托大数据平台提供土地及种植业大数据、养殖大数据及疫病防控、农产品流通大数据及电商销售分析等大数据应用服务。

3. "嗨森植保"品牌

嗨森植保是苏州大域无疆航空科技有限公司子公司的农服品牌，开创了"滴滴农服"新模式，一端连接种植户，一端连接专业的农业飞防服务组织，实时监测作业面积、作业轨迹、药剂方案、作物种类等数据，将专业的农业社会化服务下沉至村级市场，依托本地化飞手对土地服务需求的整

"嗨森智慧农业"小程序

合，最大限度地解决包括中小农户在内的农业社会化服务需求。其核心特点如下。

一是智能巡田，智慧施肥。利用大疆多光谱无人机巡田，通过云平台对采集的图像进行分析处理，生成反映作物长势的NDVI、NDRE等植被指数，从而深入了解大面积作物的长势差异，根据长势情况系统自动生成变量施肥处方图，将处方图导入植保无人机，实现自动精准变量施肥，在长势好的区域少施肥，在长势差的地方多施肥，从而达到降肥增效的目的。

二是农机全程作业监管。苏州大域无疆航空科技有限公司自主研发的智能数据采集设备"小黑侠"可安装于所有农机，帮助传统农机实时采集和回传作业位置、轨迹、速度、面积等数据。

三是农田数字化服务。通过测绘无人机进行农田高清数据采集，形成3cm精度的高清地图，叠加卫星地图、国土"三调"数据（指第三次全国国土调查的数据）、基本农田、地块边界、作物信息、农户信息等图层，形成农业管理"一张图"。

尚志嗨森农业飞手培训会

飞防作业

【本章参考文献】

费明胜，刘雁妮. 品牌管理[M]. 北京：清华大学出版社，2014.

董亚宁，顾芸，杨开忠. 农产品品牌、市场一体化与农业收入增长[J]. 首都经济贸易大学学报，2021，23（1）：70-80.

胡晓云，徐东辉，孙志永. 农业生产"三品一标"专家系列解读之一品牌打造：促进蔬菜产业高质量发展的新赋能[J]. 中国蔬菜，2022（12）：1-6.

张锐，张炎炎，周敏. 论品牌的内涵与外延[J]. 管理学报，2010，7（1）：147-158.

戴维·阿克. 品牌组合战略[M]. 雷丽华，译. 北京：中国劳动社会保障出版社，2005.

张锐，张燚. 品牌学：理论基础与学科发展[M]. 北京：中国经济出版社，2007.

第十三章　园区化建设

苏州农业园区数量多、等级高、建设早、覆盖广、设施完善、功能齐全，在智慧农业建设中发挥着设施统一建设、耕地质量统一提升、生产组织、创新示范、创业孵化、农业人才集聚、产业体系打造、经营主体引培、规模效应发挥、服务体系整合等重要作用，在很大程度上化解了耕地和经营主体分散弱小、要素数量和质量存在短板造成的智慧农业发展障碍，成为苏州智慧农业建设的主要载体和独特优势。

一、智慧农业园区化建设的优势分析

建设现代农业园区是指以规模化种养基地为基础，按照政府搭台、企业唱戏、农民受益、共享发展的方式，对一定的区域空间给予高强度的财力、人力投入，通过"生产+加工+技术"聚集现代生产要素，形成新品种和新技术引进、标准化生产、农产品加工、营销、物流等各种形式的示范网络。现代农业园区的出现，为农业新技术推广、农业科技与农村经济的紧密结合提供了一条有效的途径，不仅推动了农业科技成果的转化，还带动了当地农村经济的发展，为农民收入增长提供了有力保障；它是一种新的农业组织形式，也是对原有小农经济生产组织形式的突破。

为凸显现代农业产业园的产业融合、农户带动、技术集成、就业增收等功能作用，农业农村部、财政部等相关部委都出台了具体指导意见和实施方案，不断加大对农业园区建设的政策支持力度。2016年年底，中央农村工作会议提出，现代农业产业园是优化农业产业结构、促进三产深度融合的重要载体。2017年中央一号文件正式提出，要建设"生产+加工+科技"的现代农业产业园，"五区一园四平台"[①]建设成为推进农业供给侧结构性改革的重点。自2017年起，农业农村部、财政部每年都出台关于国家现代农业产业园申报创建方面的政策文件，截至2022年，共发布了27条相关政策，基本形成了以园区化推动

[①] "五区"是指国家现代农业示范区、粮食生产功能区、重要农产品生产保护区、特色农产品优势区、农业可持续发展试验示范区。"一园"是指现代农业产业园。"四平台"是指农产品质量安全追溯平台、农兽药基础数据平台、重点农产品市场信息平台、新型农业经营主体信息直报平台。

现代农业发展的格局。2021年，国务院印发《"十四五"推进农业农村现代化规划》，强调支持有条件的县（市、区）建设现代农业产业园，推动科技研发、加工物流、营销服务等市场主体向园区集中，资金、科技、人才等要素向园区集聚。对于智慧农业改革来说，园区化可以带来以下三个方面的优势。

一是典型示范。现代农业园区是现代农业的展示窗口，是农业科技成果转化的孵化器，是现代农业信息、技术、品种的博览园。现代农业园区以环境优美、设施先进、技术领先、品种优新、高效开放为特点，使智慧农业的各项新设施、新技术、新模式、新业态便于在园区率先落地实施，展示出全部潜力，对其他地区形成示范。

二是要素集聚。智慧农业发展不仅需要耕地资源的规模化、农田基础设施的信息化、资金的规模化持续投入、政策的创新激励和高素质的从业者，还需要有较强的组织能力将这些要素集成集聚，而这靠小农户或者以村为单位很难实现。借鉴工业园区的经营管理理念，依托现代农业园区这一载体，推动智慧农业所需人才、土地、资金、科技、信息等在一定范围内相对集聚，引导先进生产力"出城进园入农"，是实现智慧农业创新的一条重要路径。

三是产业融合。依托现代农业园区发展智慧农业，有利于打破区域界限，释放规模优势，走农业区域化布局、一体化经营、合作化生产的路子，打破一家一户分散经营、农业企业单打独斗的劣势，推动农业产业全链条融合发展，以及农业与休闲观光、民俗风情的有机结合，充分释放智慧农业的附加价值。

二、苏州智慧农业的园区化发展概况

自1998年建立苏州西山现代农业示范园区以来，经过20多年的发展，目前苏州共有市级以上现代农业园区78家，其中国家级7家、省级11家、市级60家，基本覆盖了全市涉农区域，园内耕地面积占全市耕地总面积的60%以上，农业园区的基础设施相较完善、农业信息化水平比较高，正是打造智慧农业的重点区域。2021年，苏州出台《苏州市现代农业园区转型升级实施意见》，力争通过一批现代农业转型升级示范园区的建设，打造苏州特色的现代农业样板，做大做强示范园区优势产业，塑造培育一批有全国影响力的品牌农产品，形成集聚效应。

依托发达的现代农业园区，苏州在智慧农业改革方案与目标任务中明确提出，将围绕智慧农业装备集群示范园、智慧农业技术集成示范园、智慧农业科技创新示范园开展示范载体体制机制创新,引进一批科技含量足、产业契合度高的龙头企业主导智慧农业园区建设,不断推进5G、物联网、大数据、区块链、人工智能和机器人等信息技术在农业生产领域关键环节的应用。

三、苏州智慧农业园区化发展典型案例

(一)智慧农业装备集群示范园案例——陆家未来农业示范园

昆山市陆家"A+温室工场"

陆家未来农业示范园位于昆山市陆家镇,占地5330亩,分为智慧农业装备制造和未来农业集成展示两个区域,联动形成第一、第二、第三产业联动发展的格局。一方面,重点依托昆山的制造业配套优势,吸引中国农业科学院华东农业科技中心(苏州)长三角智慧农业研究院及中国农业科学院旗下的现代农业高科技公司中环易达长三角农业科技智能装备制造中心落户,联合荷兰合作企业,在园区将荷兰顶尖农业装备制造技术进行国产化研发和生产,规划建设国际一流的设施园艺智能装备研发制造基地。另一方面,通过未来农业示范园项目,以现代设施园艺技术系统化集成创新为手段,重点打造集"AI+温室工场"、垂直农场、无人农场、智慧农业生产示范基地、青少年科普教育基地、都市田园休闲体验基地及创意文化主题街区等项目于一体的综合性国际先进现代农业园。

(二)智慧农业技术集成示范园案例——大疆无人机智慧农业示范园

大疆无人机智慧农业示范园位于苏州高新区通安镇北窑和金市片区,集中连片面积1000余亩。示范园包括无人机植保、无人农机作业、农田检测、植保云服务等四个产业环节,以及有机作物研产中心、农机研发实验中心、无人机

培训中心、空中草莓等 11 个产业联动项目，实施全程智能化种植，探索低成本、高品质、双减可追溯、绿色智慧农场种植方案。其中，无人机科研测试区开展各类型大疆农业无人机、农机自动驾驶模块、农田传感器与农业云数据控制系统的研发和测试，为新型植保解决方案提供数据和技术支持；综合配套区配备高校联合实验室、植保数据管理中心、现代农业展厅；特色功能区可提供文旅科普教育、全程可追溯农产品。

大疆无人机智慧农业示范区的功能定位是集中展示、测试大疆无人机在智慧农业发展方面的巨大应用潜力：在巡田方面，无人机巡田每千亩地只需要 30 分钟左右；在作业效率方面，一架无人机一天能施肥 300~500 亩地，是人工撒肥作业量的 5~6 倍。无人机打药的效率，根据田块集中度，是人工作业效率的 30~50 倍。同时，与地面拖拉机追肥相比，无人机追肥不会压苗、伤苗，可进一步提升增产空间。无人机数字农业解决方案不仅可以大大提升农事作业效率，而且可以通过变量施肥施药，实现减施减残、增产增收。全程种植对比试验的测产结果显示，采用无人机数字农业解决方案进行精准管理的田块，相比于采用传统管理和施肥方式的田块，其共节省化肥 10%（约降低成本 16 元/亩），增产 10%（约增收 130 元/亩），同时节约人工 1~2 人，真正实现了减工降本和提质增效相结合。

（三）智慧农业科技创新示范园案例——江苏常熟国家农业科技园区

江苏常熟国家农业科技园区是全国首批、江苏首家、苏州唯一的国家级农业科技园区。园区主核心区总面积约为 1486 亩，建成设施园艺研究、优质水稻繁育、特色水产育苗三个创新区。园区核心区内重点打造的蔬菜园艺创新示范区共建有 9 个单元的文洛式玻璃温室，累计投资 5000 余万元，集成应用目前国内先进的智能环控、自然光型叶菜植物工厂、草莓移动架式栽培、潮汐式灌溉、果蔬采摘智能机器人等模式设备，基本实现了智能化控制。

园区玻璃温室智能环控系统自建成以来，在实际使用过程中有效节约劳动成本 30% 以上，提高单位面积产出率 10% 以上，提升生产效益 10% 以上，减少投入品 10% 以上。2400 平方米自然光型植物工厂蔬菜年产量达 60 吨左右，温室面积利用率提高 33.3%，生产种子成本降低 46.1%，单位面积产量提高 54.1%，节约劳动成本 75%，经济效益提高 3.1 倍。草莓移动架式栽培项目能提高温室面积利用率 71.2%，提高单位面积产量 60%，减少加温能源消耗 35%，减少农药使用量 38%。

(四）智慧农业产业融合示范园案例——苏州太湖现代农业示范园

苏州太湖现代农业示范园位于吴中区太湖之滨的临湖镇，总面积为39.19平方千米，于2020年成功获批第二批国家农村产业融合发展示范园。农业园充分依托环太湖农业资源和得天独厚的农业发展条件，围绕产业融合示范目标，紧扣"现代""示范"两大发展要求，以"农业体验"为特色，跳出农业看农业，不断延伸农业产业链，拓宽农业附加值，丰富农业产业内涵，构建现代化农业产业体系，高质量推动第一、第二、第三产融合发展，充分体现了现代农业园区在推动智慧农业融合发展方面的独特优势。

一是土地规模化为智慧农业发展创造条件。通过"联合体+公司+村级合作社+基地+农户"的形式，7个环太湖农业村合作社"集零为整"，将3.4万亩农业用地整合组建成全区规模最大、辐射人群最广的农产品合作社联合社——苏州临湖农业专业合作社联合社，经营水稻面积6789亩，涉及农户6088户，提高了土地规模化程度和农民组织化水平，实现了村集体协同发展，"握指成拳"，为智慧农业发展创造了优越的用地和组织化基础。

二是产业全链化和融合化发展示范。太湖现代农业示范园重点发展三大主导产业，具体如下。"一粒米"：以万亩高标准良田为核心的传统种植业；"一只蟹"：以省级渔业示范区为引领的特色养殖业；"一朵花"：以江苏省第九届园艺博览会园为龙头的高效园艺业。目前三大主导产业均已打通第一、第二、第三产链条，形成了全链化发展态势。在此基础上，产业园以"农业体验"为特色，深化农业体验内涵，持续推进智慧农业、文化、旅游融合发展，深挖本地农耕文化，举办"稻田画"、插秧节、丰收节等沉浸式农耕体验活动，传播中国农耕文化，让游客在玩中学、在学中玩。

三是智慧农业人才培育与集聚。现代农业的发展需要更多的高素质农民作为人才支撑，太湖现代农业示范园整合临湖镇劳动力、农机资源，采用以镇劳务合作社带动本地劳动力就业、镇农机合作社培育本地农机手的模式，通过频繁有效的培训逐步培育高素质农民队伍。目前，一支仅有20人的高素质农民队伍就可以轻松包管6000余亩高标准良田。

【本章参考文献】

张阳，海晓明. 加快农业园区建设 提升农业发展活力：山阳县现代农业园区建设工作综述[J]. 法治与社会，2014（7）：70.

徐胜. 江苏省现代农业园区的建设及规划研究[D]. 南京：南京农业大学硕士学位论文，2008.

徐莉莉. 加快推动现代农业园区转型升级[J]. 江苏农村经济，2022，441（3）：47-48.

第十四章　精准化激励

面临智慧农业参与意愿普遍不强的形势，苏州通过不同方式，针对不同对象和各个环节，制定精准化的激励政策，起到了良好的引导作用，形成了精准化激励的苏州经验。

一、激励对象精准化

智慧农业改革需要农民、园区、企业、乡村等主体的积极参与，形成改革建设合力，因此，苏州针对不同对象，实施精准化的激励政策。针对农民，通过在经济上促进增收，在科技上培养农民的信息素养和经营能力，提升农民的信息化技能和水平，在社会上强化服务，充分调动农民的积极性。针对农业园区，苏州从土地、资金、考核等方面入手，激励农业园区智慧化转型升级。针对涉农企业，苏州重点通过资金奖励激发企业投身智慧化建设。针对村庄，市、县级市（区）也出台以资金奖补为核心的激励政策，激发智慧农业示范村和数字乡村建设积极性。

（一）激励农民

农民是智慧农业最活跃的因素，是智慧农业的最直接受益人，国家和各级政府也高度重视保障与完善农民的根本利益。2019年2月，中共中央办公厅、国务院办公厅印发的《关于促进小农户和现代农业发展有机衔接的意见》提出，要健全针对小农户补贴机制，稳定现有对小农生产的普惠性补贴政策，创新补贴形式，提高补贴效率。2021年6月，国务院印发的《全民科学素质行动规划纲要（2021—2035年）》提出，要依托中央农业广播电视学校等平台开展农民教育培训，大力提高农民科技文化素质，服务农业农村现代化。基于上述国家政策，以及各地智慧农业改革经验，苏州始终坚持以农民需求为导向的智慧农业改革模式，从经济、科技、社会等方面激励农民主动参与智慧农业改革。

在经济方面，苏州智慧农业通过凭借自身规模效益、降低生产成本、提高劳动效率等促进农民增收。一是鼓励以土地入股，土地流转后由村集体每年发放土地分红；二是推动农业生产、体验、销售与农、文、旅发展相结合，第一、第二、第三产业融合带动增收。

苏州高新区树山杨梅

在科技方面，苏州积极培育高素质农民，打造智慧农业专业化队伍，鼓励农民参加有资质企业的农机维修、组装培训，如大疆无人机培训、久富农机培训等，合格后发放相应的技能证书。受益于智慧农业的发展，农民享受到了多渠道的技术服务。以智慧农场为例，一些地区成立农机服务站，为种植大户提供机械化农机服务，既发挥了农机服务的规模优势，又节约了种植大户的人工和时间成本；以智慧蔬菜为例，一些龙头企业无偿提供农产品质量检测和农药残留检测服务，帮助农民以更好的价格销售农产品；以智慧渔场为例，为维护国家地理标志产品"阳澄湖大闸蟹"品牌，苏州相关部门向养殖户提供标准化生产服务及蟹病远程诊断服务等。苏州还运用企业化运营思维，通过市场化统一定价，解决智慧农机维养费用高、缺乏统一价格的问题；通过提供规模化服务，弥补智慧农机操控门槛高的缺陷；采取租赁方式，实现一机多用，降低生产成本和农民使用新科技设备的门槛；以镇为单位，搭建技术服务和推广平台，实现规模优势和集聚效益，保障智慧农业产业化、规模化发展，实现科技惠民。

在社会方面，苏州主要通过手机App等为小农户提供基础性的数字化农业社会服务，鼓励高素质农民积极投身智慧农业。苏州将农机购置补贴、轮作休耕补贴申报等惠民便民应用纳入线上乡村总入口，进而对接到苏州城市生活服务总入口"苏周到"App，持续开展农业电商培训、"苏菜直通"及手机应用等信息技术培训，配合网信办开展"e起致富"苏货直播新农人培育行动，推广"苏货新农人"App，不断提升农民的信息化技能和水平，充分调动农民的积极性。

(二) 激励现代农业园区

现代农业园区的基础设施比较完善、农业信息化水平比较高，既是打造智慧农业的重点区域，也是实现传统农业向智慧农业转型升级的重要载体。鉴于此，苏州在智慧农业发展中高度重视对现代农业园区的激励。市级层面，除了将农业园区转型升级和示范园区建设纳入率先基本实现农业农村现代化综合评价体系外，还出台了《苏州市现代农业园区转型升级实施意见》，转变农业基础设施建设奖补支持方向，鼓励各园区利用物联网、大数据、人工智能等现代信息技术将生产管理、产品推广、观光旅游、产品溯源等融为一体，构建公共服务管理体系，做到农业生产可远程监控设置、农产品订单可线上对接销售、农产品质量可全程追溯管控。各县（区）层面，也因地制宜地出台了众多农业园区智慧化发展政策。比如，昆山市人民政府办公室印发《关于拓展农业多种功能 推进农业现代化的扶持政策意见》，提出要加快现代农业园区发展，对新获评国家级、省级、苏州市级的现代农业园区（产业园、示范园等）及市级以上各

太仓市国家现代农业示范区农业科技服务中心

类农业类（农业机械类）示范基地（场、中心等）、水产健康（高标准）养殖示范场（基地）、畜禽（畜牧）生态健康（标准化）养殖示范基地（场、美丽牧场等）、园艺（作物）标准园等给予直接资金奖励。吴江区印发《苏州市吴江区农业高质量发展政策实施细则》，针对区级以上现代农业园区，以及各级现代农业园区承担的智慧农业相关建设项目，经认定，区级在统筹上级财政资金的基础上最高补助50%。

（三）激励企业等经营主体

苏州在发展智慧农业的过程中，高度重视提升新型农业经营主体和龙头企业的引领作用，支持企业申报国家级、省（市）级农业产业化重点龙头企业，帮助智慧农业企业突破发展瓶颈。譬如，在2020年新冠病毒感染疫情防控期间出台"苏惠农十条"，对于疫情防控期间线上销售收入达到100万元、300万元、500万元的新型农业经营主体，市财政分别给予一次性资金补助，累计奖补市场主体215万元。中央农办、农业农村部将相关经验做法转发全国各地交流借鉴。

各县级市（区）针对新晋龙头企业、智慧农业企业等经营主体进行了一系列奖励补贴。比如，常熟市出台了《2022年度常熟市促进现代农业高质量发展扶持政策申报指南》，激励新型农业经营主体创业创新，对国家级、省级、苏州市级农业龙头企业，国家级示范合作社、省级示范合作社，苏州市三星级、二星级、一星级合作社，省级示范家庭农场、苏州市级示范家庭农场分别给予直接资金奖励。昆山市人民政府办公室印发了《关于拓展农业多种功能 推进农业现代化的扶持政策意见》，提出培育壮大经营主体，对新获评各级农业产业化龙头企业，新获评国家级、省级、苏州市级农民合作社或家庭示范农场，以及符合本地产业发展方向的以种养殖业为主的农业产业化项目均给予资金扶持，单个项目扶持资金最高可达500万元。吴江区印发的《苏州市吴江区农业高质量发展政策实施细则》，对各级现代农业园区内的农业企业当年新增投资，以及晋升为国家、省、市级农业龙头企业的企业，分别给予最高可达50万元的资金奖励。

（四）激励各级政府和村集体

苏州接连出台一系列相关政策，建立智慧农村和数字乡村建设激励机制，进一步加大财政投入和政策支持力度，优先给予农业农村信息化、管理平台等项目资金安排，强化财政资金的引导激励作用。《苏州市数字乡村建设实施方案》提出，要打造全国领先的数字乡村苏州模式，加大试点工作扶持力度，并下达年度智慧农业农村项目资金和实施意见，对"智慧农村"先进县级市（区）和"智慧农村"示范村进行资金奖补。2022年，市级下达项目资金1448.15万元，对2021年认定的苏州智慧农业改革试点"智慧农村"示范村进行奖补，市级奖补资金达到了新基建核定总投资金额的50%，单个示范村奖补金额最高可达300万元。同时，还支持县级市（区）在智慧农村建设上先行先试，根据2021年度"智慧农村"示范村各地评选情况，对张家港市、吴江区两个真抓实干、成效明显的县级市（区）分别给予500万元的奖励，以推动数字乡村建设，加快形成共建共享、互联互通、各具特色的智慧农村品牌。县（区）层面，则重点对智慧农村进行激励。比如，吴江区印发的《苏州市吴江区智慧农业农村试点建设实施方案》提出，要进一步加大对智慧农业农村建设发展的财政投入和政策支持力度，对农业农村信息化管理平台等项目优先给予资金安排，对通过市级认定的智慧农村建设主体，按市级奖补资金的50%进行配套奖补。《苏州市吴江区数字乡村建设实施方案》规定，经部、省认定的国家级、省级智慧（数字）农业农村示范基地（单位），均可获得一次性高达数十万元的奖励；对于经苏州市认定的智慧农村（数字乡村）的建设主体，按市级奖补资金的50%进行配套奖补。《苏州市吴江区农业高质量发展政策实施细则》也提出要支持涉农行政村开展智慧农村（数字乡村）建设，对投入资金超过50万元的，经认定，区级财政补贴30%，单个项目补助最高可达100万元。

二、激励环节精准化

苏州积极统筹推动农业农村生产、经营、管理、服务等环节的数字化、智慧化改造，对技术创新、产学研、新型基础设施、场景、品牌、社会化服务等环节展开了具体的激励。

（一）激励技术创新环节

目前，我国农业信息化仍处于起步阶段，存在创新能力不足、关键核心技术研发滞后、农业专用传感器缺乏、农业机器人与智能农机装备适应性较差等问题。对此，应加快智慧农业关键技术攻关，加大专项资金和技术投入，鼓励多元主体参与创新，尤其是研发具有我国自主知识产权的农业传感器；加强农机设备购置补贴，鼓励农民积极使用现代化农机设备，实现精准化、智能化、科学化远程控制管理农业生产；建立健全智慧农业科技创新成果转化机制，建设农业科技成果转化平台，丰富信息交流渠道，降低市场信息不对称程度，以利于智慧农业科技成果转化商业化和产业化。

2021年2月，中共中央、国务院印发的《关于全面推进乡村振兴加快农业农村现代化的意见》提出，要提高农机装备自主研制能力，加大购置补贴力度，开展农机作业补贴。2021年，农业农村部办公厅、财政部办公厅印发的《2021—2023年农机购置补贴实施指导意见》在补贴资质方面着力突出农机科技自主创新。

苏州对智慧农业的激励也高度重视技术创新环节。

一是加强智能农机装备技术创新政策支持，2020年苏州市政府出台《关于加快推进农业机械化和农机装备产业转型升级的实施意见》，提出到2022年，全市农机装备数字化转型要取得重要进展，智能农机装备要加快应用，精准化生产、智慧化管理水平要明显提升。重点工作包括实施农机化全程全面发展提升工程，高质量推进农业生产全面机械化，围绕苏州农业结构调整，积极开展农机新产品补贴，加大国外先进农机装备的引进、示范、推广力度；实施农机装备产业提升工程，培育壮大农机装备企业，推动农机装备制造智能化升级，加强农机装备质量建设；等等。2021 年，苏州市配套出台《苏州市粮食生产"全程机械化+综合农事"服务中心建设实施方案》《苏州市市级机械化示范基地创建指引及考核评分表（试行）》等政策文件，鼓励引导智能化、绿色化装备在示范基地的应用。

二是加强资金支持和农机补贴，推进北斗自动导航、动力换挡等技术在农机装备上的集成应用，加快创新发展大型高端智能农机装备，重点将高效（绿色）植保机械、热泵型烘干机、侧深施肥插秧机、北斗导航终端等智能化绿色化农机装备纳入市级财政补贴，补贴比例最高可达 30%。

三是提升企业科技创新能力，推进智慧农业龙头企业转型升级。通过支持智慧农业龙头企业加大科研投入，开展特色农产品精深加工技术创新，引进国内外先进技术和设备，推进产品结构和产业结构升级；支持企业深化与高校、科研院所、行业技术开发基地合作，加快关键核心技术攻关；支持企业创建国家级、省级企业技术中心、研发中心、重点实验室等，打造发展新优势。引导智慧农业龙头企业建立自有研发机构，鼓励采取自主联合方式，共建研发机构，鼓励科研院所与企业进行横向合作，鼓励企业之间及企业与各类创新主体之间建立产业技术创新联盟，共建研发技术平台。鼓励智慧农业龙头企业积极跟踪和应用 5G、大数据、物联网、人工智能、区块链等新技术，对生产、加工、流通等全产业链条进行重塑和改造，以新技术革命为契机实现跨越式发展。

（二）激励产学研合作

鼓励企业、科研院所、高校等主体合作，有效联接技术供给端和需求端，同时培育适用人才，避免相关技术开发应用"两张皮"，推动产、学、研一体化，提高成果转化效率。早在 2020 年，农业农村部与中央网络安全和信息化委员会办公室发布的《数字农业农村发展规划（2019—2025 年）》就提出，应协同发挥科研机构、高校、企业等各方作用，培养造就一批数字农业农村领域科技领军人才、工程师和高水平管理团队。

人才不足是目前苏州智慧农业建设的主要短板之一，苏州高度重视推进产、学、研结合，引导高校、科研院所、企业、协会等机构的信息化人才积极参与智慧农业科学研究、应用推广，为数字农业发展提供人才保障。同时，依托高校院所资源，加快构建信息化人才培养体系与交流合作平台，通过专项资金、减税和补贴等措施，吸引人才参与智慧农业发展。

在具体操作中，苏州深化产、学、研合作创新，实施"新农民数字创新创业"项目，整合政府、科研机构、高校、企业各方资源，共同推进关键技术攻关、成果落地推广、科教服务等工作。积极搭建返乡入乡创业平台，吸引和鼓励社会人才投身智慧农业发展。比如，昆山市人民政府办公室印发《关于拓展农业多种功能 推进农业现代化的扶持政策意见》，提出要加强农业科技人才队伍建设，加大农业类双创人才、产业人才、高技能人才培养培育力度，并给予一定的奖励补贴，尤其是对获省级及以上丰收奖、科技奖、推广奖等农业类荣誉，以及新获"姑苏乡土人才"荣誉等的人才配套给予一定的奖励；对于经认定的高素质农民，给予涉农类继续教育学费资助、政府公益类培训、社保补贴及创业扶持等激励；鼓励涉农类高校毕业生从事农业农村工作，并给予学费、生活费补助。

（三）激励新型基础设施建设

加快农业农村新型基础设施建设和现代信息技术应用是新时期发展智慧农业、建设数字乡村的基本条件支撑和战略举措。这些新基建具有外部性强、投资金额大、涉及面广等特点，既需要政府部门的大力支持和引导，也需要充分发挥市场的作用，因此，我国自上而下都高度重视探索政府购买服务、政府与社会资本合作、贷款贴息、财政补贴等方式，引导社会资本持续参与农业农村新基建。2020年国家出台的《数字农业农村发展规划（2019—2025年）》提出，要优先安排数字农业农村重大基础设施建设项目用地，并对符合条件的数字农业专用设备和农业物联网设备按照相关规定给予补贴。2022年接连出台的《"十四五"推进农业农村现代化规划》《农业现代化示范区数字化建设指南》，均鼓励农业信息基础设施建设，主要内容包括加快农村光纤宽带、移动互联网、数字电视网和下一代互联网发展；加快推动遥感卫星数据、北斗卫星导航系统等在农业农村领域的应用，鼓励配套设施建设；推动农业生产加工和农村地区水利、公路、电力、物流、环保等基础设施数字化、智能化升级；开发适应"三农"特点的信息终端、技术产品、移动互联网应用软件，构建面向农业农村的综合信息服务体系；深入推进农村电子商务公共服务中心建设，优化服务站点布局，完善软硬件配套设施。

苏州市为加快农业农村新基建，专门研究制定了《关于扶持智慧农业农村新型基础设施建设的实施意见》，并与市财政局多次沟通对接，细化资金补助标准及方式，通过项目入库"先建后补、奖补结合"等形式，对改革试点实施期间的智慧农业生产应用场景、"智慧农村"示范村和智慧农业示范园进行奖励扶持。《苏州市智慧农业改革试点工作实施方案（2020—2022年）》提出优先安排智慧农业重大基础设施建设用地，对符合条件的智慧农业专用设备和农业物联网设备按照相关规定进行补贴，以解决资金投入大、短期收益低的矛盾，确保政策资金落地见效。此外，各县、市（区）也对智慧农业新基建制定了具有针对性的激励措施，如张家港仅在2021年就落实5G基站建设奖补资金610余万元，鼓励通信运营商加大对5G建设发展的投入，在农村地区有线宽带广泛接入、4G网络全面覆盖的基础上，积极推进5G网络覆盖。

（四）激励智慧农业场景建设

智慧农业场景建设总体上具有前期投入高、回收期长的特点，限制了农业企业建设智慧农业的积极性与主动性。为突破这一限制，苏州从五个方面完善智慧农业场景建设的"政府+园区"资金投入机制。一是将政府财政资金由前期投入为主改为以项目评估结果奖励为主，提高财政资金的使用效率；二是集成国家、省、市各类涉农资金，适当向智慧农业场景建设倾斜；三是在一定周期内，通过税收优惠鼓励农业园区与农业企业主动建设智慧农业场景；四是将企业建设的智慧场景部分项目特别数据纳入政府智慧农业系统，以便政府对数据进行统一监管、分析与利用；五是全面落实国家《2021—2023年农机购置补贴实施指导意见》，提高智能农机产品补贴标准，同时将暂不在补贴范围内的产品通过农机新产品试点、农机专项鉴定等渠道按程序纳入补贴范围。

（五）激励社会化服务

农业社会化服务是实现小农户与现代农业有机衔接、推动智慧农业适度规模发展的重要途径，是激发农民生产积极性、发展农业生产力的重要经营方式。农业社会化服务一般分为产前、产中和产后三部分。产前服务指的是农业生产资料的购买和

张家港市塘桥镇农机库

相关信息获取的服务，产中服务主要包括技术、金融方面的服务，产后服务主要包括农产品的收购、储存、加工和销售等方面的服务。2021年7月，农业农村部发布的《关于加快发展农业社会化服务的指导意见》提出要加强政策扶持，主要包括财政、税收、金融、保险、用地等五个方面的政策。之后发布的《2021—2023年农机购置补贴实施指导意见》《关于做好2022年全面推进乡村振兴重点工作的实施意见》《关于促进小农户和现代农业发展有机衔接的意见》等分别从农机购置补贴、金融服务、保险服务等方面出台了具体政策，大力度激励农业社会化服务体系建设。

苏州联合农资、农机、金融、保险、电商、重要农产品供需信息等农业产业链条，探索"服务+农资+科技+互联网"的服务机制，形成了完善的农业社会化服务体系。在农机奖补方面，除了农机购置补贴外，还专门对市辖区农机维修保养、市级"全程机械化+综合农事"服务中心建设、市级机械化示范基地创建、市级"平安农机"示范合作社（家庭农场）建设、市级智能农机装备应用示范基地建设等进行奖补。在金融创新方面，鼓励国有银行主动为智慧农业企业发展提供贷款支持，设立农村金融产业发展基金，扩大农村金融供给；提高民间资本注资农村商业银行、农村信用社、村镇银行等的比重，探索建立农村合作金融公司，鼓励企业、金融机构等主体创设农业租赁金融公司，鼓励智慧农业龙头企业开展直接融资、发行债券或境内外上市，降低融资成本；继续推进农业保险发展，开发适合智慧农业龙头企业的覆盖产业链的融资、风险管理、资本化经营等多种需求的金融产品和服务。在农业保险方面，昆山市人民政府办公室发布的《关于拓展农业多种功能 推进农业现代化的扶持政策意见》提出加大农业保险的支持，推动农业保险高质量发展，实现水稻和小麦等粮食作物应保尽保；积极开展农业保险提标扩面工作，努力提高农业保险深度与密度系数，发挥财政对农业农村发展的风险保障功能。在平台建设方面，苏州从农民的需求出发，完善农业农村云平台和基础数据中心建设，推进政务数据共享开放，建设集智慧农村、共享农庄、惠农政策、农机购置补贴、轮作休耕补贴等惠民便民应用于一体的"一站式"服务总入口，并积极对接"苏周到"App和"苏商通"App，通过数字化手段提供优质、便利的公共服务；鼓励建设智慧农业专家服务系统，完善农业科技信息服务网络，以苏州特色农产品为主线，探索建立专家知识库，利用视频、图像、文字、语音识别等多种形式，为农民提供预警预报及病虫害智能诊断、分析防治等服务。

三、激励方式精准化

针对不同激励对象、不同生产环节的差异化需求，苏州主要通过资金投入、土地支持、考核评价等方式，对智慧农业改革的不同对象和不同环节进行精准扶持。

（一）资金激励

智慧农业的发展是一项建设周期较长、投入资金量较大的系统工程，财政投入是支撑智慧农业前期发展的重要资金来源。因此，政府部门必须加大对智慧农业的资金支持和投入力度，不断提高智慧农业资金支出比重，对智慧农业技术产品和应用主体给予政策性资金补贴。

2020年1月，农业农村部、中央网络安全和信息化委员会办公室印发的《数字农业农村发展规划（2019—2025年）》提出，各地要加大数字农业农村发展投入力度，探索政府购买服务、政府与社会资本合作、贷款贴息等方式，吸引社会力量广泛参与，引导工商资本、金融资本投入数字农业农村建设。

苏州市级层面研究出台专项资金扶持政策，安排资金积极推进试点工作，对生产经营、管理服务、决策应用等智慧农业相关领域加大奖补力度。通过创新运营模式，探索政府购买服务、政府与社会资本合作、贷款贴息等方式，鼓励引导资金投向智慧农业，吸引社会力量广泛参与。同时，苏州以项目入库"先建后补、奖补结合"等形式激励资金流向智慧农业，并利用规模达137亿元的乡村振兴产业发展基金，发挥其对乡村振兴的作用。

县级市（区）也加大智慧农业发展财政投入。比如，吴江区制定了《苏州市吴江区智慧农业农村试点建设实施方案》，进一步加大对智慧农业农村建设发展的财政投入和政策支持力度，对农业农村信息化管理平台等项目优先给予资金安排，对于通过市级认定的各类智慧生产场景、智慧农业集成示范园区和智慧农村的建设主体，按市级奖补资金的50%进行配套奖补。昆山市人民政府办公室印发的《关于拓展农业多种功能推进农业现代化的扶持政策意见》支持农业智能化项目建设，按投资金额给予最高不超过40%的补助；鼓励发展数字化、信息化农业，对新获评的苏州市级及以上农业信息（数字农业农村等）示范基地（园、村等）给予20万元~80万元奖励。此外，还争取将2022年数字乡村信息化项目列入乡村振兴大专项农业高质高效扶持政策，财政预算资金为2000

多万元。张家港市发布的《张家港市数字农业农村发展三年行动计划》提出，对新建农业物联网基地、农产品电子商务进行政策扶持，并将农业物联网列入设施农业奖补范围，近三年财政扶持资金累计800多万元。

(二) 土地激励

智慧农业所需设施及产业链的融合发展，给土地供应及用地的灵活性带来了挑战。为激励智慧农业发展，苏州不仅做好耕地质量检测、完善轮作休耕补贴制度、开展"三高一美"建设，还重视通过土地制度改革创新强化智慧农业企业发展用地保障；不仅将智慧农业生产过程中所需的各类生产设施、附属设施及必备配套设施用地纳入设施农用地管理，还将其纳入土地利用总体规划和年度计划进行合理安排。如在村庄整治等项目中，预留一定比例的建设用地，用于智慧农业龙头企业发展。

(三) 政绩考核评价激励

智慧农业发展涉及部门较多，影响因素复杂多样，在发展过程中需要政府牵头加强监督和指导，采取刚性约束制度，避免各种投机行为的发生，不断增强科学性和有效性。因此，各级政府部门的意愿和投入就极为关键。为激发政府条线部门的积极性，应建立智慧农业工作考核体系，深化政府管理体系改革，对智慧农业重大示范工程、区域建设水平开展定期监测与评价，推动智慧农业规范有序发展。《"十四五"推进农业农村现代化规划》提出，要加强考核评估，主要包括以下内容：完善规划实施监测评估机制，加强年度监测分析、中期评估和总结评估全过程管理；建立健全跟踪考核机制，把规划实施情况纳入实施乡村振兴战略实绩考核，压实规划实施责任；开展农业农村现代化监测，评价各地的农业、农村现代化进程和规划实施情况。农业农村部办公厅印发的《农业现代化示范区数字化建设指南》也提出要建立监测评价机制，创新农业数字化评价指标，将农业生产信息化率等指标纳入示范区年度监测重点内容，加大评价权重，强化评估结果应用。江苏省连续两年将数字农业工作纳入全省推进乡村振兴战略实绩考核，充分发挥"指挥棒"作用，督促市、县党委和政府更加重视数字赋能乡村振兴。

苏州在与中国农业科学院共同制定发布的全国首个农业农村现代化评价考核指标体系中，就将智慧农业建设相关指标纳入考核，对各县级市（涉农区）和乡镇分类实施考核，考核结果与用地指标奖补挂钩。此外，苏州还将智慧农村建设成绩列入对乡镇的农业农村现代化考核和对四个县级市（区）的高质量发展个性化考核，以进一步调动基层干部的积极性。

【本章参考文献】

喻保华. 农业现代化进程中的智慧农业发展困境与路径选择[J]. 农业经济，2022（9）：22-23.

钱静斐，陈秧分. 典型发达国家农业信息化建设对我国农业"新基建"的启示[J]. 科技管理研究，2021，41（23）：174-180.

周斌. 我国智慧农业的发展现状、问题及战略对策[J]. 农业经济，2018（1）：6-8.

韩佳伟，朱文颖，张博，等. 装备与信息协同促进现代智慧农业发展研究[J]. 中国工程科学，2022，24（1）：55-63.

曹冰雪，李瑾，冯献，等. 我国智慧农业的发展现状、路径与对策建议[J]. 农业现代化研究，2021，42（5）：785-794.

李灯华，许世卫. 农业农村新型基础设施建设现状研究及展望[J]. 中国科技论坛，2022（2）：170-177.

宁甜甜. 新发展阶段我国智慧农业：机遇、挑战与优化路径[J]. 科学管理研究，2022，40（2）：131-138.

彭建仿. 农业社会化服务供应链的形成与演进[J]. 华南农业大学学报（社会科学版），2017，16（4）：45-52.

殷浩栋，霍鹏，肖荣美，等. 智慧农业发展的底层逻辑、现实约束与突破路径[J]. 改革，2021（11）：95-103.

宋洪远. 智慧农业发展的状况、面临的问题及对策建议[J]. 人民论坛（学术前沿），2020（24）：62-69.

下 篇
未来思考篇

第十五章　基于苏州实践的智慧农业发展思考

一、苏州智慧农业实践反映出的共性问题

智慧农业改革是一项影响深远的系统性变革，得益于政策、社会和技术的支持，虽然苏州的智慧农业试点成绩斐然，但是在缺乏先例可循的试点进程中，苏州面临着土地、人才、数据、资金、设备、认知、基础设施、标准等方面的困难。这些困难，部分是地方层面的自然条件、产业基础、治理体系等原因所致，通过地方层面的改革能够逐步被化解，但也有不少是全局性、系统性、长期性的问题，需要跨部门、跨层级协同推进和全社会共同努力。

（一）人才短缺，制约智慧农业发展

人是技术和应用之间的桥梁，是推动智慧农业快速发展的动力。智慧农业的建设与发展需要更专业的农业知识、高超的网络技术、较强的数据分析能力及智能农机操作能力等，所以需要更多综合能力强的人才。受制于国内农业教育体系的不够健全、农村对人才的吸引力尚不足等问题，苏州智慧农业的发展面临着人才资源匮乏的困难，现阶段农业数字化的人才、现代农业经营与管理的复合型人才，尤其是能够操作高端智慧化农业生产设备人才的缺失，必定会限制智慧农业技术的推广和发展，苏州智慧农业人才的短缺突出表现在以下三个方面。

1. 专业农业生产人才缺失

智慧农业需要高学历、高素质的人才，但是现阶段苏州农村劳动力的文化水平普遍偏低，农业生产主体的老龄化问题日渐严重，从事农业生产的年轻人少之又少，同时农业劳动强度大，年轻人不愿意从事农业，更多选择外出工作，导致农民群体年龄偏大，而年长农业从业者的思想观念较陈旧落后，对数字化、智能化的新兴产物接受能力较弱，几乎不了解或不会使用互联网，缺乏现代化的农业生产知识，这些都严重阻碍了苏州智慧农业的发展。而高校毕业生虽然具有专业技术知识，但缺乏务农经验，无法较好地将专业知识技术应用于智慧农业生产。

2. 农业经营管理人才缺失

智慧农业需要掌握现代农业生产技术、信息技术、农业经营与管理技术的复合型人才。近些年，我国各级政府始终鼓励支持大学生及外来务工人员返乡并积极开展创业，带动农村经济的快速发展。然而，农村在经济、医疗、教育等方面与城镇存在较大差距，很难吸引到与智慧农业发展需求相符合的新型人才。在苏州智慧农业中，信息化服务管理队伍的专业素质普遍偏低且人员数量不足。同时，由于当前高素质农民教育体系还未建立，新型农民培养机构少，现代高素质农民数量增长缓慢，复合性农业生产管理人员匮乏，因此，智慧农业的农村初创者和支持者较少，智慧农业建设发展的内生动力严重不足。

3. 农业科研人才缺失

智慧农业是新生事物，其技术含量高，迫切需要一批高素质、懂技术的农业科技人员，而苏州从事智慧农业的科技人员存在缺口大、结构不合理等问题，跟不上智慧农业发展的步伐。在苏州全市农业科研人员中，农业、畜牧业等传统农业产业人员占比较高，而农业信息工程相关领域人员占比较低，人员结构有待进一步优化。

（二）数据有堵点，数据共享难度大

农业数字化应用管理包括种植业精准施肥用药、农机具智慧管理调配、畜禽企业运行监测预警等，涉及的相关部门较多。就全国来说，虽然经过机构改革，农业、畜牧、农机、农业开发、蔬菜办等涉农部门都被整合到了一个大的农业部门，但是由于当前政务公共服务信息化进程相对滞后，有的地级市还未整合涉农信息平台，没有建立起全市统一的智慧农业信息化平台，有的地级市虽然已经建立起智慧农业信息化平台，但并没有建立健全政务数据共享机制，不仅是农业内部各子部门之间的数据无法实现互联互通、数据共享，其他与农业密切相关的环保、旅游、交通等部门，也无法得到农业相关数据。这样既影响了农业大数据应用场景的拓展，又影响了乡村振兴战略实施的数字化进程。

近年来，苏州大力推动新型基础设施建设、智能化改造和数字化转型等工作，已基本实现5G全覆盖，在一定程度上实现了数据标准化采集、跨部门互联互通，但由于数据采集、流通、交易、应用等环节仍存在堵点，如采集端的应用少、成本高、积极性差，传输端的自上而下反馈赋能不足，交易端的市场发育不全，应用端的数据模型匮乏等，数据要素的价值未能被充分激活，农业农村大数据与劳动力、设备、金融资本深度融合并发挥乘数效应的目标还远不能实现。这些又反过来影响到智慧农业的收益水平、数据模型的质量、数据采集和投资意愿等。同时，部分地区搭建的平台和系统的使用率不高，无法真正满足农村农业发展需求，一些农业服务系统信息更新缓慢，存在一定程度的"数据孤岛"问题，难以为农户的农业生产、种植、销售提供有价值的信息，农户无法体会到农业服务系统所带来的便利。这不仅降低了农业数据的利用率，还制约了农业服务系统的推广应用。可将这些问题进一步归结为以下三个方面。

第一，智慧农业信息数据的标准化程度还不够高，数据采集覆盖面不足，农业数据缺乏准确性与权威性。相较于整市（区）推进、整镇推进的区域，部分建设智慧农村的建设主体的数据标准不一，后续数据对接难度大，而且设计改造费用大。

第二，农业信息数据整合程度低，缺乏信息数据共享。智慧农业的正常运转需要自然信息与社会经济信息，如气候条件信息、土壤条件信息、市场信息、生产资料信息、科技信息等，而这些信息的掌控者往往归属于不同部门。又因为体制机制问题，各部门或生产环节的运行相对独立，农业生产信息只停留在某个部门或某一生产环节，各部门或各生产环节之间无法互通信息，农业信息无法实现多产业数据共享，造成信息数据资源的大量浪费与闲置。此外，各个相关部门根据自身业务工作，各自建立从上至下相对应的管理服务系统，导致基层系统较多，如常熟市双浜村曾有 25 个不同层级的填报系统。建设智慧农村实现系统整合、统一服务面临的挑战和困难多，往往进展缓慢。

第三，信息数据分析程度较浅，利用率不足。当前，智慧农业信息数据过于注重采集，分析应用明显滞后。信息技术的资源整合难以实现实时共享，且信息安全问题突出。用于智慧农业生产、管理、运输与销售阶段的信息数据大多为简单的堆砌，而专业性分析的特色数据较少，可用于指导智慧农业发展、协助智慧农业管理与销售的信息数据不足。

（三）市场主体能力及动力不足

1. 市场主体能力总体不足

受前述人才短缺问题的制约，在农业市场主体中，既熟悉信息化又熟悉农业农村且愿意深耕这个行业的兼容性企业比较少，而为智慧农业生产和经营提供管理服务的专业化企业、机构同样比较少，企业主体缺乏开展作物生长模型研究的积极性。市场缺乏可供选择的农业智能装备制造产品，缺乏持续提供数据分析、技术服务的社会化服务等。大量智慧农业相关主体的主营业务都是跨界的系统开发，特别是为智慧农业生产和经营提供管理服务，而从事种植养殖生产模型和适用农机具改造的专业化企业或机构还比较少，市场也缺乏可供选择的农业智能化装备制造产品。另外，部分智慧农业科研项目实用性不高，科研院所、企业和农民之间的合作不够紧密，有些智慧农业方面的科研成果被保存在科研档案里，停留在实验室里，真正被应用到市场上的很少，转化率不高。

2. 投资门槛高、周期长制约市场主体积极性

智慧农业设备投入建设成本相对较高，与传统人工从事农业生产相比难以体现出较大优势，零星散布的各类小农田更是无法发挥出智慧农业的优势。智慧农业建设所需的监测与数据采集设备、系统软件不仅投入规模较大，而且迭代周期比较短，投资回收期较长，对企业利润影响较大。相关调查表明，相当部分智慧农业试点单位反映智慧农业建设成本很高，而产生的效益并不太高，由此影响了建设的积极性。很多农民由于信息化素养不高，难以看到信息化带来的切实利益，更是极不情愿花费资金购买信息服务，这在很大程度上阻滞了苏州农业农村信息化建设的步伐。尽管苏州农村居民的人均可支配收入长期持续稳定增长，稳居全国前列，但在智慧农业设备高昂的价格面前，农民的购买力明显不足。比如，尽管用于植保的无人机的工作效率可达每小时 40~60 亩，是人工操作的 60 倍，但其服务售价较低的也要 5 万元，远远超过农民的经济能力。高价格限制了将高科技机械农具应用于农业生产，不利于智慧农业发展。

（四）土地刚性约束，项目落地困难

其困难突出表现在规模制约和用地性质制约两个方面。

一是耕地规模化的制约。智慧农业的发展需要有规模化土地作为支撑。苏州虽然经过"三集中""三置换"等改革，土地规模流转程度较高，但受限于江南水网地区人多地少、河网纵横的特点，耕地依然相对细碎。没有规模化的土地，不利于农业地区基础设施的建设，也不利于通过智能化的投入获得经济利益，从而限制了苏州市智慧农业的进一步发展。

二是用地性质的制约。由于用地指标或空间限制，智慧农业生产管理、农机仓库等用房及融合发展的关联产业无法落地。比如，苏州高新区大疆无人机现代农业示范园、昆山智慧农业技术和装备产业集群示范园等重大项目因受制于土地问题而推进困难；部分"无人农场"由于地块周边土地性质无法建设配套农机仓库，只能人工将农机开至田间，造成"无人农场"不能"无人"的尴尬；由于部分智慧农业设施的用地问题无法解决，投资巨大的项目整体闲置。

（五）智慧农业装备适用性不足

智慧农业所需的芯片、传感器、种养模型、智能算法、自动控制系统等关键设备和技术存在许多短板甚至空白，智慧农业装备国产化程度低，国产设备的性能与可靠性参差不齐，进口技术与装备成本高、维护难、适用性弱，基层用户可选择的用得上、用得起、用得好的智慧农业软硬件产品极为匮乏。

调研发现，智慧农机基本以荷兰、以色列、日本、德国、美国等国所产的为主，这类农机存在五个方面的突出问题。一是价格昂贵：一台进口拖拉机的价格是国产拖拉机的两倍，一台进口犁的价格是国产犁的10倍。不只是整机价格贵，进口农机的保养费用也是国产农机的2~3倍。二是维修困难：进口农机一旦出现故障，零部件替换及维修耗时、耗力、耗钱。三是对操作者要求高：有些经营者大手笔购买的进口农机由于没有人会操作，根本就未拆封！四是缺乏本地作物生产模型：一些农业场景中建成了价格高昂的完善系统，却苦于没有生产模型而基本形同虚设。五是农业安全风险大：如果大量的智慧农业场景由进口农机和系统操控，那么我国农业生产的大数据会被国外机构全面掌握，这无疑是把我国农业安全交予他国之手。

然而，如果购买国产智慧农机，也存在以下四个方面的问题。

一是高品质产品还不多。以农业传感器为例，该设备主要应用于大棚内光照调节、环境温湿度、土壤温湿度和酸碱度的控制，然而国产农业传感器控制核心技术、原创性技术缺乏，性价比较低，传输信息的实时性和连续性有限，对植物本体的感受度较低，存在信息获取有误差、不完整等问题。此外，传感器工作环境导致其使用寿命短，维护费用较高，无法监测植物的生长环节及病虫害发生情况，因此应用范围有局限。

二是生产场景覆盖率还不够。国产智慧农机覆盖不到许多生产环节，国产智能化农机中高端产品较少，高端与大型复杂智能装备的核心部件依赖进口，缺乏对农业机械化领域长期系统的研究与技术集成，结果导致若要实现生产的全链化，就必须购买进口农机。

三是国产智能装备的"软""硬"不平衡。国产智慧农业关键技术的研发多集中在硬件设备上，而智慧农业数据分析模型构建、大数据挖掘等智慧农业关键核心技术的研发投入力度不够，大量的数据闲置，甚至成为垃圾数据，严重影响了国产智慧农机的应用价值。

四是国产智慧农机对本地地形、作物、劳动力操作能力的适用性不高，尤其是适用于苏州地块细碎、水网纵横地形条件的智慧农机供给不足。

二、基于苏州智慧农业实践的全局思考

立足苏州三年智慧农业试点的经验与问题，从全国智慧农业发展的大局来看，应重视以下几个方面。

（一）以效能为核心，优化智慧农业改革战略部署

以推动农业农村现代化、加快共同富裕、促进城乡融合、提升人民获得感等效能为目标，推动智慧农业发展。随着我国智慧农业改革从试点引路走向全面推广，必须把一切战略部署的原点放到对效能的追求上，将经济效益、社会效益、生态效益作为衡量标准。

（二）加强智慧农业科技攻关，补齐关键技术短板

关键技术短板是我国智慧农业发展的"阿喀琉斯之踵"。第六次国家技术预测结果显示，目前我国农业农村领域有10%的技术处于国际领跑地位，处于并跑与跟跑阶段的技术分别占39%和51%。与发达国家相比，我国农业农村领域的技术总体上仍然处于"少数领跑、多数并跑和跟跑"的格局。在新的发展阶段，智慧农业技术突围成为提高农业竞争力、实现农业整体突围的关键一招。从苏州智慧农业实践遇到的技术难题来看，未来我国需要在以下领域加大技术攻关力度，尽早补齐关键技术短板。

一是攻克农业高精度专用传感器。重点研究以光学、电化学、电磁学、超声、图像等为基础的农业传感新机理，研发敏感器件、光电转换、微弱信号处理等核心零部件，研制一批高精度农业传感器，打破国外技术产品垄断。

二是研制农业智能测控终端。重点研发基于芯片的可进行边缘计算的高端智能终端，以及农情田间调查、农田巡检、农机作业质量监控、设施种养殖（设施畜禽、设施果蔬、设施水产）环境监控、冷链储运环境监控等低成本智能测控终端，加快国产技术产品替代国外同类产品的进程。

三是同步研发高端和适用智能农机装备。突破场景感知技术，研制负载动力换挡、无级变速、支持高效作业的柔性执行器件和智能操控系统，研制大马力自主驾驶拖拉机、机械除草机器人、大载荷无人植保机、农产品分拣分级机器人、农产品冷库装卸机器人、授粉机器人、畜舍巡检作业机器人等。此外，

要坚持农机服务模式与农业适度规模经营相适应、机械化生产与农田建设相适应，实现由传统的"以机适地"转为"以地适机"，高度重视开发适用于各种地形、地块条件和操作人技术基础的低成本、高适应性智能农机。

四是构建主要农业产业大数据云平台。重点突破农业知识图谱构建、虚拟现实、农业协同决策、数字孪生、农业大数据云服务等核心关键技术，促进大数据和农业深度融合。

五是突破智慧农（牧、渔、林）场核心技术。重点突破农业无人自主系统复杂工况感知、智能决策、任务与路径规划、多机协同智能控制、自主作业装备等核心技术，建设无人化或少人化的智慧农场。

六是突破主要农产品智慧供应链系统核心技术。重点突破智慧冷链数据深度感知、保质储运智能化和可信区块链技术，开发农产品供应链需求智能匹配系统、保质储运智能调控系统、质量安全区块链追溯系统、农产品供应链区块链信用评价系统和冷链物流智慧监管服务平台，助力农业数字经济发展。

七是强化适用技术创新。智慧农业技术的地域、物种和人群适用化、低成本化、低操作门槛化，不仅降低了技术本身的门槛，还可以助力降低人才、资金门槛，这对促进智慧农业在薄弱村加快普及、带动共同富裕具有不可估量的价值。因此，必须重视智慧农业技术面向共同富裕的"导向性"，开发"有温度"的适用技术。譬如，针对薄弱村农民老龄化程度高、知识技能水平低的现状，要开发和选配那些对劳动者文化知识和体力要求低的"傻瓜"式设备；针对薄弱村本地田块细碎、智慧农田建设成本居高不下的现实，要开发适合小块农田、适应全地形条件、适合本土物种的智慧农业技术和农机装备。

（三）加大智慧农业人才引培

人才是智慧农业发展中的突出短板之一，不仅表现在农民数字素养不足带来的局限，还表现在人的认识、能动性局限，以及农村农业吸引和留住人才的巨大难度等。因此要在推动乡村生态宜居建设、提高乡村吸引和留住人才潜力的基础上，从智慧农业人才的引、培两个方面出政策、下功夫。一是要强化政府培训资源的精准投放。要克服"撒胡椒面"和"强者恒强"的弊端，政府有关智慧农业培训的基地、师资、课程、定向名额等资源，要向薄弱村倾斜投放，并要针对这些区域的发展特点开发有针对性的培训课程和项目。二是要放大企业层面的培训力量。苏州可推广嗨森植保有针对性地培训本地无人机飞手和久富农机依托"云课堂"开展远程农机技术培训的做法，鼓励引导更多企业承担薄弱村农民培训的社会责任，丰富面向薄弱村的社会化培训资源。三是鼓励农业园区、农业院校和科研院所、村集体开展面向薄弱村的专业化农民培训。苏州可推广江苏常熟国家农业科技园区的"设施草莓优质高效栽培技术"培训、"浦江源"太湖蟹生态养殖示范园的智慧水产养殖技术培训等经验，鼓励各类农业园开展既贴近薄弱村本地农民又能满足本地种养技术需求的专业化培训项目。

1. 加大对农民信息化意识与技能的培育力度

高素质农民培育

通过报纸、电视、广播等渠道，采取积分制度等方式，在农村全方位宣传智慧农业，调动农民的积极性。对农民加强互联网思维、经营理念及高新技术设备操作技术的教育和培训，使他们成为适应智慧农业发展的现代农民和高素质农民，让他们不仅可以熟练操作现代化的生产设备，而且还能及时通过农业资讯把握市场信息，从而做出生产什么、何时生产的正确决策，真正成为智慧农业发展的管理者、受益者。此外，还要充分发挥运营成功的智慧农业示范基地的示范带头作用，组织农民定期参观了解智慧农业的运行模式，深入学习如何建设管理智慧农业。

2. 创新智慧农业新农人培训方式

开设一批智慧农业特色课程和示范培训课程，利用现代信息技术手段，提供灵活便捷的线上培训，使农民足不出户就能了解农业政策、经营管理和农业技术等知识。同时，重点培训种养大户、农机作业能手、科技示范户、返乡创业农民工、农民专业合作社负责人等新型生产经营主体，推动智慧农业发展向主要依靠劳动者素质提高和管理创新转变，培养造就更多懂农业、懂技术、懂管理的智能型农民。根据不同地区的习俗与文化，设计合理的培训方式与内容。此外，各地还可根据自己的财政状况，适当提高农业技术人员的工资待遇。借鉴苏州经验，可充分利用龙头企业、农业园区、村集体、科研院所等力量，使其参与新农人培训，形成遍在化的培训网络和多样化的培训方式。

3. 建立农业人才教育机制

借助我国农业高校与相关科研院所雄厚的师资力量和科研基础优势，针对智慧农业生产发展的需要，专门设置相关教育课程，将高素质农民的培养纳入国家教育培训发展规划，建立适合我国培训高素质农业人才的长效教育机制。建议由政府带头，首先在农业技术院校开展智慧农业学科建设，以政府名义出资建设院校试验场。或者由政府牵头，加强农业企业与高校之间的合作，形成产教结合培养模式。同时，依托高校院所资源，加快构建信息化人才培养体系与交流合作平台，通过提供专项资金、减税和补贴等方式，吸引人才参与智慧农业发展。

4. 优化智慧农业专项技术人才体制机制改革

针对农村地区难以引进高职称、高层次专项技术人才的问题，坚持深化专项技术人员职称制度改革，建立健全智慧农业相关科研项目立项、验收、评审及成果转化机制，完善专项技术人员兼职兼薪、成果转让、分享股权期权等收益分配保障机制，最大限度地激发智慧农业专项技术人才的内在活力，培养一批"留得住、用得上、用得好"的"田专家""土秀才"，不断强化人才在智慧农业发展中的支撑保障作用。

（四）以多元化资金投入模式突破智慧农业资金瓶颈

智慧农业投入大、回报周期长，在形成闭环收益之前很难吸引社会资本长期投入，因此，政府必须加大财政资金投入力度，优化财政管理机制，同时也要精明投入，通过小杠杆撬动大收益，以科学的制度设计激励全社会各种主体投入资金。

1. 加大财政资金投入力度

政府部门必须加大对智慧农业的资金支持和投入，不断提高智慧农业资金支出比重，对智慧农业技术产品和应用主体给予政策性资金补贴，适当减免农村地区互联网接入费用和农民移动通信、数据传输费用。制定相关补贴政策，对智慧农业技术产品研发和应用主体给予政策性补贴，减免以智慧农业为核心业务企业的税收。相关政府部门要类比农机购置补贴政策、农业绿色发展补贴政策，制定专门的智慧农业技术产品购置支持名录，逐步提高对特色、小型农机具的补贴标准，实现补贴优惠政策的规范化、制度化，鼓励农民积极使用现代化农机设备。同时，在社会化服务较成熟的地区，加快智能农机购置补贴资金向作业服务补贴转移。地方政府应制定本行政区域内农村信息化基础设施的发展规划，在年度财政预算中为农村信息化发展预留一定额度，为促进农村地区信息化发展提供必要的物质保证。对于自主引用遥感设备和监控设备的生产基地，政府部门应制定系统的财政补贴标准。在物流基础设施建设方面，地方政府应加大扶持力度，将农村物流建设纳入城乡建设规划。应有针对性地制定和推行助力高科技农业企业发展的优惠政策，以丰厚的薪酬和待遇条件吸引更多互联网技术、农业技术兼备的人才参与到高科技农业企业的科研工作中，从而为智慧农业的发展提供源源不断的人才动力。

2. 探索多元化资金投入模式

加快农村信用体系建设，鼓励商业银行和农村金融机构向智慧农业基础设施建设提供融资贷款服务，大力支持农民发展智慧农业。为避免智慧农业项目落实与产业融合的脱节，对于经济发展落后的地区，应大力推广 PPP 模式（public-private-partnership，公共私营合作制），鼓励有实力的企业和农村集体以入股或合股的方式推进智慧农业快速发展，积极引入社会资本支持农村信息化建设。大力支持市场主体发展智慧农业，升级传统的农业生产方式，鼓励有实力的企业和村级集体经济组织参与智慧农业体系建设。随着数据存量、计算数量的不断提升，智慧农业项目的应用和维护成本也会大幅提升，需要汇聚农业农村、工信、网信及教育和科研机构等部门的力量，充分考虑智慧农业项目与传统农业项目在资金投入、项目折旧、后期维护方面的差异性，实施与智慧农业更加匹配的资金项目管理机制。同时，还要在税收、贷款、补贴等方面，对坚持智慧农业发展的企业和个人给予适当的政策倾斜，从而调动大众发展智慧农业的积极性和主动性。

（五）重视数据治理体系创新，发挥农业大数据的威力

数据是智慧农业最关键的生产要素之一，而现有的农业农村制度体系中有关数据的治理是最缺乏基础也因此是最薄弱的环节，因此必须更加重视数据治理。

1. 制定智慧农业数据标准

在农作物（动物）生长等重点领域，由行业协会与重点相关企业协同编制数据标准规范，包括数据格式、质量标准、可用性等方面的详细规范，指导数据采集和处理的物联网模块搭建等，优化共享数据查询方式，使之更为便捷。对于进入国内市场的外国企业产品，要求其提供数据接口标准，同时建立国家认可的第三方检测平台。

2. 推进农业数据共建共享

推动政府部门加快制定农业大数据资源共享开放目录清单，建立数据整合共享机制和规范化的数据管理制度，并在一定范围内开放相关数据。打通智慧农业信息资源"孤岛"，建立政府部门之间、政府与企业之间、政府与社会之间的数据共享机制，推动建立农业大数据共享平台、中心和系统，明确数据共享的范围边界，将原本分散存储的数据统一收集到公共数据中心，消除数据"孤岛化"现象。

3. 加强农业数据安全监管

对进口精准农业装备和引进平台进行风险评估及预警，加强数据安全管理，加强入侵防范、漏洞管理等安全防护措施，切实保障智慧农业数据信息安全，筑牢智慧农业数据安全的防火墙。发挥互联网技术企业在智慧农业中的作用，应用新型互联网技术保证农业信息数据的准确与安全。应用最新的互联网区块链技术，依靠区块链技术的可追溯特性，确保农产品来源可查，保证食品安全。依靠区块链技术信息不可篡改的特性，确保农业市场中不会传播虚假信息，保障农民利益。

（六）以模式和制度创新突破土地瓶颈

1. 通过"联合"化解土地规模短板

对于西方发达国家来说，农户土地规模小造成的智慧农业规模效应不足是"数字鸿沟"的重要成因。苏州虽经过"三集中""三置换""三大合作"，已经在很大程度上提高了土地的规模化程度，但由于水网密布、村落众多等，耕地依然相对破碎，许多地方的耕地规模化程度难以满足智慧农业的发展需求。为此，在吴中、昆山等地，人们通过将多个村级合作社联合组建成合作联社，一举突破了智慧农业发展所需的规模门槛。以吴中区的太湖农业园为例，其通过使7个环太湖农业村合作社以土地入社的方式，联合镇级公司，共同成立镇级合作社联合社，使水稻种植面积升至7000亩，涉及农户数6088户，在此基础上进行智慧农业基础设施和场景建设，便不存在规模短板问题。

借鉴苏州的成功经验，应该结合各地的现实情况，构建"N（村）+1（镇或市级扶持主体）+X（参与薄弱村帮扶的社会化公司、个人或机关团体、科研院所）"的升级版联合体，促进小农户、小村落由"单打独斗"向"联合携手"转向，尽早、尽快享受到智慧农业发展红利。

2. 通过创新化解土地制度约束

要进一步规范农村土地流转，探索完善宅基地分配、流转、抵押、退出、使用、收益、审批、监管等制度的方法路径，加快建立同权同价、流转顺畅、收益共享的农村集体经营性建设用地入市制度，创新农村建设项目供地制度，为智慧农业及其带动的产业融合发展创造适宜的用地和空间，积极突破智慧农业发展中的土地瓶颈。探索适合智慧农业不同生产场景的设施用地配置标准，扫除因耕地性质约束造成的智慧农业设施、设备、加工、服务难落地等问题。

（七）重视面向智慧农业的模式和组织创新

昆山"昆味道"商城截图

在三年试点中，苏州收获了众多通过模式创新化解"数字鸿沟"、突破要素短板和发展门槛、释放智慧农业发展效益的成功经验，如前文提到的嗨森植保无人机"按需租赁、人机分离、飞手本地化"的模式创新、以食行生鲜为首的农产品电商服务企业的C2B2F形式的模式创新、昆山的"昆味道"模式等。正因为如此，在进一步鼓励智慧农业模式创新的基础上，要通过有针对性的激励引导机制，扩大模式创新的受益覆盖面，尤其要让薄弱村先受益、广受益。譬如，一些企业已经掌握了智慧化生产全套技术和系统解决方案，可以鼓励这些企业向解决方案服务商、技术培训商、平台服务商转变，从"卖产品"走向"卖服务"，并优先服务薄弱村、薄弱户，让带动共同富裕成为与企业自身经济利益相符的自发行动。

从组织创新来看，在智慧农业代表的数字时代，要放大新技术、新模式的威力，就得推动以往的刚性封闭式组织向开放式柔性化组织变革，将各种各样的主体密织进智慧农业的创新型组织中。譬如，可通过大力引培智慧农业龙头企业，鼓励"龙头企业+合作社+基地/农户"的多样化组织模式探索，形成以技术、服务、市场、品牌等多种媒介为连接的新型组织；也可通过强化农业园区和智慧农业平台面向小企业、小农户的组织功能，形成地域综合性或专业化的灵活组织，使小农户在生产的各个环节都有强大的组织可以依托，化解智慧农业因门槛过高而产生的负面效应；还可以鼓励现有组织如村集体、合作社等的开放化协作，面向智慧农业的需求持续推动组织变革。

（八）强化试点经验推广，降低智慧农业改革成本

苏州在智慧农业改革试点过程中制定了一批"苏州标准"，总结了一批"苏州经验"，形成了一批"苏州模式"，可以探索将智慧农场、智慧渔场和智慧农村等方面的"苏州标准"进一步完善提升为国家标准，指引各地建设；复制推广以效能为导向的各种模式、品牌、政策、场景和平台等方面的"苏州经验"，降低参与智慧农业建设的成本和门槛，提高效率和效益；将苏州多元化参与、特色化集成等"苏州模式"供给发展条件相似的地区借鉴，共享创新和发展红利。

经验的浪费是最大的浪费。在引领性、开创性创新阶段，缺乏先例可循，最高效的模式就是充分放权、百花齐放的基层创新汇聚。由苏州经验可以看出，基层实践经验的总结和推广具有无可取代的价值，因此，可以对我国各级各类智慧农业、数字乡村试点经验进行系统的理论总结，制定出更加普适的标准和路径，推动我国智慧农业改革发展之路走得更平稳、更高效。

（九）规避数字鸿沟带来的共同富裕风险

由于"数字鸿沟"的存在，若在缺乏风险防范机制的情况下片面发展智慧农业，非但不会推动共同富裕，反而可能造成更大的风险。譬如，机器代人导致许多农民失业；智慧农业所需的土地规模、资金、技术门槛较高，使许多小农户被抛下，小农户与大农户在效益、品质、品牌、市场等方面的差距进一步拉大；电商、物流等平台利用数据优势压价，不利于农民收入水平的提高；资本主导的农机、技术、数据服务等龙头企业一旦形成垄断，可能带来滥用市场支配地位、损害农民利益的风险；等等。上述这些风险，对于相对偏远、发展相对滞后的薄弱村而言，可能表现得更为突出，危害也更为严重。

因此，在全面加强智慧农业风险预警、防控机制的基础上，必须针对薄弱村的实际情况加强研究，全面识别出智慧农业发展中存在的共同富裕风险及其指征，探究这些风险背后的资源配置、发展模式、绩效考核、红利分配等，制

定有针对性的风险预警和防范机制，绝不让一个农户、一个村因为"数字鸿沟"而掉队。当务之急，一是要做好农民就业预警和补偿，对于在薄弱村建设的智慧农业项目，必须评估其对本地农户就业的影响，并制定和实施相应的再就业培训等补偿性措施；二是要做好农民收入预警和防范，任何有关智慧农业的创新模式与项目、龙头企业或平台企业的引入，都必须以不降低所在地农户收入水平为基本前提；三是要做好区域差距预警和防范，不仅要确保薄弱村和小农户能低门槛便捷接入政府投资的数字基础设施和重大项目，还要借鉴欧盟的区域合作等模式，鼓励先行示范村与薄弱村开展智慧农业结对合作，避免进一步拉开收入差距。

【本章参考文献】

岳修瑞，倪建红，路遥. 发展智慧农业的意义、问题及对策建议[J]. 智慧农业导刊，2022，2（20）：4-7.

王梓豪，张德民，毛宁，等. 智慧农业发展的现状、问题及对策研究：以山东省为例[J]. 智慧农业导刊，2022，2（17）：4-6.

吴瑛莉，杜美丹，刘承良，等. 金华市智慧农业发展现状、存在问题与对策[J]. 天津农业科学，2016，22（3）：60-62.

王艳芳. 农业数字化应用中存在的问题及建议[C]//中国民主同盟山西省委员会，山西转型综合改革示范区，山西省社会科学院. "数字时代山西高质量发展论坛"论文集. 太原：会议资料，2020：50-56.

龙江，靳永辉. 我国智慧农业发展态势、问题与战略对策[J]. 经济体制改革，2018（3）：74-78.

袁晓杰. 山东博兴智慧农业的发展困境与战略对策[J]. 特种经济动植物，2022，25（5）：121-123.

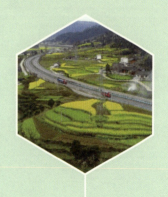

案例篇

2021—2023年,苏州市按照国家试点任务和《关于"十四五"深入推进农业数字化建设的行动方案》的要求,累计认定了57个智慧农业示范生产场景和165个智慧农村示范村。其中,智慧农业生产场景主要包括智慧农场(大田)生产场景、智慧牧场生产场景、智慧渔场生产场景、智慧菜园生产场景、智慧园艺生产场景等类型。下面按不同类型,对苏州智慧农业示范生产场景和智慧农村示范村建设的鲜活案例进行汇总,以期为广大读者提供借鉴。

第十六章 智慧农场（大田）生产场景案例

智慧农场是一种以物联网为基础，通过物联化、互联化、智能化的方式，综合无线传感技术、自动控制技术、网络技术和数据库技术等实现现代化、智能化管理的农场。重点围绕稻、麦等粮食作物生产，运用高空近低空遥感、智能算法、云计算、5G等数字技术手段，辅以无人机、物联网等设施装备，构建天、空、地一体化农业智慧大脑的技术支撑场景，开展实时采集与自动上传地力墒情、苗情长势、病虫害发生等农情信息并进行大数据分析，打通耕作、种植、管理、收获全过程信息数据流，建立以数据为核心的智能化生产决策体系，从而指导或指挥管理和生产过程。

根据苏州市地方标准《智慧农业示范基地建设与评价规范第 1 部分：智慧农场（大田作物）》，智慧农场（大田）评价的内容主要包括以下五个方面。一是基本情况，考查智慧农场（大田）示范基地的种植规模和信息化投资等信息。二是产销过程，主要考查农场全产业链生产过程中的智慧化程度，包括农资投入、育苗、播种、农情监测、土壤墒情监测、虫情监测、病虫害防治、施肥、除草、灌排控制、作物生长过程模拟和调控、收储、农产品质量追溯、加工及电子商务。三是管理决策，主要考查智慧农场（大田）示范基地的人员管理和决策支持，包括信息化专业背景人员、互联互通和决策模式三个方面。四是产出效益，主要考查智慧农场（大田）示范基地通过应用智慧农业技术与装备带来的经济效益和生态效益，包括减工降本、提质增效和资源节约三个方面。五是创新与规划，主要考查智慧农场（大田）示范基地在模式培育、科技项目申报方面的创新能力，以及对农场未来智慧化建设的规划。下面以大疆无人机智慧农业示范园（以下简称"示范园"）为典型案例，对智慧农场（大田）的生产场景建设进行分析。

一、基本情况

示范园位于苏州高新区通安镇北窑和金市片区，与太湖的直线距离为 2 公里，生态条件良好，排灌方便，远离污染源，是具有可持续生产能力的农业生产区域，集中连片种植规模为 1000 余亩。

苏州高新区通安现代农业示范园

目前，示范园在软件部分已投资240余万元，开发了智慧农业管理平台、嗨森智慧农业小程序和智慧农业后台管理系统。硬件部分，示范园拥有植保无人机T20、植保无人机T30、植保无人机T40、植保无人机T20P、无人机播撒系统、无人机电池、无人机配套发电机、P4R测绘无人机、P4M多光谱无人机、RTK基站、笔记本电脑、植保小黑侠数据采集终端（可监测和采集各类农机的作业数据）、摄像头、土壤监测系统（包括温湿度电导率三合一传感器，pH传感器，钾、铵、铜、铅、镉离子传感器等及相关辅件）、视频监控信息采集系统（包括高清网络监测球机、枪机、视频防护箱、太阳能板、控制器、蓄电池等及

苏州高新区通安智慧农业数据管理平台

相关辅件)、气象站(包括空气温湿度,光照,风速,风向,气压,PM2.5等监测设备)等。

二、生产销售智慧化

(一)产地环境监测和投入品管理智慧化

在产地环境监测方面,示范园大田作物区主要种植水稻,每季种植前,利用测土车给土地进行CT扫描,通过土壤采样对土壤情况进行检测,分析土壤成分,并根据监测结果进行土壤调理。同时园区安装了土壤监测系统,包括温湿度电导率三合一传感器,pH传感器,钾、铵、铜、铅、镉离子传感器等及相关辅件,可实时监测土壤墒情,确保区域内环境质量符合NY/T847和NY/T8513中的水稻种植要求。

在投入品管理方面,公司自主开发的智慧农业管理平台系统是基于示范园项目定制开发的农场智能化管理系统,可实现贯穿耕、种、管、收整个种植环节的智能化管理和农业数据的采集与应用,包括稻种的数量管理、催芽直播管理、育秧插秧管理,对药肥品牌、用量、无人机作业,减施减残效果等均可通过软件系统进行全程监管及数据采集。

(二)耕、种、收智慧化

耕整环节,示范园通过无人机测绘进行土地平整度分析,根据分析结果进行土地平整作业,并基于当前耕整设备的发展情况,对现有农机设备进行智能化改造,实现农机的智能化、无人化耕整作业。同时,公司自主研发的小黑侠智能数据采集终端可挂载到耕整设备上,实时采集农机耕整数据,包括耕整轨迹、速度、作业面积等。

种植环节,示范园通过无人机进行稻种的直播,节省了育秧插秧的费用(近200元/亩),大大降低了水稻的种植成本。同时,通过与头部药企如先正达、拜耳、诺普信等公司共同探讨基于直播田的病虫草害防治方案,通过种植试验,已实现了很好的防治效果。

收获环节,基于当前水稻收割设备的发展情况,示范园目前仍只能采用常规农机收割。公司已与上海联适导航达成合作意向,对现有农机设备进行智能化改造，依托大疆测绘无人机的高清土地测绘地图，实现收割机的自动导航、无人驾驶、智能化作业。

（三）田间管理智慧化

一是作物农情遥感监测。在作物监测方面，示范园全程采用大疆多光谱无人机定期巡田，进行长势监测。监测数据实时回传管理平台，实时监测作物生长情况，同时为无人机变量施肥提供处方依据。

二是土壤墒情、水层高度和小气候监测。示范园已安装了土壤监测系统，包括温湿度电导率三合一传感器，pH传感器，钾离子、铵离子、铜离子、铅离子、镉离子等传感器等及相关辅件设备，可对园区的土壤墒情、pH情况及微量元素进行实时监测。在农田小气候监测方面，示范园已建立小型自动气象站，可进行农田小气候监测和分析，包括空气温度、湿度、光照、风速、风向、雨量、气压、PM2.5等的监测和分析，数据实时上传至软件管理平台，为农场的农事决策提供气象数据支持。

三是植保喷药和虫情监测方式智能化。示范园全程采用无人机进行定量精准施药，施药详细数据（包括用药品牌、用药量、喷洒时间、作业人员、无人机飞行高度、速度、喷幅、流量、实时风力等）会通过管理平台进行全程监管和记录，为农业生产和质量追溯体系的建立提供数据支持。虫情监测方面，目前安装了常规虫情监测设备诱虫灯，待示范园高标准农田改造完成后将安装智能虫情测报灯，自动完成诱虫、杀虫、虫体分散、拍照、运输、收集、识别等系统作业，并实时将环境数据和病虫害数据远程上传至软件平台，在平台上实现自动识别计数，对虫害的发生与发展趋势进行分析和预测。

四是施肥除草方式智能化。通过多光谱无人机定期巡田进行作物长势监测，根据监测数据生成处方图，利用大疆植保无人机进行精准变量施肥，实现减施减残，降本增效，促进农产品品质和收成的提升。除草方面，前期采用无人机进行封闭除草，幼苗期可利用多光谱无人机巡田进行杂草识别，助力精准除草，现已进入试验阶段。

（四）作物生长过程模拟和调控智能化

目前示范园项目处于全程种植数据的试验采集和积累阶段，其中包括通过数据监测研究水稻冠层图像特征值与水稻生长指标之间的关系，从而建立水稻生长信息反演模型。同时基于对水稻生产周期的全程监测和追溯管理，实现水稻生产和管理的智能化、可视化。未来将通过对种植方案的标准化，为新一代农民提供农业种植的技术支持和决策指导。

示范园稻米包装车间

（五）加工和销售智慧化

示范园 15 亩设施农用地将建设智能农机仓库、恒温粮仓、稻谷烘干塔、水稻自动化加工车间等农业设施。大米采用真空礼盒包装、冲氮锁鲜包装、真空礼品袋包装。销售方面，公司已开通淘宝、京东、抖音店铺等线上销售平台。目前，示范园正在筹备发展会员制农业，对农产品的种植生产过程进行全程监管和追溯，农产品销售全部采用会员预订供给制，并建立完善的售后服务机制，旨在打造智能化、优质化、定制化农产品的高端销售服务模式。

三、管理决策智慧化

公司拥有自己专业的软件开发团队，现有软件平台及小黑侠等硬件终端等均为公司自主研发，同时可对外提供软件系统定制开发服务。团队拥有在职农业种植管理人员及无人机专业技术人员 10 余人。

在决策支持方面，硬件设备植保无人机的作业数据和飞行数据、P4R 测绘无人机的测绘数据、P4M 多光谱无人机的巡田监测数据、植保小黑侠数据采集终端挂载的各类农机的作业数据，均可直接传输到后台，后台的数据积累和计算分析，一方面可为管理人员提供种植决策的指导，另一方面可实现农业应用场景和综合维度数据的智能化、可视化展示等。土壤监测系统、视频监控信息采集系统、小型气象站、虫情监测系统等信息传感设备采集的信息数据均可直接接入智慧农业物联网系统，后台可实时查看传感信息数据，为智慧农业的管理提供实时的各类监管和监测数据。

在决策模式方面，示范园规划建设了智慧农业管理及大数据中心，依托农业大数据的积累和日益成熟的机器学习，辅助和指导农户进行精准农事决策，助力搭建覆盖生产、物流、仓储、消费各环节的全链条农产品追溯体系，实现农产品品牌建设，同时对农田各项信息进行采集汇总，为政府制定精准的农业政策提供依据。

四、产出效益

（一）经济效益

在巡田方面，无人机巡田每千亩地只需要30分钟左右时间，在作业效率方面，一架无人机一天能施肥300~500亩地，是人工撒肥工作量的5~6倍。无人机打药的效率，根据田块集中度，是人工作业效率的30~50倍。而且与地面拖拉机追肥相比，无人机追肥不会压苗伤苗，可进一步提升增产空间。

无人机数字农业解决方案不仅可以大大提升农事作业效率，而且可以通过变量施肥施药，实现减施减残、增产增收。经过全程种植对比试验，测产结果显示，无人机数字农业解决方案精准管理下的田块，相比传统管理和施肥方式，共节省化肥10%（16元/亩），增产10%（约增收130元/亩），同时节约人工1~2人，真正实现了减工降本和提质增效相结合。

（二）生态效益

一是化肥减量化。在试验田块，无人机巡田采集的图像，经过云平台分析处理，生成可以反映作物长势的NDVI、NDRE等植被指数，能够客观全面地展示大田作物当下的生长状态，帮助种植人员"对症下药"生成药肥处方图，直接将处方图导入植保无人机进行精准变量作业，在长势良好的田块少施肥，在生长态势不好、需要肥料的田块多施肥。经过对比试验，与传统的农田管理和施肥方式相比，无人机数字农业解决方案精准管理下的田块，亩均可节省化肥

10%，降低了农产品和土壤中的化肥残留，实现了短期促生长与长期保护环境的二合一。

二是农药减量化。根据目前实际用药的测试试验，在保证防治效果的前提下，多数场景（预防虫害、叶片病害等）下农药的使用量可以节省30%左右。另外，无人机打药用水量是传统喷雾器作业用水量的1/40~1/60，在节省农药剂量的同时，也大大节省了农业用水的使用量。

五、创新与规划

示范园已培育形成自己的创新应用模式，通过整合部署已有的数字农业设备与解决方案，利用地理信息系统+农机监管系统+精准种植管理系统，将解决方案应用在水稻种植的耕、种、管、收四个环节。在土地平整、出苗分析、长势分析、无人机变量撒肥、产量预估等方面，建立了效率更高的应用闭环，从而实现了降本、增产、创收。

在未来，示范园旨在打造以无人机为核心的全数字化智慧农场样本，集智慧农业管理方案、农业设备研发测试、物联网应用、大数据应用、观光文旅为一体，成为现代农业管理、示范、推广、服务的集成中心，对外可输出智慧农业管理方案和管理平台，即依托全国最大的农业植保服务平台——嗨森植保的农业社会化服务体系，建立农业大数据中心，对外提供农业大数据处理及应用服务。

第十七章　智慧牧场（生猪）生产场景案例

智慧牧场（生猪）是运用物联网、云计算、大数据、区块链等电子信息技术，将各类感知设备、嵌入式设备及自动控制设备应用到牧场（生猪）建设中，对感知数据进行分析处理，开展对生猪养殖中各项指标的监测、控制、预警、管理，实现猪舍自动化处置、精准化管理、智能化监测的现代化牧场（生猪）。

根据苏州市地方标准《智慧农业示范基地建设与评价规范第2部分：智慧牧场（生猪）》，智慧牧场（生猪）示范场景评价的内容主要包括以下方面：一是基本情况，主要考查智慧牧场（生猪）示范基地的养殖规模和信息化投资情况。二是生产过程，主要考查牧场（生猪）全产业链生产过程中的智慧化程度，包括育种方式、饲料和兽药投入品、上料喂料系统、环境监测、环境控制、外围环境监测系统、智能估重系统、个体体征行为监测、工作人员智能化管理、养殖档案管理、防疫系统、消毒系统、疫病远程监测诊疗、粪便无害化处理、病死猪智能巡检和无害化处理、可追溯等多个方面。三是管理决策，主要考查智慧牧场（生猪）示范基地的人员管理和决策支持，包括信息化专业背景人员、软硬件互联互通和决策模式三个方面。四是产出效益，主要考查智慧牧场（生猪）示范基地通过应用智慧农业技术与装备带来的经济效益和生态效益，包括减工降本、提质增效和资源节约三个方面。五是创新与规划，主要调查智慧牧场（生猪）示范基地在模式培育、科技项目申报方面的创新能力，以及对基地未来智慧化建设的规划。六是一票否决，考查智慧牧场（生猪）示范基地诚信和守法经营情况，发现任何弄虚作假及不同意按照数据标准规范进行共享的行为，实施一票否决。下面以吴江牧原农牧有限公司为典型案例，对智慧牧场（生猪）的生产场景建设进行分析。

一、基本情况

苏州市吴江牧原农牧有限公司（以下简称"吴江牧原"）为上市企业牧原食品股份有限公司（以下简称"牧原食品"）的全资孙公司。牧原食品经过30年的发展，现已形成集饲料加工、种猪选育、种猪扩繁、商品猪饲养、屠宰肉食等环节于一体的生猪产业链。公司一体化产业链的经营模式能够将各个生产环节置于可控状态，在食品安全、疫病防控、环保运行、质量控制、规模化经营、成本控制等方面具有很大的优势。

吴江牧原生猪养殖项目位于苏州市吴江区八坼街道汤华村，占地面积140亩，项目总投资16000万元，满产后预计年出栏12万头商品猪。2022年生猪累计出栏45502头，目前存栏47353头。公司获评国家级生猪产能调控基地，现已通过苏州市美丽生态牧场的现场验收。公司积极投入智能化设备2024.85万元、设备安装费用101.24万元，将牧原食品研发的智能环控、精准饲喂、智能巡检、自动清洗、自动性能测定等关键智能化技术与配套智能设备充分应用在公司6层建筑的"楼房猪舍"和年产3.6万吨饲料的工厂，实现生猪养殖全过程的智能化应用。同时，通过物联网平台，把前端智能设备采集的数据进行统一汇总处理，建立大数据分析模型，实现养猪全场景数据高效管控，助推传统生猪产业向智慧产业转型升级。

苏州市吴江牧原农牧有限公司

二、生产过程智慧化

吴江牧原积极投入智能养殖装备，采用现代化养殖方式，以现代工业装备、先进材料、高通量检测、物联网和人工智能技术为依托，针对猪舍环境无人智能控制、生猪健康自动识别预警、福利养殖设施装备和猪场生物安全与工程防疫等关键技术进行攻关，集成智能供料、智能监测、智能巡检、智能管理等多个系统，安装自动供料、巡检机器人、板下清粪机器人、智能饮水加药车等多种养猪智能装备。公司应用智能化养猪管理系统，接入江苏省农业农村智慧畜牧平台、苏州智慧畜牧业综合管理平台、苏州市动物卫生监督信息系统和苏州市畜禽无害化处理监管平台，通过智能养殖云平台实现对猪舍采集信息的存储、分析、管理，让养猪从农业化劳作变成了工业化生产，不断向智能化养殖迈进。

牧原智能化平台

(一) 繁育和投入品管理智慧化

繁育方面，吴江牧原采用总部统一的自繁自养模式。在投入品方面，吴江牧原实现全程智能化，采用智能饮水加药车，饲料、饮水、加药由智能供料系统统一管理。

(二) 育肥过程智慧化

吴江牧原的智能化上料饲喂系统包含场外智能供料系统和场内精准饲喂系统。场外智能供料系统能够通过云端实时监控养殖场的余料情况，及时把原粮补充至集中料罐，实现自动发料、无人发料。料罐内饲料通过管链输送到养殖场内，由智能饲喂装置进行饲料的下发。基于智能化硬件基础（控制器、下料装置、下水装置、各类型传感器等），通过互联网云平台，能够针对不同的猪群下发饲喂营养方案，达到对猪群的智能化饲喂管控与数据管理，从而实现智能供料、精准饲喂相互融合。

在育肥过程中，吴江牧原集成可见光摄像头、**3D** 摄像头、红外热像仪等各类传感器的轨道巡检机器人，可实时传送猪只体征、猪只重量等指标。后方平台通过云监控、大数据对生猪的生长情况、健康情况进行分析，再通过自动化设备进行运行，从而实现生猪养殖的智慧管理。

（三）环境管控智能化

外围环境监测方面，吴江牧原污水纳入市政排污管网。吴江牧原与相关部门签订纳管协议，将污水排入市政管网，受系统监控，并附污水处理记录及环评。场区内通过摄像头对工作人员进行监督，养殖档案可由智能养猪系统在线导出。

内部环境控制及环境监测方面，吴江牧原建成了基于智能养猪专家系统构建的猪场环境测控系统，通过获取传感器感知的信息就能实现各种参数的有效采集，其智能化管理模型能适应不同情况下的需要。猪场内的传感装置将温湿度、空气质量等数据实时传输到 PC 终端，如有任何一项数据超过设定的标准值，PC 终端就会自动报警。例如一氧化碳超标就能自动报警提醒，操作人员通过点击鼠标就能实现排风，且在一定时间内若无人工操作就能自动开启排风。

（四）防疫智能化

防疫方面，吴江牧原采用智能无针注射器自动化消毒系统，通过场区内排布管线，对单元内指定区域进行定期自动化消毒。通过轨道巡检机器人监测猪舍内疫病情况，板下清粪机器人将漏粪板下的粪污送至管道，运送至环保区进行粪污处理，对畜禽粪污做固液分离。固体粪污最终转化为有机肥，用作农作物施肥；液体粪污通过臭氧发酵，转换成沼气发电，使废弃物得到有效利用。

（四）养殖全程可追溯

吴江牧原通过将生产养殖数据接入总部统一物联网平台，将无害化处理记录连接市、县平台，实现了可追溯化管理，保障了畜产品质量安全。

三、决策管理智慧化

在人员管理上，吴江牧原配备相关专业的智能化人员，人员之间通过智慧牧原（钉钉）实现消息互通，工作台内各类程序可以远程对硬件设备进行操控。智能监测系统，通过单元内的轨道巡检机器人所配备的可见光摄像头、3D 摄像头、红外热像仪、拾音器、气体检测仪等各类传感器，实时传送温度、湿度、风机转速、异常声音、O_2、CO_2、NH_3、H_2S 等指标。通过云监控、大数据，对生猪生长情况、健康情况、环境情况进行分析，再通过自动化设备进行运行，实现生猪养殖的智慧管理，对猪舍内部情况进行智能调控。

四、产出效益

吴江牧原智能化技术装备的应用，不仅可提高生产效率，还可减少人畜接触，极大提高猪群健康管理水平，提供更高品质的猪肉产品，同时还可为缓解经济发达地区畜牧业发展和土地资源之间的矛盾提供一定的借鉴与参考。

（一）经济效益

吴江牧原2022年出栏生猪45502头，目前存栏47353头，合计92855头。公司场内现有员工仅130人，对比常规生猪养殖模式，这种自繁自养、机械化、智能化的饲养模式，实现用工减少超过50%，降低生产成本达40%；楼房猪舍的应用节约了饲养用地成本，实现单位面积收益提升超过50%。

（二）生态效益

在兽药使用方面，吴江牧原通过智能巡检机器人在线监测，及时发现猪只异常情况并进行调控，通过及时诊断医治及精准用药，实现兽药减量25%以上。在环境保护方面，吴江牧原对畜禽粪污做固液分离：固体粪污最终转化为有机肥，用作农作物施肥；液体粪污通过臭氧发酵，转换成沼气发电，使废弃物得到有效利用，生态环境得到有效保护，并带动周边地区种植业、服务业、运输业的发展。

（三）社会效益

吴江牧原充分结合地方政府"菜篮子"工程，通过精准饲喂、环境监测，提高猪群健康水平，降低疾病发生率，生产的猪肉产品更安全，保证人民群众的餐桌供应和食品安全。公司提供100多个就业岗位，提高了附近村民的人均可支配收入；同时信息化技术的应用又大大减少了工作人员的工作负担，提升了员工工作的幸福感。吴江牧原畜禽粪污的资源化利用提高了周边种植户农产品的产量、品质和收益。吴江牧原还联合周边村（社区）定期举办"春蕾计划""金秋助学"等活动，促进村企关系和谐，助力"三农"发展。

五、创新与规划

依托牧原智能养殖大数据平台，吴江牧原将智能环控、精准饲喂、智能巡检、自动清洗、自动性能测定等关键智能化技术与配套智能设备应用到"楼房猪舍"所形成的数字化生猪养殖模式，在江苏南京、南通、泰州等地的子公司得到充分应用，推动传统养猪业向信息化、智能化、可持续化方向发展。

下一步，吴江牧原将根据畜牧养殖行业技术实践性强的特点，在育种部、营养部、兽医部等部门安排相关技术研发岗位，执行牧原股份技术研发项目和技术创新工作。未来三年内，吴门牧原将持续发展、推广智能化设备，加强硬件设备的互联互通，进一步降低成本，提高生产能力和技术水平。

第十八章　智慧渔场生产场景案例

智慧渔场是运用物联网、大数据、人工智能等技术，集成应用水质在线监测、智能增氧、精准投喂、水下机器人、病害监测等数字化技术装备，实现水产养殖过程智能化监测、精准化管理的现代化渔场。

根据苏州市地方标准《智慧农业示范基地建设与评价规范第3部分：智慧渔场》，智慧渔场示范场景评价的内容主要包括以下六个方面。一是基本情况，主要考查智慧渔场示范基地的养殖规模和信息化投资规模。二是产销过程，主要考查渔场全产业链生产过程中的智慧化程度，包括清塘管理、投入品、环境监测、水质监测、饵料投喂、模拟和调控、水下活动监测、增氧系统、智能分拣、尾水处理、可追溯、产品包装和电子商务等多个方面。三是管理决策，主要考查智慧渔场示范基地的人员管理和决策支持，包括信息化专业背景人员、软硬件互联互通和决策模式三个方面。四是产出效益，主要考查智慧渔场示范基地通过应用智慧农业技术与装备带来的经济效益和生态效益，包括减工降本、提质增效和资源节约三个方面。五是创新与规划，调查智慧渔场示范基地在模式培育、科技项目申报方面的创新能力，以及对示范基地未来智慧化建设的规划。六是一票否决，考查智慧渔场基地诚信和守法经营情况，发现任何弄虚作假及不同意按照数据标准规范进行共享的行为，实行一票否决。下面以嘉塘（昆山）渔业科技有限公司（以下简称嘉塘渔业）为典型案例，对智慧渔场的生产场景建设进行分析。

一、基本情况

嘉塘渔业成立于2021年7月，注册资本1400万元，位于昆山市张浦镇大市村，江浦南路以西、325村道以南、920乡道以东。嘉塘渔业的智慧渔场项目区（以下简称"渔场"）土地总面积157亩，建设数字化循环水工厂化育苗区和高密度养殖区，其中循环水工厂化养殖区规划占地面积32541平方米（约48.81亩），年产量约300万斤，育苗1亿尾，池塘47亩，其他占地61.19亩。

嘉塘（昆山）渔业科技有限公司

嘉塘（昆山）渔业科技有限公司

渔场以循环水高密度水产养殖系统装备建设为主，于2021年开始建设，总投资约4000万元。其中，循环水工厂化养殖装备软硬件投入约1016万元，拥有循环水系统各模块设备设施、三维可视化操作平台、生产管理系统、电商平台等软件系统。智能化系统投入约40.5万元，其中有全域监控系统、照明系统、广播系统、门禁系统等。智能化温室系统投入约174.1万元，包括温室智能化结构改造、降温、保温、通风、循环等子系统，以及自动控制及环境监测等。

结合乡村振兴整体规划，嘉塘渔业引入智慧渔业技术对水产养殖进行监控和管理，建立适合水产品生长的最佳生态环境，进行高密度养殖，以提高经济效益，加速水产养殖业现代化进程，旨在打造有实力、有影响力的水产苗种繁育、成品鱼养殖基地，创建江苏省水产养殖业发展的新技术基地、优质种苗繁育基地、先进实用技术应用基地、水产信息与科技服务基地。

二、生产销售智慧化

(一) 生产环境智能监控

1. 生产设施智能化

渔场建设有水源三级净化区、自动供水系统、循环水工厂化养殖系统、尾水处理系统、种养结合生态系统等设备设施。系统装备由嘉塘渔业研发集成循环水养殖各项关键技术组成，每套系统根据养殖水体、养殖品种、养殖密度等规划，配置有养殖池塘、循环水系统、生物处理系统、水质检测系统、自动投饵系统、自动增氧系统、自动杀菌系统、自动温控系统、病害发生监测系统等。生产全区域布设视频监控系统，每个养殖循环水系统内设置养殖池监控、设备运行监控、生物过滤处理监控和池底监控，对整个养殖循环水系统进行全方位立体监控，实时监控设备运行状态、鱼类摄食状况、水处理状况和鱼类活动状况，保证养殖全过程安全有序。

为保障循环水工厂化养殖的环境要求，渔场建设改造原有简陋的蔬菜大棚，升级为智能温室，采用圆拱形薄膜连栋温室主体结构，外部铺设PEP利得膜，配置外遮阳系统、内保温系统、降温系统、顶卷膜系统、侧卷膜系统、内循环系统、智能气象站、集中控制系统。智能温室通过气象站传感器阈值设定，由智能化工控系统对温室的各个系统进行智能控制，从而实现循环水养殖车间适宜环境的调控，保障水产养殖所需的最佳环境，进而降低养殖系统能耗，实现低碳、绿色的可持续养殖模式。

2. 空气环境自动监测

渔场智能温室配置的气象站可对光照、温度、湿度、风向、风力等参数进行实时24小时监测，同时将数据传输给物联网平台进行分析和处理，并形成指令对智能温室的外遮阳系统、内保温系统、降温系统、顶卷膜系统、侧卷膜系统、内循环系统根据设定阈值进行自动化控制，从而实现渔场的环境需求。

3. 水质智能监测

渔场养殖系统设计配备水质在线监测系统，实时对养殖池水质及生物过滤后的水质进行监测。监测结果通过信号交互装置发送到主控系统，主控系统接收到水质监测数据与设定养殖标准值进行比对运算，运算结果指导循环水系统进行给排水量、换水率的调节。同时，水质数据及运算结果通过物联网技术上传到云端数据库，养殖全过程大数据在云端存储并分析形成养殖报表，管理人员通过养殖水质数据制定养殖过程策略。云端数据库通过区块链计算架构，数据具有不可更改性，水质数据作为养殖全过程重要数据，是养殖水产品可追溯性的关键数据。

4. 水源处理及自动化供水

养殖水取自经消毒净化过的自然河道水源，净化池设置三级处理，首先通过净化池一级沉淀净化，然后进入二级池进行消毒杀菌处理，调节水质指标，三级池通过紫外线进行再次杀菌消毒，最后由泵根据各个系统的需水量指令提水到各循环水系统生物处理系统进行水质调节及温度调节。

5. 养殖水处理及尾水循环再利用

养殖池水排水管道设置底排管道和面排管道，管道上安装电动阀进行水流量控制；养殖池的养殖水根据水质监测传感器及系统算法反馈进行排水量、排水频率设置调节。养殖池排出的水排入循环水主管道进入微滤池即一级过滤系统。在进入一级过滤系统前，养殖池排出的水经过 pH 调节设备，程序通过对全系统 pH 的监控，经过系统算法运算对设备的参数进行实时调节，达到 pH 调节的目的。一级过滤由多台转鼓微滤机组成，主管道排出的水经过微滤池进行悬浮物、颗粒物的过滤，一级过滤颗粒物的大小通过滤网密度调节，悬浮物及颗粒物过滤量通过微滤机程序算法进行调节，保障系统总体 TSS 水平符合养殖水产品的需求。二级过滤系统由一系列生物滤池多级串联而成。生物滤池设置沉淀池、硝化池、脱气池，对养殖水体的总氮、总磷、氨氮、亚硝酸盐、高锰酸盐进行分解综合调控，生物滤池末端放置水质监测传感器进行生化系统水质的监测，符合鱼所需要的水质再循环回到鱼池再利用。系统算法根据进入生化系统及流出生化系统的水质指标进行运算，调节进入生化系统及流出生化系统的水量、时间等参数，最终达到循环再利用的目的。生态水处理系统作为二级过滤系统的补充，主要通过种养结合方式对水质进行综合再调控，通过植物的根系吸附吸收养殖水体的总氮、总磷、氨氮、亚硝酸盐、硝态氮，调控后的上清水通过高位溢流循环回养殖池进行循环再利用。

（二）生产销售过程智能化

1. 投入品管理智慧化

渔场利用嘉塘生产管理系统创建投入品数据库，数据库不仅包括饲料、药物、化学品、设备和人力资源等信息，还包括供应商信息、成分、批次号、生产日期、价格、库存等关键信息。渔场在软件系统字典内置了"水产养殖白名单"中关键字，将违禁化学药品和添加剂列入不可用状态，任何人员无法对此类物品下达采购订单、生产工单等指令，确保水产产品养殖过程的无公害性和安全性。系统对养殖过程中的水质、饲料和产品严格进行检测，确保产品不含有害物质和病原体，符合国家和国际安全标准。渔场建立了产品追溯系统，确保产品来源可追溯、生产过程可控、产品质量可信，为消费者提供更安全、更可靠的水产品。

渔场集成嘉塘自动投饵系统，自动控制装置可以根据喂料量、喂料时间、投喂鱼池的设定自动执行喂料工作；主料仓约1.3立方米，每循环送料500~700公斤；运输料仓有0.1立方米，伺服轨道运输，单次运输50~70公斤饲料；分料仓有0.12立方米，容量60~80公斤，气吹送料，每个料仓对应一个鱼池，每分钟送料10公斤。该自动投饵系统可对接视觉识别系统，根据视觉识别系统反馈的养殖对象的体长、体重数据，结合模拟调控模型，对投饵量、投饵速度和投饵时间进行优化，根据多轮养殖收集的相关数据，最终形成最佳养殖方案及策略。

2. 生产过程模拟和调控

渔场开发的嘉塘数字化水产养殖系统对水产养殖的基础数据进行收集，这些数据包括水体环境数据（如水温、溶解氧、水质、光照等）和水生生物数据（如养殖密度、养殖规格、饲料投喂等）。根据收集的基础数据，以及水生生物种类和目标在养殖系统内部署生长模型，再通过收集的数据估计所选模型的参数，使用数学和统计方法，结合已有文献所提供的适当的参数值对模型的准确性和实用性进行验证。使用已估计的模型参数进行生长模拟，输入初始条件（密度、规格、环境参数，饲料营养等参数），基于模拟结果，制定生长调控策略。在养殖多个周期后，进行模型灵敏性分析，以了解模型参数对结果的影响程度，帮助确定哪些参数是关键的，应该更精确地对其估计。利用系统已配置的传感器和自动控制系统，适时收集水质和生物数据，以便及时调整养殖条件；利用可视化平台将模型的输出结果可视化，以便养殖人员更容易理解和共享。并且与淡水所合作交流，以持续获得更多的水产养殖见解和支持，逐渐完善模型的精准性。

嘉塘（昆山）渔业科技有限公司养殖控制系统

3. 养殖对象活动监测智能化

在养殖系统内布设水下摄像头、光源等硬件设施，以便机器视觉系统能够精准识别和跟踪养殖对象，设置图像采集频率1张/分钟捕获足够的图像数据，使用树莓派技术处理图像，识别与跟踪养殖对象的位置和运动，提取有关养殖对象的特征如体长、体重等，估算所需的身体轮廓信息，建立数据分析模型，以评估养殖对象的体长和体重。使用深度学习或传统的图像处理和分析技术，利用算法确定最佳投饵量和投饵时间，基于养殖对象的数量、大小、种类及所需的生长目标，将数据分析模型与养殖池中的自动投饵系统集成，以实时监测和控制投饵，根据监测数据，系统自动调整投饵量和投饵时间，以满足养殖对象的需求。

4. 自动增氧系统智能化

自动增氧系统是循环水高密度水产养殖关键技术。渔场使用自主开发气悬浮风机及供氧终端作为养殖增氧系统，每个养殖系统均根据养殖量需氧量配置了不同数量与功率的风机，根据养殖需氧量布设主送气管道、支送气管道、手动、电动阀门。风机的免维护特性大大提升了工作效率及供氧的稳定性，完整的供氧系统实现多机联动、实时稳定供氧，安全、高效；系统重点对溶解氧进行监测，根据溶氧值监测结果及养殖数量进行运算，运算结果反馈给自动控制装置，自动控制装置通过自动调节风机开闭数量，调节增氧设备压力、转速、频率等参数对每个池塘的供气量进行调节，同时对供氧终端曝气管电磁阀的开闭数量进行控制，以满足不同鱼池耗氧量的需求。同时，增氧系统终端配置嘉塘自研发专用水产养殖纳米曝气管，曝气服务面积达到国内同类产品的 3 倍以上，确保养殖系统内溶解氧的需求，为水产品高密度养殖提供必要的保障。

（四）质量管理全程可追溯

渔场养殖系统质量管理集成病害监测、水质监测、水源监测、投入品技术指令管理、药残检测、离线实验室定期检测。所有监测及检测记录通过区块链技术收集到嘉塘数字化水产养殖系统的生产管理系统中。系统监测水生动物在水体内的各项指行为与标准值进行比对，以判断水生动物的异常情况，结合水质监测系统过程指标值，形成预警信息反馈到生产管理系统。实验室研发人员根据预警信息，利用实验室专用检测仪器进行离线复诊判断，进一步明确养殖品的异常情况，并形成初步诊断报告。诊断报告与软件系统数据库进行比对分析形成预防策略，对养殖品病害进行早发现、早预防。实验室配置了各类水产专用监测仪器设备，作为辅助质量管理的一部分，在专业的检测人员管理下，对水产品的全过程质量控制发挥作用。

（五）产品销售电商化

由于渔场采用循环水养殖方式，避免使用化学药品和添加剂，水产品具有零激素及无抗生素的特点，肉质紧实、富有弹性、口感鲜美、无土腥味。渔场建立的产品追溯系统，确保产品来源可追溯、生产过程可控、产品质量可信，为消费者提供更安全、更可靠的产品。另外，渔场搭建 BAP 全球最佳水产实践标准，打造国际认证、安心水产，让老百姓吃上放心的鱼。通过这些手段，渔场的水产品受到了各大商超、电商、批发商的青睐，渔场已对接美团、SAM、大润发等大型商超进行水产专区的销售。同时，公司还研发了自己的电商平台，并将测试进行线上销售，实现原产地直供消费者，确保消费者获得优质、优价的产品。

三、管理决策智慧化

（一）人员管理智慧化

嘉塘渔业技术团队由上海交通大学专家教授研发团队牵头，斯坦福大学提供资源支持。公司现有职工28人，其中兼职人员2人，聘用专家顾问3人；在职人员（不含兼职及临时聘用人员）学历构成为博士1人，硕士1人，本科2人，大专及以下19人。其中信息化专业背景员工3人，负责工厂化循环水养殖系统的运行保障、应用研究；另有专业技术人员负责苗种孵育、成鱼养殖、新品种与新技术的引进和推广，病害防治、诊断和药物配供，药品管理，科技项目试验，无公害技术推进指导，水生动物检疫，水产品质量监控管理、溯源等职能。

（二）决策支持智慧化

渔场通过三个系统实现决策支持智慧化，具体如下。

一是智慧渔场集中展示中心。该展示中心具有渔场智能化控制、养殖可视化监控及教学、展览、展示的功能。展示中心内配置1个主控大屏和8个分控小屏，由主控制服务器及主控电脑对各项功能进行展示、控制。每个养殖系统配置一套独立物联网控制系统，该控制系统对养殖系统的各设备进行参数设置及控制，对各类传感器数据进行收集并上传到云端，反馈到嘉塘数字化水产养殖系统进行数据的分析再利用，管理及技术人员通过三维可视化操作平台可对每个物联网控制系统进行远程控制。同时，渔场还引入电信、联通光纤网络专线，配置工业级服务器、交换机、路由器搭建内部局域网，配置高密级防火墙为智慧渔场的安全运行提供基础保障。

二是三维可视化操作平台。该平台用于开展三维交互操作和动态展示养殖场实时情况。模块可通过三维方式查看、控制、统计养殖场的养殖数据，同时连接监控系统，通过三维模型显示各摄像头的布局图，在布局图上点击摄像机时，系统自动切换到相应画面。平台支持摄像机、传感器数值、养殖产品信息与塘口编号关联，实现虚拟与现实的结合，通过三维可视化模块实时展示现实生产状况，并根据设定的阈值对现实进行命令下达，远程操控现实系统。

三是智慧渔场生产管理系统。该系统将信息技术与循环水高密度水产养殖及传统养殖技术深度融合，集成智能水质传感器、物联网、智能管理云平台等技术，对水产养殖的环境、水质状况、投喂管理、生长曲线、投入品管理、设备管理、养殖技术、水产品质量、人员管理、销售管理等进行全方位监测管理，达到科学养殖、增产增收的目的。系统包含数据监测模块、事件处置模块、物联网控制模块、统计分析模块、生产管理模块。数据监测模块对养殖场的环境参数、视频图像、养殖状态、设备状态进行监测，进行数据的查看及分析。养殖场的水质、溶氧、温度传感器相关数据上传到大数据平台后，该模块实时采集数据，系统通过算法运算形成监测曲线指导养殖场的生产经营活动。事件处置模块具有预案管理、智能报警、事件处置功能，如设备设施故障报警、任务分派、故障记录大数据分析、预警设备维保时间管理等。物联网控制模块实现了设备联动控制、设备远程控制、设备维护计划定制。该模块可对接设备的控制模块，通过软件的交互界面实现对设备的各种控制，以及多设备之间的协同控制运行。统计分析模块对养殖过程、物料使用、生产成本、事件等数据进行周期性采集、记录和展示，以及事件处置记录的留存及结果展示，根据统计结果生成管理方案，为管理者决策提供必要的支持。生产管理模块实现对养殖场物料进销存、盘点、采购的仓库管理功能；对养殖场生产环节进行管理，编制养殖工艺，链接养殖技术，形成养殖计划，实现养殖过程的投喂、损耗、投入品全流程数据化；对养殖场水产品的全过程质量进行管理控制，形成全过程可溯源数据链；实现养殖场人员、工单、生产工作指导书、操作规范及标准的统一管理。

四、产出效益

渔场应用新一代信息技术，不仅大大提高了水产品的单位面积养殖产量，提高了生产效率、降低了生产成本，还提高了渔业生产的质量和安全水平，保护了水生生态环境，实现了经济效益、社会效益和生态效益的共赢。渔场通过应用循环水工厂化水产养殖系统，引入自动化系统，利用传感器监测养殖环境减少人工干预，使操作者能够及时做出调整；使用生物过滤器等水处理技术处理废水，减少水质处理的工作量；优化水泵、通风系统和加热系统的运行以减少能源消耗，使用高效的设备节约能源、降低成本；使用循环水系统，将废水循环处理和再利用，减少新水的用量，利用处理后的废水灌溉农作物，探索水资源的多功能应用；引入生态平衡系统，加入有益微生物和水生植物来维护水体质量；配备自动投饵系统，根据水质和养殖对象需求精确投饵，避免过量投饲和浪费饲料。

（一）经济效益

渔场的信息化技术应用可以显著提高渔业生产的经济效益。通过精准管理和智能控制等技术手段，渔场能够提高渔业生产效率、降低生产成本、减少浪费和损失，从而显著提高经济效益。渔场循环水高密度工厂可实现 60~100 斤/立方水体的养殖密度，工厂化车间可实现年产 300 万斤以上水产品，产量高出传统养殖模式的 30 倍，可实现年产值 3000 万元；同时，智慧渔场的土地利用率较传统养殖提升 10~15 倍。智慧渔场对温度、水质、环境等的精准控制缩短了水产品的供应周期。

具体而言，渔场通过物联网控制，可实时监测并迅速识别潜在的水质问题，减少鱼类疾病风险，降低水质管理成本。通过远程监控系统，养殖者可以随时远程访问养殖场的数据和控制系统，减少了现场巡检和手动干预，提高了操作效率。渔场通过数据和大数据分析来预测鱼类的生长趋势和最佳养殖时间，优化养殖计划，减少了不必要的养殖周期，降低了成本。渔场的自动水质监测系统可以提高水循环效率，提高养殖过程的灵活性和便利性，有利于降本增效。渔场的自动切换应急发电系统可以确保高密度养殖全程的安全。渔场的自动温控系统可以减少不必要的能源消耗，降低养殖成本。渔场养殖环境的自动控制可以确保水产养殖在最适宜的条件下进行，有助于提高生产效率、降低成本、减少环境风险，提高养殖效率。渔场的自动进出鱼轨道系统有效降低了渔场进苗及出鱼的劳动强度，节省了人工，降低了生产成本。

(二) 生态效益

渔场通过数字化技术对渔业生产环节进行全面监控和数据分析，实现渔业生产的精准管理和智能控制，减少对环境的污染和破坏。渔场通过智能化的水处理设备和技术，实现水质的精准控制和优化，较传统养殖节水 95% 以上，是一种新型的节能减排养殖模式，能够有效减少水污染和保护水生态环境。此外，渔场循环水养殖系统消毒杀菌功能将养殖水体中的病原体通过物理手段进行消杀，使养殖水体内 95% 以上的病虫害不使用药物即可实现消杀，因此，在养殖过程中大量减少了渔药的使用。按照单位水体用药量测算，该模式的用药量较传统养殖的用药量降低 90% 以上，为保护水资源和生态环境做出了贡献。

(三) 社会效益

在生产实践中，渔场通过建立循环水工厂化育苗、亲本繁育、苗种驯化、养殖技术标准，应用大数据分析技术预测和评估地区的苗种需求，为地区内渔民提供优质苗种，实现精准和高效供应。渔场应用自己成熟的育苗标准和技术给予及时有效的指导，帮助周边渔民提高养殖技术和管理水平，降低养殖成本，提高养殖效率,增加渔民的收入。渔场通过信息化技术实现了生产过程的透明化和可追溯,提高了渔业生产的质量和安全水平,提升了消费者对渔业产品的信任度和认可度。渔场还通过电商平台让养殖户直接与消费者及批发商对接,以减少中间环节,提高销售效益。同时,这个平台还可以为消费者甄选优质的水产品供应商,满足消费者对健康、安全食品的需求。在鱼苗供应、技术指导和销售平台上,渔场实现了多方共同参与,共享收益。

五、创新与规划

渔场的模式是通过先进的技术、数据管理和养殖实践来综合实现的。先进技术的应用赋能水产养殖的高质量发展,提高了生产效率,降低了养殖过程风险,提高了水产品品质,提升了环保节能水平,这种新的水产养殖模式将促进渔业的可持续发展。嘉塘渔业联合了农芯(南京)数字化农业研究院赵春江院士团队、华中农业大学水产学院、浙江省淡水水产研究所、河海大学农业科学与工程学院,打造循环水高密度工厂化水产养殖示范、渔业科研展示、种养结合的新型洁净农业科技园区,目标是创建数字渔业创新应用基地。公司还与河海大学农业科学与工程学院共建江苏昆山智慧渔业科技小院,拟与华中农业大学、中国科学院水生所专家教授共建易驯鳜产业研究院,与浙江省淡水水产研究所共同对陆基循环水养殖模式下鳜鱼养殖安全生产防控与品质分析研究形成合作;上海交通大学海洋学院、河海大学农业科学与工程学院、淮阴工学院则在智慧渔场设立了硕士、博士工作站。

传统渔业通过转型升级成智慧渔业,全面提升自身生产效率和综合竞争力,已经成为不可逆的时代趋势。未来将有越来越多的传统渔业企业通过产业升级和转型,汇入智慧渔业的时代洪流。因此,为持续提升渔场的竞争力,下一步嘉塘渔业将展开如下工作:(1)高新技术企业认定;(2)科技型中小企业申报;(3)智慧渔场相关专利申报;(4)江苏昆山智慧渔业科技小院共建;(5)全球最佳水产养殖规范(BAP养殖场)认证;(6)与华中农业大学、中国科学院水生所共建易驯鳜产业研究院。

第十九章 智慧菜园生产场景案例

智慧菜园是利用农业技术、互联网、物联网、云计算、生物技术和工程技术等，依托人工智能和大数据的自动化装备，通过无人机、机器人对设施蔬菜进行全方位、多角度的数据采集和大数据分析智能装备，实现病虫害防治、采摘、田间管理等操作，辅以溯源系统、物联网管理系统和水肥一体化智能灌溉系统，推进设施蔬菜生产管理和设施蔬菜智能化技术装备发展，实现设施蔬菜生产的精准化种植、可视化管理和智能化决策。

根据苏州市地方标准《智慧农业示范基地建设与评价规范第 4 部分：智慧菜园》，智慧菜园场景评价的内容主要包括以下六个方面。一是基本情况，主要考查智慧菜园示范基地的种植规模和信息化投资。二是产销过程，主要考查设施蔬菜全产业链生产过程中的智慧化程度，包括育苗和投入品、栽培方式、生长环境监测调控、生长过程监测调控、产品采收与运输、产品分级与包装、尾菜处理、销售和质量管理。三是管理决策，主要考查智慧菜园示范基地的人员管理和决策支持，包括有信息化专业背景人员、互联互通和决策模式三个方面。四是产出效益，主要考查智慧菜园示范基地通过应用智慧农业技术与装备带来的经济效益和生态效益，包括减工降本、提质增效和资源节约三个方面。五是创新与规划，主要考查智慧菜园示范基地在模式培育、科技项目申报方面的创新能力，以及对基地未来智慧化建设的规划。六是一票否决，考查智慧菜园示范基地诚信守法经营和数据共享情况，发现任何弄虚作假及不同意按照数据标准规范进行共享的行为，实行一票否决。下面以江苏常阴沙现代农业发展有限公司的智慧菜园生产场景（以下简称"蔬菜基地"）为典型案例，对智慧菜园的生产场景建设案例进行介绍。

一、基本情况

蔬菜基地位于张家港市常阴沙现代农业示范园区常沙社区永泰路西侧，占地 804 亩，总建设面积 31 万平方米，总投资 4.09 亿元，主要建设种植型智能化玻璃温室 12.5 万平方米、展示型智能化玻璃温室 1.1 万平方米、种植连栋温室 12 万平方米、育苗连栋温室 1 万平方米、分拣包装配套 0.66 万平方米，并配套

常阴沙现代农业示范园区张家港市现代农业科技示范园

建设科研试验区和办公生活区,为长三角经济区最大的现代农业蔬菜产业园。蔬菜基地的目标是打造成全国一流的,集智能化生产、标准化育苗、自动化包装物流高科技展示、科技培训与推广、三产融合于一体的高科技现代农业产业园。

蔬菜基地在信息化建设方面投入资金1500多万元。硬件主要包括水肥一体化设备、二氧化碳发生设备,温度、湿度、光照强度、二氧化碳浓度等智能化感应器等先进设备,同时配备智能化灌溉系统、天然气加热升温、风机、湿帘、遮阳网等降温设备。软件主要包括豪根道系统、摩登庄主系统、24小时全景监控系统、传感系统、网络传输系统等。

二、生产销售智慧化

(一)生产环境智慧化监测调控

常阴沙现代农业示范园区张家港市现代农业科技示范园

蔬菜基地采用江苏绿港总部研发的物联网控制平台,充分利用物联网技术和组态软件实时远程获取温室大棚内部的光照强度、土壤水分温度、二氧化碳浓度、叶面湿度、露点温度等环境参数及视频图像,通过模型分析,远程或自动控制湿帘风机、喷淋滴灌、内外遮阳、顶窗侧窗、加温补光等设备，保证温室大棚内的环境最适宜作物生长。同时，该系统还可以通过手机、平板、计算机等信息终端设备向农户推送实时监测信息、预警信息、农技知识等，实现温室大棚集约化、网络化远程管理，为种植决策提供科学依据。

（二）生产过程智慧化

1. 育苗和栽培方式智慧化

通过摩登庄主系统，对种子、农药、肥料、农用覆盖膜等投入品进行管理，使生产资料、采购、出入库等信息的及时采集、记录全程可视化、信息化。利用专门的育苗大棚，配套温湿度，合理安排育苗时间，精确计算育种量、出苗率，科学育苗。对于特定的蔬菜，比如十字花科类作物，利用蔬菜移植机，根据各种作物栽培体系调整相应的行距，一人乘坐即可简单轻松作业。

2. 投入品管理智慧化

蔬菜基地采用的绿港灌溉施肥系统是从水处理到配肥、施肥、回收检测再到消毒利用的封闭式、全自动水肥一体化灌溉系统，具有施肥精准、肥效高、无污染、无排放的优点。水肥一体化是借助压力系统，将可溶性固体或液体肥料按作物不同生育阶段的需肥规律和特点配兑成肥液，与灌溉水一起实施灌溉。只需将水溶性肥料加到灌溉用水中，智能传感器就可以进行自动配比，并且实时掌握作物的营养供给情况。系统操作灵活，可以根据作物不同的生长阶段快捷轻松地改变施肥配比，满足作物不同生长阶段的养分需求。根据作物每天生长所需的水分、养分和辐射量调整灌溉施肥参数，可以科学精准地节省肥料和水分，大幅提升产量，做到了高产、高效、高回报。

3. 产品采收、运输、包装智慧化

针对不同品种，蔬菜基地采用机器采收与人工采收相结合的方式进行采收。基地拥有采

常阴沙现代农业示范园区张家港市现代农业科技示范园

收机械 2 台。如适宜机械化栽培的叶菜类蔬菜品种，可使用叶菜类收割机进行采收；其余不适宜机械化栽培的蔬菜品种，则需要人工进行采收。然后将采收产品统一运输至仓库，再进行分级包装。在分拣包装方面，蔬菜基地设有专门的包装分拣中心，自动分拣设备（12 套），根据产品的大小、品相、色泽等相关属性进行分类：面对中高端消费者，将产品分成 T 级、A1 级、A2 级等；面对中高端客户，将优质农产品进行小份充氮保鲜包装；面对企事业单位食堂，则采用 10~15 公斤大包装，直接配送。

（三）销售渠道智慧化

蔬菜基地主要销售渠道有京东物流、绿港供应链管理有限公司、吉麦隆、百果园、百信超市等。目前蔬菜基地还利用微信朋友圈进行线上推广、线下配送，并将通过抖音等直播软件进行网络销售来实现足不出户即可购物，搭乘现代信息网络的快车，实现低成本简单营销。

（四）质量管理全程可追溯

蔬菜基地已加入国家、省、市三级质量监管系统，在苏州市农业农村局、张家港市农业农村局等上级主管部门的监管下，蔬菜基地生产的蔬菜 100% 符合国家或行业食品安全标准。蔬菜基地还上线张家港市地产农产品质量安全追溯系统，建立以责任主体和流向管理为核心、以追溯码为载体、全程追溯的信息平台，实现了 20 多个农产品生产全过程精准化控制、可视化管控，保障从田间到舌尖的质量安全。截至目前，公司的主导产品番茄、水果黄瓜、草莓、西兰花等已经申报绿色食品认证（待批）。

三、管理决策智慧化

蔬菜基地建立了园区信息化管理系统，该管理系统具有部署快、成本低、更新迭代快、优质安全等特点。摩登庄主以农业生产管理为核心，配合使用农业领域的 ERP 系统及专业的财务系统，包含生产管理、育苗管理、人员管理等七大模块，提供高效的管理体系及解决方案，可有效解决基地管理效率低下、成本核算不清、产出无计划等一系列问题，从而极大地提高基地管理水平、降低生产成本、提高种植效益，真正实现无忧生产。具体包括以下三个管理系统。

（一）生产管理系统

系统根据蔬菜基地规划制定管理指标，依照相关管理指标拟定生产计划及周计划，制定技术方案，根据已发布的周计划对工人进行科学管理，同时将全部信息逐级汇总，以便查阅，使基地的生产过程信息化、标准化、智能化，实现科学有效的管理。

（二）工作量化管理系统

系统将工人工作内容标准化，以计件形式设置标准分，工人的工作量决定其工资收入；对工作任务、工作程序等方面进行精确量化，以便有效利用工时，提高工效。系统根据量化结果实行按劳取酬，把完成工作的质和量与工人的报酬紧密联系，从而激发工人的工作积极性。

（三）工人终端管理系统

系统负责记录并上传工人的工作量和工作情况，以便对工人的工作进行量化管理，对工人进行人员调拨，避免人力资源的浪费。考虑到工作携带问题，此设备较为轻便且操作简捷易行，在记录相关信息的同时不影响工作的进度。

四、产出效益

（一）经济效益

蔬菜基地年产各类蔬菜水果600多万千克，产值达4000多万元。其经济效益表现在以下三个方面。

1. 节本

与常规栽培模式相比，蔬菜基地通过智能化、机械化应用，从播种、育苗、移栽、灌溉、植保、施肥、采收到分拣包装全程实现机械化、智能化操作，大幅度减少了生产环节的投入，节约生产成本20%以上。

2. 增产

蔬菜基地通过智能化、机械化模式的应用，使水肥、光能利用率提高，无效消耗降低，从而充分发挥了作物的增产潜力。经测产分析，蔬菜基地的智慧菜园生产场景较传统种植模式平均亩增产100%~300%。

3. 增效

蔬菜基地通过感应器，在大棚温度达到温控上限时进行智能化预警，自动调控室内温湿度，最大限度地创造作物生长的最佳环境。同时，通过智能化分拣设备对产品进行分级、包装，不仅提高了产品附加值，提升了产品的市场竞争力，蔬菜基地的效益也得到了大幅度提高，一般亩增加效益3000~10000元。

（二）生态效益

蔬菜基地通过全产业链机械化和智能化，采用无土栽培技术，有效防止种植业带来的农业面源污染。蔬菜基地的水肥一体化灌溉系统可以避免铵态和尿素态氮施肥在地表挥发损失的问题，既节约氮肥又有利于环境保护，大大降低了设施蔬菜种植和果园中因过量施肥而造成的水体污染。此外，蔬菜基地的农产品产量与品质不断提升，促进了农业循环和生态农业发展，净化了空气和水源，保护了农业生态环境，对推动产业可持续发展产生了积极影响。

（三）社会效益

蔬菜基地通过创新产业模式，实现辐射带动，与全市10个重点蔬菜乡镇合作，实现技术、信息、人才、品牌等的共享。蔬菜基地通过新农人培训、现场教学实训等形式，每年培训农民2000余人，带动就业600余人，助农增收效应明显。

五、创新与规划

蔬菜基地除了蔬菜全产业链一体化服务体系、水肥一体化灌溉控制系统等技术方面的众多创新之外，更重要的是探索了"1+X"产业发展模式。"1"是江苏常阴沙现代农业发展有限公司，"X"是指周边各种合作社和农户。蔬菜基地通过这种模式，全面推广现代农业标准化生产技术10万亩，实现了张家港蔬菜产业的转型升级，并带动周边合作社与农户共同发展，同时将蔬菜基地打造成一个可观赏、可采摘、可休闲观光的现代农业科技示范园区，实现经济效益和社会效益的双丰收，为地区现代农业发展注入新的活力。

下一步，蔬菜基地计划投入资金500万元，建设智能化精准化无人农场，以物联网、智能装备、智能终端、大数据、云计算、5G等先进技术为依托，针对蔬菜种植情况配置智能化农机装备和信息数据终端，打造"机械化+智能化+精准化+无人化"农场解决方案。目标是减少作业人员，提高作业质量，提升作业效率，降低生产成本，同时积极推进农业科研院所陆续落户，为产业发展提供有力技术支撑，推动现代农业向精细化、科技化发展；着力构建智慧农业生产经营体系、管理服务体系、决策应用体系，培育智慧农业电商经营品牌；打造农村第一、第二、第三产业融合平台和特色农产品优势区，优化农业产业结构，促进农业与文化、教育、旅游等产业深度融合。

第二十章 智慧园艺生产场景案例

智慧园艺是利用农业技术、互联网、物联网、云计算、生物技术和工程技术等，依托人工智能和大数据的自动化装备，通过无人机、机器人对园艺作物进行全方位多角度的数据采集和大数据分析，实现病虫害防治、采摘、田间管理等操作，辅以溯源系统、物联网管理系统和水肥一体化智能灌溉系统，推进园艺智慧生产管理和园艺智能化技术装备发展，实现园艺生产的精准化种植、可视化管理、智能化决策。

根据苏州市地方标准《智慧农业示范基地建设与评价规范第5部分：智慧园艺》，智慧园艺示范场景评价的内容主要包括以下五个方面。一是基本情况，主要考查智慧园艺示范基地的种植规模和信息化投资。二是产销过程，主要考查园艺全产业链生产过程中的智慧化程度，包括育苗和投入品、栽培方式、种植方式、生长环境监测调控、生长过程监测调控、农情监测、环境监测、生长管理、产品采收与运输、产品分级与包装、尾果处理、销售和质量管理。三是管理决策，主要考查智慧园艺示范基地的人员管理和决策支持，包括有信息化专业背景人员、互联互通和决策模式三个方面。四是产出效益，主要考查智慧园艺示范基地通过应用智慧农业技术与装备带来的经济效益和生态效益，包括减工降本、提质增效和资源节约三个方面。五是创新与规划，主要调查智慧园艺示范基地在模式培育、科技项目申报方面的创新能力，以及对基地未来智慧化建设的规划。下面以张家港市神园葡萄科技有限公司（以下简称"神园葡萄"）的葡萄园艺生产场景（以下简称"葡萄基地"）为典型案例，对智慧园艺的生产场景建设进行分析。

一、基本情况

神园葡萄起源于1981年，经过两代人40年的努力，目前已是国内最大的葡萄产业综合服务商之一，专注于葡萄品种的引选保育、栽培技术研究推广、产区品种示范和渠道品牌建设、教学人才培养，打造优势产区"最初一公里"到销售渠道"最后一公里"，形成"品种研发+配套技术+优势产区+绿色防控+质量品控+流通储运+品牌销售+客户体验"的闭环。神园葡萄的葡萄基地位于张家港市杨舍镇福前村，总面积510亩，包括280亩葡萄高效数智化育种平台和150亩数智化果品生产基地，其中设施面积275亩。数智化果品生产基地建有四新技术展示区，设施配备有温度、湿度、光照强度、二氧化碳浓度等智能化环境感应

神园葡萄育种大棚

器和臭氧发生设备，以及神园耘农系统、智能控制系统、水肥灌溉系统等智能化控制系统。

近年来，葡萄基地以生产装备机械化、生产过程智能化、生产管理系统化、生产产品标准化为建设目标，自2021年起投入351万元，用于葡萄全产业链的机械化、数字化、智能化建设，开展葡萄种植全程大数据采集分析、可视化、生产智能监控等关键技术的创新性研究，以智慧农业管理平台产品为基础，定制化改造"神园耘农"系统，通过对葡萄种植流程各功能节点的规划设计，包括进出货库存管理、生产管理、运营分析、数据管理、系统管理、视频图集管理和监控数据等模块，实现数据流转的自动化及种植活动参与者之间的数据协同，提高葡萄全产业链的数字化水平，推动物联网、大数据、人工智能、区块链等新一代信息技术与农业生产经营深度融合。

二、生产销售智慧化

（一）生产环境监测调控智慧化

环境监测上，葡萄基地利用环境监测传感器监测空气和土壤环境，空气环境要素主要监测空气温度、湿度、光照、二氧化碳浓度4个指标，土壤环境要素主要监测土壤的温度、湿度、pH值、氮磷钾等指标，监测数据自动上传至云端，可自动保存、远程查看、超限报警、周期报表导出；设施内配备大屏直接显示监测数据。

温室控制上，葡萄基地通过ZJGBEE物联网设备控制主机，实现手机App

远程控制及场景开关面板控制大棚卷膜开启系统、灌溉系统、安防报警系统。也可根据温湿度参数和雨浸报警进行联动，自动控制大棚的开启百分比，确保对气候变化及时作出反应，保证农作物处于最佳生长环境。

（二）投入品管理智慧化

葡萄基地的苗木、农药、肥料、薄膜及生产易耗品等所有的投入品，已实现需求申请、采购、进出库、使用全程信息管理。其中：申请、采购采用钉钉管理软件进行，流程为申请—审批—采购；进出库及库存管理采用"神园耘农"仓储管理模块，库存管理实施安全库存量及预警机制，并进行定期的分析和成本核算。神园耘农系统的进出货及库存管理模块集库存、实物及进出库于一体，物流和信息流高度集成与共享，并具有统计、分析、预警、提醒功能，能显著提高工作效率，强化各部门工作协同。

在水肥投入方面，葡萄基地整合溯源系统、物联网管理系统和水肥一体化智能灌溉系统，以基础数据库为基础，利用聚类分析、关联挖掘、推理演算和模型评价，提供在线监控、综合查询、统计分析、风险预警、指挥调度等功能服务，并可根据收集的数据给出灌溉系统的指令。水肥一体设备采用水泵变频控制系统，含首部枢纽系统、过滤系统、输配水管网系统等，可实现精准控制水肥。

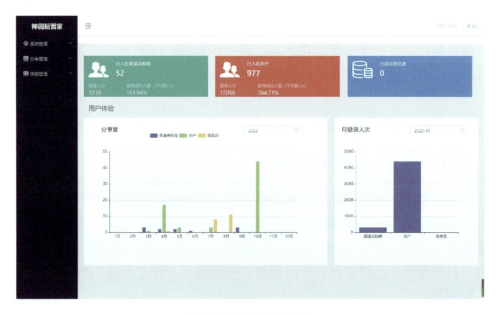

神园耘农管理平台界面

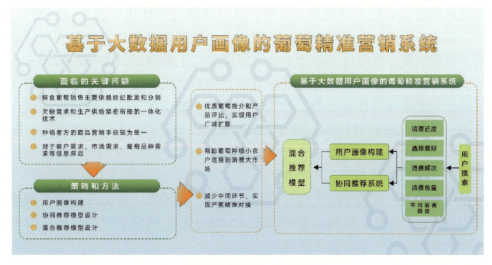

神园耘农管理平台结构

（三）生产过程监测调控智慧化

1. 生产过程模拟和调控

葡萄基地和南京邮电大学孙知信团队联合研究与开发基于 5G 和虚拟现实的葡萄种植全程可视化系统，利用链上的各种传感器数据，结合不同品种葡萄的生长模型，将作物形态和生长过程直观地可视化呈现出来。基于 5G 网络提供的高数据速率、低延迟、高容量的通信服务，能够以虚拟交互的方式实时参与其中，可以直观地看到基于真实数据的不同区域、不同品种、不同场景下的葡萄实时形态渲染可视化模型，具体到葡萄串型大小、果实是否饱满、色泽是否鲜艳、生长环境是否友好等。

葡萄基地还研究和开发了基于多模态数据分析与智能合约的葡萄生产智能监管系统，利用传感器采集的葡萄图像信息，构建深度学习模型，实现葡萄快速精准识别；通过采集遥感监测图像、温湿度信息、光照信息、红外信息等多模态数据，设计多模态数据融合方法，利用机器学习模型架构判断葡萄生长环境的异常状况，探索葡萄生长水肥规律，掌握农作物生长态势状况，为葡萄生产智能监管提供数据支撑；通过区块链网络获取葡萄生长数据分析结果，采用智能合约对葡萄生产各环节的状态、生长过程进行定量计算、质量评价、长势模拟、产量预测和生产监管等。

2. 病虫害监测与防控

通过集成传感器、虫情信息采集设备、数据分析和计算机技术，葡萄基地可实现对作物状况的实时监测和分析,进而快速响应作物病害和虫害的发生。此外,葡萄基地还安装了频振诱控杀虫灯自动诱捕害虫,并通过建立湿地培养天敌、使用色板等物理措施防治虫害。应用适宜于葡萄园精准喷药的无人驾驶自走式植保机械,葡萄基地可开展精准变量作业试验,根据不同的栽培架式及药液浓度确定设备的作业参数、行走速度、喷药剂量等,制订喷药标准化作业指导书,提高农药的利用率,减少药液喷洒量和药液流失,实现农药的减量增效。

3. 产品采收、运输、包装智慧化

葡萄基地采用登高采收平台和电动剪进行产品采收,并配备2台运输机器进行田间转运。此外,葡萄基地还建立了分拣中心,制定了产品分级标准和标准化作业流程,采用包装设备打包。

(四) 产品销售电商化

为解决江苏葡萄种植户营销手段单一,小农户对市场信息易滞后、错误,现存的农产品采用批发市场或渠道商上门收货方式,对于如今快节奏、高并发的销售数据难以精准匹配等问题,神园葡萄构建了基于葡萄精准营销的神园耘农管理平台。通过数据采集技术获取用户信息、媒体标签等信息,构建 RFM (recency frequency monetary) 模型分析消费者葡萄消费行为,采用用户画像与协同过滤等个性化推荐算法,明晰目标受众定位,有效细分市场群体,实现葡萄产业的产销精准对接和数字化销售,推进葡萄产业数字化升级,助力小农户的销售,提升江苏葡萄产业的整体效益。截至目前,平台已入驻各类渠道商50户,其中优质客户11家,服务于全省乃至全国的5万户农户60万亩葡萄园,预计交易额将超5亿元。此外,葡萄基地还在微信小程序、抖音商城、第三方中粮"我买网"等渠道开设网店进行产品和农资的销售及售后服务,邀请网红直播带货,公司总经理、全国共享乡村振兴实践指导师徐卫东定期开展抖音直播课程,普及栽培知识,宣传产品。2022年,葡萄基地农产品电子商务销售额达725万元。

(五) 质量管理全程可追溯

葡萄基地采用江苏省农产品质量追溯管理平台并接入国家追溯平台进行农产品质量安全管理,结合"神园耘农"管理平台的应用,建立以责任主体和流向管理为核心、以追溯码为载体、全程追溯的信息系统,投入品、产品、农事作业记录均可查,实现葡萄基地所有农产品生产的全过程精准化控制、可视化管控、电子化、可追溯化、及时化,保障了从田间到舌尖的质量安全。在苏州市农业农村局、张家港市农业农村局等上级主管部门的监管下,葡萄基地生产的产品100%符合食品安全国家或行业标准。

三、管理决策智慧化

人员管理方面,葡萄基地有专业化知识的信息化专员2名,负责基地内信息化建设的规划和建设、巡检与维修工作,管理和维护基地的物联网,为相关设备提供IT方面的技术支持。通过培训、团建、工作交流等的方式,信息专员能够熟练使用智慧化系统和智慧化装备。

决策支持方面,葡萄基地利用"神园耘农"和"钉钉"软件为管理与运营提供决策支持。"钉钉"管理软件提供PC版、Web版和手机版,具有人事、审批、公告、日志,以及统计、分析、文件和信息自动通知、提醒、流转等功能,能提升沟通和协同效率。"神园耘农"能提供以下七个方面的管理决策支持。(1)投入品管理:进出货及库存管理模块集库存、实物及进出库于一体,物流和信息流高度集成与共享,并具有统计、分析、预警、提醒功能,能显著提高工作效率,强化各部门工作协同。(2)生产管理:生产管理模块可以制定适合葡萄种植的农事计划,并根据实际情况实时调整任务计划,同时记录每个批次的相关信息,并进行农事分析。(3)运营分析:从资产、产量等维度对经营状况进行分析;从农资成本、用工成本对企业运营成本进行分析。(4)数据管理:从基地、肥料、农药等维度对资产数据进行管理;从作物等级、类别、生长周期、品种等维度对作物数据进行管理;从计量单位、农事类型、农事操作、用工薪酬等维度对农事数据进行管理;从种植品种、种植年限、树龄等维度对生物资产进行管理。(5)系统管理:从公司、员工、账户、角色、资源等维度对系统数据进行管理,并使用数据字典维护特定的系统数据。(6)视频/图集管理:按类别对上传的视频/图集进行增删改查等管理。(7)监控数据:对设备及设备地块进行维护;连接硬件设备并在PC端显示实时监测数据;预设各设备的预警阈值并进行相关预警,可查看各指标报警记录。

四、产出效益

（一）经济效益

通过葡萄全产业链机械化和智能化，实现用工减少 50.4%，亩均减少生产成本 34.7%。

表 20-1　机械化智能化实施前后用工量对比（单位：用工/亩）

作业内容	实施前	实施后
冬剪	3.5	2.5
抹芽定梢	1	1
绑扎	2	1
喷药（天/亩）（6次）	3	0.25
疏花疏果	5	5
开关棚	2	0.2
除草	4	0.33
采收及运输	4	3
秋施基肥	3	0.75
追肥	1	0.1
小计	28.5	14.13

表 20-2　机械化智能化实施前后成本对比（单位：元/亩）

项目	实施前	实施后	节药成本
用工	3420	2119.5	1300.5
肥料使用	1929.5	1423.5	506
农药使用	214.75	91.08	123.67
小计	5564.25	3634.08	1930.17

通过全程可追溯系统和智慧技术加持，葡萄基地现有 13 个产品获得了绿色食品认证。亩均产量和商品果率由实施前（2018 年）的 835 公斤和 66.95% 提高到 2023 年度的 2017 公斤和 91.22%，亩均收益提高了 37.14%。

表 20-3　2018—2023 年产量及商品果率统计

年份	亩均产量/千克	商品果产量/千克	商品果率
2018	835	559	66.95%
2019	813	561	69.00%
2020	1153	821	71.21%
2021	1267	1052	83.03%
2022	1320	1121	84.92%
2023	2017	1840	91.22%

(二) 生态效益

葡萄基地通过全产业链机械化和智能化，可有效防止种植业带来的农业面源污染，同时使实施区土壤的有机质含量平均提高 4% 以上，盐碱化等问题得到初步改善，农产品产量与品质不断提升，促进了农业循环和生态农业发展，净化了空气和水源，保护了农业生态环境，对推动产业可持续发展产生了积极影响。

表 20-4　机械化智能化实施前后化肥、农药的使用情况对比

项目	实施前		实施后	
	次数	亩均用量/千克	次数	亩均用量/千克
化肥	6	26	6	3.095
农药	9	43	6	0.9

五、创新与规划

(一) 创新成果

创新方面，葡萄基地集成了葡萄全产业链数智化生产新模式，并通过培训、观摩等方式进行示范推广，建立了样板功能强、示范效应好且较为稳定的 5 个示范点和 10 个示范户，应用该成果取得了良好的经济效益和社会效益。在技术研究方面，葡萄基地与南京农业大学联合承担 2017 年江苏省农业重大新品种创制项目"早熟优质葡萄新品种的选育"（项目编号：PZCZ201724），重点研究葡萄数字化育种平台的建设和新品种创制；与南京农业大学联合承担了江苏省农

业科技自主创新资金项目"早熟优质葡萄品种高效产业链关键技术研发、集成与示范"[项目编号：CX（18）2008]，以葡萄产业链机械化为主线，围绕鲜食葡萄生产过程中的省力化、轻简化关键栽培技术的开发与集成，绿色高效减肥、减药生产技术的开发，筛选出葡萄园适宜的果园机械装备与栽培管理技术，集成并创建衔接合理、运作高效的可复制技术模式；与南京邮电大学联合承担"葡萄产业智慧供应链数字应用平台研发及关键技术研究"项目[项目编号：CX（22）1007]，针对葡萄产业目前存在的产消衔接不畅、葡萄优质不优价，传统模式依赖性强，标准化、可视化、数字化应用水平低等问题，为种植可视化、生产管控、质量溯源、精准营销、市场预测等提供数字化技术支撑，满足葡萄全产业链的智慧化、个性化、层次化服务需求。

（二）未来规划

下一步，葡萄基地将以物联网、区块链、大数据、人工智能及云计算技术为数字信息基础，集成葡萄产业智慧供应链数字应用平台，确保葡萄种植过程的全程监控、信息获取与灾害预防，降低生产成本，改善生态环境，提高葡萄质量，同时通过精准营销拓宽葡萄销售渠道，提升葡萄产业的整体效益，促进葡萄产业高质、高效、可持续发展。

1. 建立葡萄全产业链大数据应用平台

提供结合葡萄生长科学化管理、智慧供应链信息共享、全产业链信息溯源追踪、葡萄产品精准营销及市场消费信息反馈等功能的葡萄数字化应用解决方案，提高葡萄产业的数字化应用水平，建立并提供可复制、可推广的产销一体化应用示范。

2. 建立葡萄生产场景可视化展示系统

利用3S技术，AR/VR技术和轻量化视频传输技术，建立以二维平面、三维立体等更生动形象且具有交互性的线上可视化展示界面，使消费者在直观地看到葡萄串型大小、果实饱满情况、色泽鲜艳程度和生长环境的同时，通过点击相关入口，身临其境地融入葡萄种植过程，极大增强用户对葡萄商品的消费体验、信任度和认同感，从而形成消费黏性和品牌效应。

3. 优化葡萄生长模型

针对采集的葡萄生产监控数据，利用机器学习模型架构判断葡萄生长环境的异常状况，以探索葡萄生长水肥规律，掌握农作物生长态势状况，为葡萄生产智能监管提供支撑，采用智能合约对葡萄生产进行定量计算、质量评价、长势模拟、产量预测和生产监管等，在公司所有基地实现应用全覆盖。

4. 构建消费者画像模型

基于大数据用户画像的葡萄精准营销系统，通过构建葡萄销售市场中的消费者用户画像模型，分析用户需求、锁定目标客户，提供个性化服务，实现葡萄销售环节中的精准营销，推动葡萄营销在电子商务中的快速发展。

5. 构建基于区块链技术的质量追溯系统

基于区块链的葡萄产消质量溯源系统，构建葡萄产消区块链网络，结合密码学技术对葡萄的产消数据进行链上、链下管理，保障葡萄消费者的隐私安全，实现葡萄产销质量溯源、葡萄质检认证及供应链质量评价。

6. 开发葡萄市场需求数字预测系统

设计与研发基于多因素分析的葡萄市场需求数字预测系统，通过建立葡萄市场需求数字预测模型，分析影响消费者购买意愿的多个因素，预测精准营销模式下葡萄市场销售的需求量，指引葡萄生产结构与销售模式的优化调整。

第二十一章　智慧农村示范村典型案例

根据苏州市《智慧农村建设与评价规范》确立的智慧农村示范村评价标准，智慧农村示范村的评选范围包括苏州市范围内的所有行政村和涉农社区，评价内容包括基础设施、治理精准化、服务均等化、产业特色化四大类，以及一票否决。其中，基础设施包括网络基础设施、信息服务设施、数字服务运用和成效评价四个部分，是智慧农村的数字底座和系统基础。治理精准化由智慧绿色乡村、"互联网+基层社会治理""互联网+党建""互联网+村务管理"、成效评价五个部分组成，判断行政村（涉农社区）在治理模块的智慧化程度。服务均等化由政务服务、便民服务和成效评价三个部分组成，用于判断行政村（涉农社区）在服务模块的智慧化程度。产业特色化判断行政村（涉农社区）产业的数字化程度，旨在推动乡村数字经济。一票否决则涉及材料真实性、近三年重大安全事件、其他严重违反法律法规行为等决定评选资格的事件。

随着评价标准的出台，各个示范村基本按照同样的操作要求和标准开展建设，差距逐步缩小，尤其是基础设施、治理精准化与服务均等化这三个方面的做法基本类似，差异主要体现在因产业不同而形成的产业数字化差异，以及各村依托自身地域文化特点或针对自身突出矛盾在部分治理领域的个性化选择。因此，本章分四个部分，第一部分以吴中区临湖镇牛桥村为例，完整展示一个典型的苏州智慧农村示范村，重点剖析其在相同标准的指引下，通过因地制宜、以人为本的细处创新，充分彰显数字技术威力，带动乡村各个领域加快现代化进程的成功经验；第二部分、第三部分、第四部分则分别为治理精准化、服务均等化和产业数字化案例荟萃，不局限于以单个完整案例的形式论述各个示范村的经验，而是从 165 个示范村的不同操作领域中精选出彰显地域智慧的独特经验，以减少冗余内容，让读者在更短的时间内得到更多有价值的信息。

一、一个苏州特色智慧农村案例的完整剖析：吴中区临湖镇牛桥村

牛桥村地处苏州市吴中区临湖镇镇区，辖区面积 5.2 平方千米，有 27 个自然村，1410 户村民，总人口 5014 人，外来人口超过本地人口数量，是一个典型

的城乡结合部村庄。长期以来，城乡结合部乡村是基层治理中的"老大难"，大量流动人口无序租房带来严重的社会治安问题、消防安全问题、环境卫生问题，建立在熟人社会基础之上的治理人员配置难以应对半陌生人社会飙升的治理需求，以乡村治理为主的组织架构在应对多元复杂经济社会单元时捉襟见肘。因此，城乡结合部集中了中国城市化过程中的诸多问题，已成为我国社会各种矛盾冲突的交汇地带和敏感地区，"脏、乱、差"长期以来是城乡结合部乡村的代名词。

然而，作为典型城乡结合部村庄的牛桥村，却依靠智治辅助打破了人们对城乡结合部乡村的不良印象：先后荣获"苏州市先锋村""江苏省生态村""全国文明村""全国乡村治理示范村"等荣誉称号，并32次在区级人居环境评比中被评为"红榜村"。要知道，登上吴中区的人居环境评比"红榜"，除了必须达到管理机制健全、村容村貌整洁、田容田貌美观、河渠管护到位、发动农户参与、宣传报道有力六个条件之外，还得经得起每月一次的镇级考核和区级"双联合、三随机"严苛考核。这对于外来人口数是本地人口数两倍的牛桥村来说殊为不易，也充分彰显了智治的威力：依靠"智慧租房系统"，牛桥村仅靠3名信息员，就把最多时超过8000人的外来人口治理得明明白白，在提升农民物业收入的同时，杜绝了恶性治安事件，消除了安全隐患，提升了环境质量，在疫情防控期间还为公安部门、防疫部门提供了更为精准的人口信息，进而实现了原子化的外来人员的组织、参与和融入；依靠智慧积分系统，牛桥村充分调动起村民参与的积极性，变"要我做"为"我要做"，以惊人的低成本，实现了长期的人居环境评比"红榜"蝉联；依靠智慧公章柜、志愿服务系统、智慧养老手环、宝妈电商培训这些貌似不起眼的小系统，牛桥

吴中区临湖镇牛桥村村容村貌全景

村化解了社会难题，密切了干群关系，加速了共同富裕，充分展现了智治为了人民、依靠人民、造福人民的核心追求，与部分地区片面以技术为中心、过度追求成本高昂的炫目系统的实践形成了鲜明的对比。

不止于此，深度解剖牛桥村智治的成功之道会发现，基层的智治，不仅要依靠数字技术的"智慧"，更重要的是要依靠一帮熟悉乡村社会的干部群众的智慧，技术只有仰仗深厚的治理智慧滋养才能最大限度释放锦上添花的效能。基层智治方案绝不是"技术宅"们在实验室里设计出来的，而必须是从乡村干部群众的实践中慢慢生长出来的，不管是因地制宜的"小切口"选择，还是循序渐进的耐心推进，抑或是不断拓展的多元化参与对象，都需要扎根基层、了解基层、热爱基层的耐心、信心和爱心。

（一）以人为本的智治方案

坚持人民至上，把人民群众的根本利益作为社会治理的出发点和落脚点，充分发挥人民群众的创造性力量，是我国对基层治理的核心价值诉求。然而，许多地方在智治实践中，往往迷失在高大上的先进技术和绚丽大屏上，追求展示效果，却对老百姓的生活需求视而不见。牛桥村的智治方案，虽然更多地采用了不起眼的小巧思、小设备、小投入，却真正体现了以人为本，是积极响应群众需求的自然设计，也是吸收群众智慧、依托地方治理智慧的集体创新。

吴中区临湖镇数字牛桥管理系统

1. "智能公章柜"急群众之所急

百姓在日常生活中时不时需要到村委会去盖个章、办个手续，可是，村干部往往是身兼数职的大忙人，不可能天天坐在办公室中等着盖章。尤其在前两年疫情防控期间，所有党员干部都冲在抗疫一线，村民盖章"跑空"现象时有发生。面对村民的抱怨，村委召集几个"诸葛亮"一商量，"智能公章柜"应运而生，具体方案是：在村委会门卫室边上设置便民智能自助柜，柜上有32个存取格口，提供24小时自助服务。需要盖章的村民，只需输入手机号码，便可将需要盖章的文件放入柜子，系统会给公章负责人发送信息通知其取件，待审核、盖章完成后，工作人员再将材料放进柜子，系统会自动回复短信通知村民前来取件。"智能公章柜"通过一个不起眼的小创新，不仅省去了村民排队等候的时间、免去了"跑空"的尴尬，提供了更加贴心便利的服务，也在很大程度上提升了村务工作人员的办事效率，得到了村民的拍手称赞。

2. "智慧养老手环"守护长者健康

农村人口老龄化是中国现代化面临的重大挑战，牛桥村也不例外，村中居民老龄化程度持续提升，独居老人数量日渐上升，其中还有不少无儿无女的五保老人，他们的居家、健康、出行安全等问题成为保障的难点。鉴于此，牛桥村创新推出了"智慧养老手环"项目，将一键报警、语音通话、定位、健康检测等十几项核心功能集成到智能手环中，免费配发给独居五保老人。独居五保老人遇到紧急情况时，只要按动"一键呼叫"按钮，系统会自动拨打电话，村中的监护人、小组长、村干部及24小时值班平台会同步收到信息，并尽快赶到现场。结合老人使用智能手环的情况，智能手环的功能也在不断升级，目前可以做到不按键也能实现求助。

3. 直播培训满足"宝妈"就业需求

"生个孩子穷三年"，村中许多"宝妈"在孩子出生后不得已停职在家带娃，随之而来的是家庭收入锐减，家庭支出飙升，自我成就感下降，家庭矛盾也有所增多。为了化解这些矛盾，也为了做好村域内其他群众的就业工作，牛桥村开启电商直播助力农民增收致富"牛共富"项目，成立了供应链公司，发动村内"宝妈"、自由职业者、退休老人等群体，积极参加专业化的直播培训，采取"直播+电商"运作模式，统一推销特色农副产品，并规划建设农产品展示厅和直播间，助力提高本村村民的经济收入，为村民提供多元就业渠道，在化解就业、增收难题的同时，也极大促进了家庭和谐和社会稳定。

4. 智治细节顺应人性

牛桥村智治方案中的"智慧"之处体现在细节之处充满对人性的理解。如，智慧积分系统只加分、不扣分；积分换购商品不仅有百姓喜欢的日用品，还有独特别致、能够彰显奖励等级的品牌商品，譬如对中小学生的奖品就有迪斯尼书包和文具等学生眼中的"奢侈品"，能够让获奖者充满自豪感，

吴中区临湖镇牛桥村村民应用智慧积分系统兑换积分制福利

并起到更大的宣传和激励作用。当村民思想观念尚未转变时，村里并不强行推动智治方案的实施，而是通过党员中心户的率先垂范、以身作则，并让每个党员怀揣"八宝箱""八件套"为村民上门服务，潜移默化地打动人、改变人，最终带动村民和流动人口自发参与各项智治活动。这些做法，充分阐释了中国式智能治理所追求的机器智能与社会智能整合交互和互相赋能的目标。

（二）因地制宜的智治"切口"

坚持因地制宜，是中央决策部署和国家发展战略得以落地落实的关键，是具有中国特色的治理经验。面对智能社会治理这个全新的课题，部分地区急于求成，忽略了自身的发展现状和条件，一味照搬成功地区经验，结果成本耗费高昂却建成了"水土不服"的"花架子"。

牛桥村在推行智治方案之初也颇感无从下手，本着审慎负责的态度，他们并未盲目投资建设，而是四处学习、广泛拜师，力求找出适合自己的发展路径。拜的老师之一就是著名的苏州高新区树山村。树山村是全国农业旅游示范点、国家级生态村，近年来，在政府的主导下，以效益为导向、以数据为基础、以数字赋能旅游为着力点、以智慧共享为落脚点，通过搭建"苏州树山智慧乡村"平台，不仅为村民提供便利的办事议事通道，还借助视频技术，实时监测人居环境和生态环境，实现乡村治理精准化，同时还基于乡村云物业系统，为游客提供游、玩、吃、住、行、购物等便捷查询服务。树山村考察归来，牛桥村的干部经过深入的研讨、争论，达成了共识：不能一味模仿"树山做法"，而应学

习树山经验的精髓，抓住本村影响面最大、矛盾最突出的焦点领域作为智治的"切口"，将钱用在真正适合牛桥村的地方，走出一条具有牛桥村特色的智治路径。

这个"切口"最后被确定为外来人口租房系统。牛桥村作为典型的城乡结合部村庄，外来人口最多时达到8000余人，全村约三分之一家庭有房出租，流动人口信息长期不清，出租房屋底数不清、情况不明，管理不严、不实、不细，乱拉、乱挂电线现象不断，火灾年年发生，村民安全感下降，社会矛盾时有发生。针对这一特征，牛桥因地制宜探索出了旅店式管理出租房这一模式。基本方案是，按照"出租必达标、入住必登记、离开必注销"的要求，把分散的一栋栋、一间间居住出租房屋作为"虚拟旅馆"的一个楼层、一个客房，并设立一个集租房审核、信息采集、监督检查、情况报送等基本功能于一体的"旅馆总台"，搭载线上乡村房屋租赁系统、房屋租赁信息发布平台和"云端数据库"，引入智慧电表和智能充电桩等，配备3个信息员，实现出租房屋"租前安全把关、人来登记留档、人走注销"的精准管理。

通过这套智慧租房系统，看似治理一个"小切口"，却带来了众多全局性影响，实现了"房东租得放心，租客住得安心，政府管得省心"的目标，真正落实了以"智"促"治"，从根上化解了城乡结合部乡村的众多治理"顽疾"，具体包括以下三个方面。

一是化解了出租房的安全隐患。牛桥村通过建立出租房屋前置审核机制，明确准入条件，设定统一门槛，制定统一整改标准，并核查打分，签订责任书，符合条件的准予出租，不符合条件的集中整改。村集体出资为每幢房子配备电动车安全充电桩、智慧电表、灭火器等设施，原本暴露在墙上的电线也都统一安装套管，从源头上解决了治安和消防安全隐患整改难的问题。其中智能电表采用了先进的传感器和通信技术，具有精确计量、自动抄表和远程监控等功能，是这套系统中一个极为精巧的设计。通过它的安装，激励房东进行安全改造，不仅方便收取房租和日常维修，还能够节能降耗；通过后台远程管理还能防止用电不当导致火灾，及时发送火灾预警信息；同时还可以详细掌握人员出入情况，有效提高了职能部门的精准管控和应急处置能力。

二是改善了治安条件。租客入住登记的联网审核制度，帮助租户设置了安全屏障，并及时将租客入住和流动信息纳入管理系统，这种做法较公安的流动人口信息登记更为精准，有效预防了潜在的治安风险。在疫情防控期间，这套智慧租房系统提供的精准清晰的人口底数，让工作人员无需上门流调排查，就能精准计算和排查已做核酸的人数，既提高了排查效率，也大大减轻了基层的工作压力。

三是方便了外来租户融入。流动人员要租牛桥村的房子，首先要到"旅馆总台"进行实名登记和人证核验，然后在房源展示平台上自助选房，房屋面积、户型、装修风格、室内外照片、租金等一目了然。智慧租房系统集房屋准入审核、指导合同签订、租客登记注销、日常监督管理、安全隐患整改等功能于一体，流动人员通过一台电脑就能轻松选到自己满意的房子，房屋选定后，联系房东一起到"旅馆总台"签订租赁合同，即可入住。这套流程不仅让外来租户实现了安心舒心租房，还带来了意想不到的效果：通过信息员群将登记入库的流动人口组织起来，为后期流动人口参与村庄志愿活动打下了坚实的基础。

（三）循序渐进的智治路径

社会治理的发展是一个循序渐进的过程，与改革的逐渐深化有关，与人的认识水平逐步提升有关，是理论与时俱进和实践创新完善的过程。"智治"作为一项基础性、长期性、系统性的重大工程，不可急于求成，"一口气吃不成个胖子"，也不可一开始就有一个运转良好、人人点赞支持的完美智治系统，必须在实际工作中紧密围绕人民群众关心、反映强烈的社会治理痛点和难点问题，形成工作合力，循序渐进，深入发展。牛桥村智治的成功经验之一，就是有一帮深刻了解当地民风民情、不急功近利的村干部。他们有足够的耐心，遵循老百姓认识和接受新生事物的规律，从小处入手，温和而坚定地向前推动，久久为功，最终滴水成河、聚沙成丘，形成了当前的良好智治局面。

1. 逐步扩展的积分制

在基层自治中通过积分制来调动群众积极性，是一种普遍的做法。牛桥村的积分制在原理上与其他地方大同小异：通过开发"智慧乡村　数字牛桥"可视化管理系统，使每位村民的村民积分卡与大数据平台联动，并利用数字平台，挂牌"道德超市"，使村民可以凭借积分兑换福利。牛桥村积分制的独特之处在于，通过循序渐进的公众参与，将积分系统如同滚雪球一样逐步扩展，实现了人群、事务的全覆盖。最初，牛桥村仅将家庭环境卫生、门前三包、垃圾分类等内容纳入积分制应用范围，激发村民主动参与环境整治、文明创建的积极性；进而，针对外来人口多、管理难度大的问题，通过积分制引导，鼓励房东争当大家庭"管理员"，引导外来人员开展自查、自督、自改，以重点突破带动整体提升；在中前期成功的基础上，逐步将生活垃圾分类、庭院整洁改造、"道德模范""美丽庭院"等的评比、志愿服务、活动参与、奖优促学等纳入积分奖励考核范围，将破坏环境卫生、伤风败俗、扰乱镇村工作、违法犯罪等纳入冻结积分范围，通过小小积分卡实现以"德"换"得"、以"智"促"治"，对移风易俗、提升治理成效发挥了巨大作用。仅以城乡结合部普遍存在的乱堆乱放、乱拉乱挂、乱涂乱画等环境问题为例，牛桥村在积分制实施之前，各种问题点位多达一千多个，干部群众疲于应对；而现在，乱堆乱放基本消除，乱拉乱挂、乱涂乱画只是偶尔零星出现。

2. 垃圾分类"两步走"

农村垃圾分类是个大难题，要让长期随手丢弃垃圾的村民养成分类投放的好习惯，必须给予时间和耐心。基于此，牛桥村的垃圾分类识别系统分成了以下两步。第一步，请村民把垃圾放入垃圾亭，提醒但并不强求垃圾分类。相比起之前村民在家门口就可以倒垃圾，现在多走几步路把垃圾丢到垃圾亭，虽是"村民一小步"，实是"村庄治理一大步"，从无声处潜移默化地改变着村民的行为习惯；针对垃圾乱丢、错投、混投、满溢、未破袋等不符合生活垃圾投放规定的行为，系统会智能识别并发出语音提醒，并将信息实时传递到工作人员手机中，形成闭环管理。第二步，在未来适当时机，采用人工智能的模式，逐步提高对垃圾分类的要求，进一步引导村民做好垃圾分类。

3. 智慧租房系统试点先行

前文所说的智慧租房系统，牛桥村也并不是一步到位、全村覆盖的，而是在摸清全村底数的基础上，灵活谨慎地划定片区，在新居民集中的自然村试点先行，以点带面梯度推进到22个自然村，并在梯度推进中不断吸取经验，优化方案，形成可复制、可推广的经验，在牛桥村所在的临湖镇多个村进行示范推广，并将在吴中区全面推广，以达到"试成一批、带动一片"的目标。目前，这套系统经过反复调试优化已臻于完善，牛桥村联合农行、电信等合作伙伴，计划将这套成熟方案打包成为产品，在全国合适地区复制推广。

（四）多方参与的低成本智治

传统社会治理的方式往往由政府"包办"绝大部分事务，导致居民群众多把自己定位为"旁观者"的角色，主动参与的意识与能力不强，凝聚力和集体意识薄弱，社会治理成本居高不下。相对于一般村庄，城乡结合部乡村人口结构和利益主体多元，社会治理工作更是纷繁复杂，单靠政府的力量难以顺利推进社会治理工作。牛桥村借助的智治系统，不仅在建设运营过程中充分调动多方力量参与，使参与者以几乎可以忽略不计的成本享用到智治的红利，同时还激发全体村民共同参与，尤其是不断壮大志愿者队伍，保持了村庄治理的低成本，成为"用小钱办大事"的典型案例。以村庄人居环境治理为例，与周边许多村人居环境整治每年投入高达数百万元相比，牛桥村的环境整治支出连年下降：2020年147.1万元，2021年93.7万元，2022年87.9万元，2023年（1—9月）支出39.4万元。如果算上牛桥村由于人居环境评比连续"红榜"得到的总计306.68万元奖励，牛桥村的人居环境整治净成本更是低得惊人，连续多年实现了低成本高成效运行。

1. 多方出力共建智治系统

受惠于国家和江苏省金融科技赋能乡村振兴政策，牛桥村的智慧租房系统和智慧积分系统皆由中国农业银行苏州分行免费打造，系统的运行维护则主要由电信部门免费负责；出租房屋消防、安全等的评估，以及电动车安全充电桩、智能电表等设施，则充分借用了消防、公安、电力等相关部门的专业力量。对比来看，牛桥村委依靠敏锐的政策嗅觉、高超的资源整合能力，以极低的成本享用到了通常要投入数百万元甚至数千万元才能建立起来的智治系统。

2. 积分系统调动起广泛的志愿参与

在村党组织的引导下，依托村民自治组织和各类群众性协商议事活动，牛桥村将积分制的主要内容、评分标准、运行程序等交由村民商定，广泛征求村民意见和建议，让农民全程参与积分制的制度设计，满足村民的多样化服务需求，确保积分制符合村民意愿，真正让村民成为乡村治理的参与者、监督者和受益者。由于积分系统是依照村民意愿建立起来的，确保了村民能够以最大的热情参与、维护积分系统，积分系统因此得以通过极低的投入调动最广泛的参与。以志愿者为例，在积分系统建立之前，村里的志愿者最多时只有十多个人，仅在村里有重大活动时来帮帮忙；而现在，通过积分系统的推动，志愿者氛围和习惯逐渐养成，目前已发展起了由6名专职管理员和近300名志愿者组成的专业志愿队伍，分别成立村庄维护"牛能人"、扶贫帮困"牛善人"、矛盾调解"牛和气"、文化传播"牛达人"、文明宣传"牛天使"5个分支服务队，每年开展志愿活动100余次，不仅化解了治理人才队伍薄弱难题，还逐渐走出牛桥村，向周边地区输出服务。

（五）牛桥经验的普适性和独特性

社会治理的每一次变迁，都会对社会发展带来深刻的影响，智能化将会给社会治理带来更大范围、更宽领域、更深层次的颠覆性变革。然而，这种变革不会一蹴而就，也不可能没有成本，甚至带来的未必全是正面影响。

牛桥这样一个典型的城乡结合部乡村，通过小切口、渐进式、低成本的智治改革，为社会治理带来了影响深远的积极变化，同时也为当前基层社会治理中的多元主体参与不足、能力和意愿低下、人才匮乏、资源短缺、组织化程度低等难题的化解做出了有益的探索。其带来的影响，部分是有意识引导推动的结果，部分则是自然涌现的结果。

牛桥村的智慧租房系统、智慧积分系统、智能公章柜等经验已经过反复检验，并在周边地区成功推广，具有很强的普适性；牛桥村在智治改革中的以人为本、因地制宜、循序渐进、多方参与等理念，由于根植于我国数千年的治理智慧，更是适用于任何地方。然而，需要指出的是，牛桥村智治改革的顺利推进，还仰仗一批头脑灵活、政策敏感性强、长期扎根乡村、深谙地域风土民情的村干部，以及该村作为孔子后裔聚集地长期以来对优秀传统文化的传承和坚守。而这些因素对于牛桥村智治改革取得成功起到了关键性的作用。

二、治理精准化亮点案例

（一）常熟市古里镇陈塘村：以创新应用放大积分系统潜力

陈塘村是2022年度苏州市智慧农村示范村。它位于常熟市古里镇西北部，村域面积5.7平方千米，常住人口9300人，2021年度村集体经济收入1200万元。近年来，陈塘村先后被评为"江苏省卫生村""江苏省生态村""江苏省文

常熟市古里镇陈塘村

常熟市古里镇陈塘村美景

明村""江苏省民主法制先进村""苏州市先锋村""苏州市健康村""苏州市绿化示范村""苏州市第三批新农村建设示范村"等。这些成就的取得，与陈塘村依托智慧技术推行的积分系统创新有重要关系。

常熟市古里镇陈塘村数字乡村系统手机端

众所周知，要推动村庄人居环境治理水平的提升，关键是激发村民的内生动力。在苏州智慧农村建设中，普遍都是通过积分系统将村民的建设成效和服务贡献量化为积分，进而通过积分换取日用品等方式激发村民的积极性。陈塘村案例的独特性在于，通过积分用途的创新拓展，使小小积分最大限度发挥潜力，激发出村民参加志愿服务、坚持文明习惯、改进不良习气、推进乡风文明建设的积极性，引领群众转变思想观念，从"要我做"变成"我要做"，从"我要建"变成"我要管"，为整体乡风转变、乡村治理难题破解及美丽乡村建设提供源源不断的内生动力。

具体而言，陈塘村依托数字化平台，打造服务品牌——"文明银行"，在积分规则、积分存储和积分使用上都有因地制宜的创新。

1. 积分规则自主协商

在积分规则的制定上，陈塘村把村民作为社会治理的主角，把村民议事会作为协商议事的良性互动平台，充分凝聚民主自治力量，通过召开村民议事会，集体协商讨论，围绕治安巡逻、关爱帮扶、疫情防控、政策宣传、净美家园、纠纷调解6个方面，量化制定积分细则，使积分成为村民自己认可的善行义举量化指标，让村民行为有章可循，激发村民的主人翁意识和参与精神。

2. 积分存储科学有序

村民作为"文明银行"的储户，可以通过两个渠道获取积分：一是在参与6类相关志愿服务后，服务时长可换算成积分；二是可将宅前屋后的环境治理成果通过每月考核转化为积分。两类积分都被存入"文明银行"，一事一记录，一季一通报，并在村委公示排名前列的积分榜。积分不仅是对村民的认可与肯定，也逐渐成为村民个人信用的衡量指标。

3. 积分用途探索创新

在积分用途上，陈塘村的创新主要体现在三个方面。一是给予本地独有的特色文创奖励。陈塘村结合本村书画、篆刻特色和古里镇文旅资源，专门定制"乡土味"文创产品作为兑换奖励物品，让村民在践行文明生活方式的同时感受浓浓的乡情文化。二是扩大积分消费领域与自由度。通过数字乡村管理系统，陈塘村的"文明银行"直接对接超市积分考核系统，村民获得的积分可以到就近的常客隆超市便捷消费，超市所有物品自由选购，使积分兑换的范围、自由度和便捷性大幅度提高。三是积分与荣誉评比打通。除了兑换物品外，村民的账户积分还成为"星级文明户""党员示范户""最美家庭"等先进评比的重要依据，让村民们得实惠、有面子。

通过"文明银行"引领的积分系统创新，陈塘村有效地激发了村民参与村庄治理的热情，村民的主人翁意识越来越强，参与村庄治理的积极性、主动性也越来越高，越来越多的村民以做好"身边事"、管好"自家人"为荣，昔日的陈塘从"零散美"蝶变成"全域美"，乡风文明也可圈可点、蔚然成风。

（二）相城区北桥街道灵峰村："工业村"智慧治理

灵峰村是2022年度苏州市智慧农村示范村。它位于相城区北桥街道，北接常熟，西邻无锡，区域面积6.9平方千米，常住人口1.4万人左右。灵峰村是一个典型的"工业村"，村中有286家企业，外来务工人员占比60%。作为一个地处城乡交界带、都市区边界的"工业村"，灵峰村克服人员众多、人口组成复杂、用地结构复杂等多重矛盾，先后荣获"全国文明村""全国民主法治示范村""全国和谐社区建设示范社区""江苏省先进基层党组织""江苏省新农村建设示范村""苏州市首批时代精神教育基地""苏州市'十佳'休闲旅游精品村""相城区政务服务系统便民服务先进单位"等荣誉称号。因此，灵峰村的治理经验值得深入总结和学习。本书重点剖析其"工业村"特色的智慧治理经验。

相城区北桥街道灵峰村村貌

1. 抓主要矛盾，建设"331"指挥作战平台

灵峰村由于工业企业数量较多，导致外来就业人口众多，带来了灵峰村内旺盛的住房及门面房出租需求，也由此带来了一定的消防安全隐患。为落实苏州市"331"行动，长效管护、保障人民群众的生命财产安全，灵峰村在智慧农村建设中重点投资"331"专项行动，建立了"一张图"专题指挥大屏。打开灵峰村智慧乡村管理后台的首页，即可看到AI监控、燃气、烟感等智能物联设备联动平台自动发出的工单信息及网格员巡查工单情况，方便对智慧治理的整体情况进行统揽，挂图作战。

2. 防患于未然，建立物联设备感知体系

村里出租房皆安装了支持4G/5G/NB-IoT的物联网燃气报警器、烟雾报警器，这些报警器在灵峰村智慧乡村平台均已绑定相应的出租房和对应网格，当安装在出租房内的燃气及烟雾报警器发出警报时，对应的网格员手机、灵峰村小程序及指挥大屏将收到告警

相城区北桥街道灵峰村智慧乡村平台

信息，以便相关部门及人员快速核实，及时做出应急反应。对于一些户外重点场所（如餐饮机构等），灵峰村试点安装了具有人工智能识别功能的监控摄像设备，通过热成像技术实现火点监测。除了平台及网格员、村书记手机短信告警外，未来灵峰村还将与消防队实现联动，最大限度防范火灾隐患。

3. 聚焦风险源头，建立重点场所数据库及智慧巡查机制

灵峰村基础数据库收录了全村的出租房、"9+1"场所（面积小、人员密集、隐患多、火灾多发的"九小场所"和小微企业）及企业数据，数据由村委维护，实时更新。村里的出租房信息、租客信息均已被录入数据库，利用平台的智慧网格治理功能，网格员可通过拍照、录像、定位打卡等，在日常巡查中对企业、出租房、"9+1"场所等轻松做好巡查记录，确保对上述场所的监管有迹可循，通过巡查记录比对判断隐患出现的时间等，实现精准治理。网格员进行巡查时，平台及小程序均提供了简单方便的巡查模板，网格员只需要简单点选相应情况，配以必要的文字说明及图片，即可完成巡查，巡查完毕后，后台即刻生成数据，记录下网格员每一次的日常巡查工作。针对有隐患问题的场所，平台自动生成检查意见书，既方便直接打印，又有效提高了村工作人员的效率，避免了重复性劳动，工作效率相比应用智慧治理之前提升了近2倍。

4. 创新应对模式，针对工业企业的污染问题"双方式"整治管控

由于村内工业企业众多，存在无法24小时监管消防及生产安全、排放是否符合相关标准、是否存在偷排废气废水现象的管理问题，灵峰村采用"网格巡查+物联监测"双方式应对，在网格巡查方面，和对出租户、"9+1"场所的管理一样，灵峰村建立了村内企业数据库，网格员在日常巡查企业安全生产、合规排放、消防条件时，亦可使用小程序进行简单点选，生成完整的清单报告，如发环保、消防等隐患及时要求整改；在物联监测方面，灵峰村已开始试点在重点企业附近通过空气质量监测站、水体质量监测站等物联网设备，对重点企业的环境污染问题进行24小时监管，若平台发现数据异常或监测到偷排废气、废水现象则自动记录保存，作为相关证据参考，这样既有助于环保监管部门取证调查，也有助于实现污染企业自我监管，预防不合规污物排放现象的发生，从而保障村民的居住环境安全。

5. 推行特色服务，方便村民生活

灵峰村工业的发展为村民提供了广泛的就业机会。为了方便村民实现"家门口就业"，灵峰村在智慧乡村大屏端及村民小程序端均设置了招聘就业服务功能，村民可在村委会大屏幕和手机上查看灵峰村及相城北桥周边企业发

布的官方招聘信息。为方便外来人口租房安顿，灵峰村的智慧乡村系统也对灵峰村外来就业群众提供租房信息服务，以有效避免"黑中介"和虚假信息，为村民和外来就业人群提供便利服务。

（三）苏州高新区浒墅关镇九图村：智慧绿色乡村监管

九图村是2023年度苏州市智慧农村示范村。它位于苏州高新区浒墅关镇东北，东与相城黄桥相邻，全村辖区面积2.5平方千米，村民1960人。由于地势低洼、四面环水，京沪铁路和沪宁高速阻隔交通，严重影响村集体经济发展，九图村年可用财力仅3万余元，是苏州高新区经济最薄弱的行政村。近年来九图村通过着力配套基础设施、全面改善村容村貌、导入智慧治理等途径，使全村各项建设发生了可喜的变化，九图村也获得了"江苏省省级卫生村""植绿护绿先进集体"等荣誉。这里重点介绍其在智慧绿色乡村监管方面的做法。

1. 垃圾分类信息接入平台

九图村通过多层次的合作方式积极推进垃圾分类和治理工作。首先，使用垃圾桶二维码管理，利用信息技术手段采集农村垃圾分类信息，包括垃圾桶的位置、容量、填充情况等，并将这些信息通过二维码上传至苏州市生活垃圾分类系统，从而实现了垃圾分类的数字化管理。其次，为了确保垃圾分类的质量，在垃圾房和一部分垃圾桶安装了监控系统，使村庄能够随时监测垃圾分类的落实情况。这些措施共同推动了九图村的垃圾分类工作，为村庄的环境保护和可持续发展提供了坚实的支持。第三，为鼓励村民开展垃圾分类，九图村还开发垃圾分类App，设立垃圾分类奖励机制，居民可以通过手机应用程序获取垃圾分类信息和提供垃圾分类建议。

2. 污水处理情况在线监测

农村生活污水治理是改善农村人居环境的重要环节，也是实施乡村振兴的关键一步。九图村采用"德华生态单元湿地——生活污水处理设施"，将德国成熟的湿地技术本土化，采用模拟自然的方式处理生活污水，并利用信息化技术手段对污水处理设施运行情况开展在线监控和动态录入。

3. 空气质量监测

九图村引入微型气象站，以进行实时的村庄空气质量监测，包括温度、空气湿度、噪声水平、PM2.5颗粒物浓度、气压、风向、风力和风速等多项数据的采集。这一措施为村庄的环境管理提供了重要的数据支持，能够帮助监测和改善空气质量，保障村民的健康，同时也为应急事件和气象信息的及时响应提供了可靠依据，对于九图村的可持续发展和居民生活质量的提升至关重要。

苏州高新区浒墅关镇九图村

苏州高新区浒墅关镇九图村数字乡村综合治理平台登录页面

4. 水质监测

九图村引入水质监测浮标站，实现了对地表水（主要是河流）的实时在线监测。这一系统整合了浮标站和水质监测数据综合分析，监测关键水质参数，包括溶解氧、pH 值、水温和浊度等。此举不仅有助于提高村庄的水质管理水平，实时评估水体的健康状态，确保水资源的质量和可持续性；也有助于保护村民的用水安全，维护生态环境，对于九图村的可持续发展至关重要。

5. 土壤环境监测

九图村对耕地的土壤环境进行了广泛监测，监测指标包括土壤的 pH 值、电导率、湿度和温度等多项参数。这一监测工作有助于了解九图村耕地的土壤健康状况和质量，为九图村的农业管理和土地利用决策提供重要的数据支持。实时监测这些土壤指标，不仅有助于村庄更好地管理土地资源，实现农业的可持续发展，也有助于维护土地生态系统的健康，为村民提供更好的耕地和农业生产条件。这项工作对九图村的农村发展和环境保护具有重要意义。

三、服务均等化亮点案例：吴江区黎里镇元荡村

元荡村是 2022 年度苏州市智慧农村示范村。它位于长三角生态绿色一体化发展示范区核心区内汾湖高新区（黎里镇）东北部，辖区面积 4.67 平方千米，现管辖 4 个自然村和 1 个动迁安置小区，在册人口约 2220 人，外来流动人口近 2000 人。元荡村是一个原汁原味的枕水村落，依旧保持着江南村落的原有肌理，纯真而又朴素，曾获得"强富美高"新农村建设的先锋单位、"江苏省社会主义新农村建设先进村""江苏省文明村""苏州市十佳服务型党组织""苏州市文明村标兵""吴江区村级经济建设标兵村"等多项荣誉称号。在智慧农村建设中，元荡村充分发挥地处长三角生态绿色一体化发展示范区的优势，利用数字技术，为村民不出门就尽享周边大城市优质公共服务资源做出了众多创新探索。

（一）政务服务 24 小时不打烊

为了让居民群众更快捷地享受"互联网+政务服务"，元荡村联合上级部门，在便民服务大厅设立"无难事、悉心办"自助服务区，引入政务服务自助一体机，村民可以在非工作时间段持身份证进出使用政务服务自助一体机，真正实现政务服务 24 小时不打烊。这也是推进"一网通办"工作的重大进展，更是深化"放管服"改革、优化营商环境的重要举措。

吴江区黎里镇元荡村数字乡村客厅

吴江区黎里镇元荡村便民
自助服务区 24 小时政务服务自助一体机

（二）智慧医疗使村民不出村享受上海专家服务

元荡村在数字乡村客厅建设了数字医疗健康管理服务站，服务站配备了智慧诊疗服务机，通过运用创新互联网健康医疗服务模式，为居民提供"互联网+健康医疗"服务。具体而言，服务站运用基础信息通信网络、信息化医疗设备等，与传统医疗卫生机构、医疗健康服务深度融合，可提供复诊配

吴汇区黎里镇元荡村数字医疗健康管理服务站

药、一键续方、预约挂号等线上服务，并提供健康档案、分诊转院、老年人免费体检、村民电子病历、上门问诊服务等，使村民们不用出村就能享受更优质、更便捷的医疗资源。最有特色的是，服务站与上海健康云合作，元荡村村民可直接在一体机上办理上海医院的预约挂号，预约时长可达 28～30 天。如果村民之前在上海看过病，后续配药就无需再跑一趟了，只需要在服务站里提交申请，对方医院审核通过后就会把下一疗程的药品寄到元荡村附近的上海朱家角镇，再由朱家角镇统一寄到元荡村村民家里。

(三) 智慧教育使村民随时随地享受优质教育资源

依托科普馆、农家书屋、党建驿站、廉政书吧等公共服务场所，元荡村为居民提供多媒体教室、智慧课堂、智慧图书馆等公共服务。基于"智慧广电"公共服务平台，元荡村通过有线电视为村民提供农业知识教育培训，以及小学、初中、高中等官方教育资源的视频点播与网络直播，全面落体省、市、区三级教育资源。学校教育方面，元荡村基于有线电视全村覆盖吴江教育总入口，全面接入省、市、区三级官方教育平台资源。如，元荡村接入江苏有线和江苏省教育厅共同打造的省级教育平台名师空中课堂，学生可同时通过电视大屏、手机、平板等多屏融合交互手段，收听或收看"名师划重点""名师随时问""名师公开课"等特色栏目，享受随时看、随时问、随时练等主要服务；接入市级教育平台苏州线上教育中心，通过"直播+课程回看+名师课程点播+精品问答"的形式，既满足了学生集中观看教学内容和课后复习巩固的要求，又满足了学习海量名师课程的需求。农业教育方面，元荡村通过"智慧广电"公共服务平台，引入"农情万家"应用，对接吴江区农业农村局信息类栏目，提供农业农村生产生活在线教学培训。此外，元荡村还与喜马拉雅等平台合作，打造"耳朵里的国防教育图书馆"，开展网络安全教育，不断丰富智慧教育的内容。

吴江区黎里镇元荡村有声图书馆

(四) 智慧养老实现对老人的全方位照护

元荡村在传统养老模式的基础上，逐步试点居家智慧养老，为居家老人和社区提供实时、快捷、高效、物联化、智能化的养老服务。一是加大智慧健康养老产品的应用推广，构筑完善的智慧养老服务应用。元荡村借助血压计、红外体温计、人体成分分析仪等仪器设备，通过后台实时动态监测，将监测到的数据实时上传至健康管理云平台，同时配备医生、健康管理师通过互联网提供远程医疗及健康咨询服务，为失能、失智、亚健康、慢性病等患者量身打造个性化健康报告,并形成持续追踪健康档案,方便村委匹配相应的专业服务,为老年村民的高质量生活提供坚实保障。二是推行智慧养老看护。元荡村聚焦老年人安全、健康等功能性需求,围绕如厕洗澡安全、室内行走便利、居家环境改善、智能监测跟进、辅具配备到位等五个方面,根据实际需求、评估情况,选择适配性产品组成不同居家场景服务包,开展包括地面、墙体、卧室、客厅、厨房间、卫生间等施工改造服务,提升老年村民的生活自理能力和居家生活品质。

(五) 数字金融普惠而均衡

元荡村积极与苏州农商银行、农业农村局共建信用村体系,建立统一信用模型,结合乡村治理数字化积分管理体系建设,构建农户信用评级体系,共同探讨系统模块,将农户信用评级数据模块整合进数字化积分管理体系,协同搭建农村金融拓客新场景。元荡村在村内金融服务点配备多功能自助终端,提供便捷金融服务。村民不仅可以在家门口享受取款、转账、缴费、查询等金融服务,还可享受贷款预约、理财教育、反诈骗宣传等服务。

四、产业数字化亮点案例

(一) 常熟市辛庄镇镇张家桥村:光影元宇宙

张家桥村是2023年度苏州市智慧农村示范村。它位于常熟市辛庄镇,地处望虞河东,辖区面积5.2平方千米,户籍人口4372人。是江苏省文明村、江苏省卫生村、苏州市农村基层建设现代化建设示范村、苏州市先锋村、苏州市新农村建设示范村,以及阿里研究院公布的淘宝村。

张桥村的光影元宇

常熟市辛庄镇张家桥村数字乡村网格化管理

宙最初依托村民华瑞芯的电影海报收藏。华瑞芯是收藏达人，他从17岁开始收集电影海报，50多年来共收藏各类图书2万余册，电影海报、电影书刊及电影资料近6万件。张家桥村依托华瑞芯筹建的电影资料收藏馆，打造了以电影海报为主题材的流金光影馆和历史光影长廊，光影长廊模拟老式电影院的售票布置，通过59张海报，对中国共产党从诞生、发展到壮大的历史进程进行了生动的视觉化描述。通过搭建AR模型，张家桥将流金光影馆与历史光影长廊组成了线上迷你元宇宙。全国各地游客均可通过AR头戴设备或者电脑进入张家桥光影元宇宙，以第一视角浏览张家桥整个光影区，从光影长廊至流金光影馆，浏览期间可与每一张海报、每一个文物开展互动。

常熟市辛庄镇张家桥村流金光影馆

常熟市辛庄镇张家桥村全景影像与三维建模搭建青少年乡村研学路线

（二）太仓市城厢镇电站村：冷链物流体系

电站村是 2023 年度苏州市智慧农村示范村。它位于太仓市城厢镇，辖区面积 3.2 平方千米，在册农业人口 2772 人。电站村是太仓最早探索农、文、旅融合发展的乡村，相继获得"国家级生态村""全国农业旅游示范点""全国科普惠农兴村先进单位""中国特色农庄""江苏省文明村""江苏省勤廉文化示范村""江苏省休闲观光农业示范村""江苏省四星级乡村旅游区"等荣誉。在智慧村建设中，电站村在智慧治理、电子商务及农、文、旅融合等方面皆有突出特色。这里仅介绍其独具特色的冷链物流体系。

对生鲜电商而言，供应链是不可缺少的环节，但往往又因为成本等问题成为农村地区生鲜农产品外销的堵点，更是个体农户无法化解的难题。急农户之所急，电站村积极构建"生产基地+配送中心"的管理模式，逐渐形成了产销一体化的冷链物流体系。在保鲜冷藏库方面，电站村拥有冷藏库 60 立方米、保鲜库 800 立方米，后期还将投入建设 3000 平方米的农产品保鲜冷藏库。在配送车辆方面，电站村配置了 5 辆配送专车，配送范围覆盖整个太仓地区；同时与顺丰快递、中通快递、韵达快递、邮政 EMS 等物流平台达成战略合作，与太仓市广播电视总台旗下的扬帆易购、田园优贡、太仓馆 1 号店、美团、百度外卖等网络媒体开展合作，全方位、多角度拓展配送业务；此外，还通过与太仓交运巴士集团、苏州交发集团、上海白玉兰旅游公司等企业合作，利用班车配送农产品。市场方面，电站村先后与 23 家单位签订配送协议，年供货量达 40 万公斤。通过完善的冷链体系，电站村农户可共享冷链运输福利，保证新鲜的农产品直达消费者手中，销售额提升了 35% 以上。

太仓市城厢镇电站村航拍图

太仓市城厢镇电站村不晚市集

(三) 吴中区木渎镇善人桥村：羊肉质量追溯体系

善人桥村是 2022 年度苏州市智慧农村示范村。它位于吴中区木渎古镇之西，总区域面积约 6.5 平方千米，在册人数接近 5000 人，外来人口约 1000 人。善人桥村地处原藏书镇区，藏书羊肉饮食文化在善人桥村生根繁兴。藏书羊肉始于明清时期，历经数百年长盛不衰，名扬江、浙、沪等地。每逢秋冬，遍布街头巷尾的大小羊肉店（馆）羊肉飘香，食客络绎不绝。善人桥村村集体经营的藏书山羊市场，是苏州市较具规模的山羊屠宰专业市场。目前村里有超过 1/4 的村民经营羊肉店，总数超过 300 户。

善人桥村党群服务中心

在智慧乡村建设中，善人桥村为呵护好"藏书羊肉"这一特色品牌，确保羊肉食材供应，着重建设了羊肉追溯信息管理板块，完善产品溯源信息管理、产品流通管理、质量监管、标识管理等功能模块，藏书羊从养殖到物流，再到后期屠宰，全程使用电子耳标，直到最终销售进行包装赋码，具有产业链全流程的信息采集与查询功能，并可实时获取产品投入、生产、包装等信息，促进藏书羊肉实现全产业链、全生命周期的溯源可追踪，以提升藏书羊肉的消费信任度与客户体验度，确保餐桌食材质量安全。客户通过扫码可获取羊肉的追溯信息，从而打通信任桥梁、解决数据纠纷、提升品牌价值、建立用户连接。此外，善人桥村为帮助羊肉馆扩大客源，与中国联通苏州市分公司合作，在其 App 饭票平台为羊肉馆做免费推广，推动羊肉馆入驻电商平台。善人桥村通过这一套羊肉质量追溯系统，不仅让羊肉真正做到生产有记录、信息可查询、流向可跟踪、质量可追溯，大大保证了广大消费者舌尖上的安全，还通过食品认证和食品安全可追溯体系的双重保障，赋予善人桥羊肉以更强的竞争力。

(四) 吴江区震泽镇三扇村：智慧蚕桑基地

三扇村是 2023 年度苏州市智慧农村示范村。该村位于吴江区震泽镇，全村面积 2.2 平方千米，户籍人口 1500 余人。这里河港交错，户户临水，家家枕河，是典型的江南水乡之"小桥流水人家"。近年来，三扇村先后成为江苏省卫生村、生态村、民主法治示范村。三扇村在智慧农村建设中，充分保护传承自身的蚕桑文化，建成了独具特色的智慧蚕桑示范基地，实现了蚕桑生产从机械化向省力、高效的智能化生产的转变。

江村通数字乡村管理平台三扇村页面

　　该基地占地面积 653 亩，其智慧蚕桑系统共包括以下五个部分。一是智慧环境——气象综合监测系统。该系统由各种无线环境信息传感器和无线采集终端组成，环境信息传感器监测空气温度、湿度、露点、光照强度、负离子、雨量等环境参数，通过无线采集终端，以无线局域网方式将采集数据传输至数据平台，用于帮助桑蚕生产。二是智慧虫情——虫情测报系统。该系统采用新一代图像识别式虫情测报工具，在无人监管的情况下，自动完成诱虫、杀虫、虫体分散、拍照、运输、收集、识别等系统作业，并实时将环境数据和病虫害数据远程上传至数据平台，在平台上实现自动识别计数，对虫害的发生与发展进行分析和预测，以满足农业生产过程中的虫情测报及标本采集需求。三是智慧化小蚕共育大棚。智能化大棚内外安装有温湿度传感器，棚内还安装有智能温湿度监测、智能加湿、智能加热升温板、智能通风、温度控制等设备，能够实现养蚕环境的自动化、智能化控制；引入自动伺喂传动系统，使喂桑叶、撒石灰等操作实现自动化；配备包括自走式割草净园机、田园旋耕机、自走式开沟施肥机、自走式植保机、自走式桑枝伐条粉碎机等在内的蚕桑适用自动化机械设备，提升桑田生产管理机械化水平。四是智慧数据大屏。三扇村建立了动态、立体、全方位的基地管理模型，将蚕桑基地各类智能化系统、各类设备等产生的数据集中到统一的平台上，提供实时查看环境数据、虫情情况、温湿度及通风智能控制、基地监控等各类子业务，使相关人员通过大数据分析的辅助决策，对蚕桑生产进行全景指挥和调度。五是智能干雾控湿保鲜系统。三扇村引入智能水帘系统，通过环境传感器系统和物联网信息技术，满足了长效、高效、高质的养蚕大棚环境干雾保鲜保湿需求。

附 录
苏州市地方标准
（DB 3205）

附 录

ICS 65.020.01
CCS B 04

DB3205

苏 州 市 地 方 标 准

DB3205/T1114—2024

智慧农村建设与评价规范

Construction and Evaluation of Smart Rural

2024-04-12 发布　　　　　　　　　　　　　2024-04-19 实施

苏州市市场监督管理局　发　布

前　言

本文件按照GB/T 1.1—2020《标准化工作导则　第1部分：标准化文件的结构和起草规则》给出的规则编写。

请注意本文件的某些内容可能涉及专利。本文件的发布机构不承担识别专利的责任。

本文件由苏州市农业农村局提出并归口。

本文件起草单位：苏州市农业信息中心、江苏省农业科学院、苏州市农业科学院、建信金融科技（苏州）有限公司、苏州市农业农村局、苏州市吴江区农业信息中心。

本文件主要起草人：任志强、邱琳、朱琳、陈枫、张炯、田苗、朱谈立、李跃文、刘好丽、蒋荣隽、单捷、李俊、卢必慧、蒋澄刚、王海山、孙晓甜。

附录

智慧农村建设与评价规范

1 范围

本文件规定了智慧农村的建设内容与要求以及评价实施。

本文件适用于智慧农村的综合评价。

2 规范性引用文件

下列文件中的内容通过文中的规范性引用而构成本文件必不可少的条款。其中，注日期的引用文件，仅该日期对应的版本适用于本文件；不注日期的引用文件，其最新版本（包括所有的修改单）适用于本文件。

DB3205/T 1087.1 智慧农业示范基地建设与评价规范 第1部分：智慧农场（大田作物）

3 术语和定义

下列术语和定义适用于本文件。

3.1 智慧农村（smart rural）

在基础设施、治理、服务、产业等方向进行智慧化改造的农村。

4 建设内容与要求

4.1 基础设施

4.1.1 农村应实现先进通信网络普遍覆盖。

4.1.2 农村应建设有场所、有人员、有设备、有宽带、有网页和有持续运营能力的"六有"益农信息社。

4.1.3 农村应建设或使用满足村多条线业务需求的信息系统，建立或使用统一高效、按需服务的数据库，落实数据安全管理和应急防控机制，具备与其他单位进行数据交换的能力。

4.2 治理精准化

4.2.1 农村应综合运用数字化技术对农村垃圾分类、农村空气质量、水源质量、土壤环境质量以及农村人居环境开展精准化监测，提升农村生态环境保护、人居环境优化等工作效率。

4.2.2 农村应以信息技术提升乡村基层治理数字化水平。

4.2.3 农村应借助信息化技术实现"互联网+党建"。

4.2.4 农村应使用信息化手段对村务、财务信息进行公开。

4.3 服务均等化

4.3.1 通过信息化技术提供村民日常政务服务事项办理。

4.3.2 以信息技术提升农村医疗、教育、养老、金融等惠民便民服务水平。

4.4 产业特色化

促进新一代信息技术与农村产业结合。

5 评价实施

5.1 组织与实施

智慧农村评价工作由市级农业农村行政主管部门组织，委托第三方成立满意度调查组和由农业农村信息化领域经验丰富的人员或专家组成的评审小组，共同负责具体评价的实施，评审小组包括现场踏勘组和评审专家组，其中评审专家组不少于5人。

5.2 评价内容

智慧农村评价细则由基础设施、治理精准化、服务均等化和产业特色化4部分组成，按附录A对智慧农村进行评价。

5.3 评价流程

5.3.1 申报

申报主体可自愿申报，向县级市（区）农业农村行政主管部门提交申报材料。

5.3.2 初审

县级市（区）行政主管农业农村部门对申报材料的真实性和完整性进行审查。

5.3.3 现场勘探

现场踏勘组对申报主体进行现场踏勘，检查附录A中表A.1除第8、25、35项以外的得分项，了解实际建设和使用情况，并进行写实性记录。

5.3.4 满意度调查

满意度调查组对申报主体进行满意度调查,随机抽取申报主体所辖范围内的村民,按照附录 B 逐项对村民进行调查,形成调查结果,对附录 A 中表 A.1 的第 8、25、35 项进行赋分,计算公式如下:

$$A_8 = (B_1+B_2)/10 \quad\cdots\cdots\cdots\cdots\cdots\cdots\cdots\cdots\cdots\cdots (1)$$

$$A_{25} = (B_3+B_4+B_5+B_6)/10 \quad\cdots\cdots\cdots\cdots\cdots\cdots (2)$$

$$A_{35} = (B_7+B_8+B_9)/10 \quad\cdots\cdots\cdots\cdots\cdots\cdots\cdots (3)$$

式中:

A_i——表 A.1 中第 i 项得分;

B_j——表 B.1 中第 j 项得分。

5.3.5 专家评审

评审专家组听取申报主体的汇报,对汇报人进行现场提问、情况质询,结合申报材料和写实性记录审阅情况,各评审专家对附录 A 中表 A.1 除第 8、25、35 项以外的得分项进行独立评分。

5.4 评价得分

评价得分取评审专家组内各位专家评分的平均分与满意度调查得分之和,根据评价得分,大于等于 60 分为合格,小于 60 分为不合格,计算公式如下:

$$S = \sum_{i=1}^{N} D_i + A_8 + A_{25} + A_{35} \quad\cdots\cdots\cdots\cdots\cdots\cdots (4)$$

式中:

S——申报主体的评价得分;

N——评审专家组的人数;

D_i——第 i 个专家的打分。

5.5 评价报告

应符合 DB3205/T 1087.1 中 6.5 的规定。

附 录 A
（资料性）
智慧农村评价内容

表 A.1 规定了智慧农村评价内容及分值。

表 A.1 智慧农村评价细则

序号	一级指标	二级指标	三级指标	评价内容及分值
1	基础设施（18分）	网络基础设施（2分）	农村移动网络建设（1分）	5G 网络覆盖率达到 100%，得 1 分
2			农村广电网络建设（1分）	数字电视入户率达到 100%，得 1 分
3		信息服务设施（2分）	益农信息社（2分）	建设运营有场所、有人员、有设备、有宽带、有网页和有持续运营能力的"六有"益农信息社，得 1 分；信息员培训频次满足《江苏省信息进村入户村级信息员培训指南》要求，得 1 分
4		数字服务运用（12分）	综合系统（3分）	指村自建或使用上级部门的综合系统，不包括各条线建设并提供使用的各类业务系统，得 1 分；系统支持 PC 端、移动端两端使用，得 1 分；系统满足工作人员、村民、外来人员、游客等多人群使用，得 1 分
5			基础数据库（3分）	建立或使用统一高效、安全可靠、按需服务的数据库，汇聚融合农业数据、农民数据、农村数据，每有一类数据得 1 分，最多得 2 分。数据库按照一定频率（至少一季度一次）进行部分数据更新的再得 1 分
6			数据互联互通（3分）	具备与上级政府机构、社会单位等进行数据共享交换的能力，得 1 分；已实现与上级政府机构等数据共享交换的，得 2 分
7			数据网络安全（3分）	建立数据安全管理和应急防控机制，防止信息泄露、损毁、丢失，确保收集、产生的数据和个人信息安全的，得 1 分；落实信息基础设施系统等级保护制度的，再得 2 分
8		成效评价（2分）	基础设施满意度（2分）	第三方对村民进行基础设施满意度调查，得分（调查问卷基础设施部分）= 基础设施部分调查平均分/基础设施部分总分×2 分

附 录

续表

序号	一级指标	二级指标	三级指标	评价内容及分值
9	治理精准化（39分）	智慧绿色乡村（7分）	人居环境监测（4分）	利用信息技术手段采集农村垃圾分类信息并上传至管理平台，得1分
10				利用信息技术手段对农村污水处理运行情况开展在线监控和动态录入，得1分
11				引导农村居民参与人居环境网络监督，持续巩固农村人居环境整治行动，最多得2分
12			生态环境监测（3分）	利用信息技术实现村庄空气质量实时监测的，得1分
13				利用信息技术实现地表水水质、农田灌溉水质等监测，得1分
14				利用信息技术实现土壤环境监测，得1分
15		"互联网+基层社会治理"（14分）	网格化管理（3分）	通过信息技术与网格化的结合，将村域人居、生态环境融入网格治理，提升网格化工作执行效率，最多得3分
16			智慧积分（5分）	在乡村治理中推广运用信息化手段进行"积分制"管理，形成动态积分管理，最多得3分
17				通过自动兑换机器、系统等方式进一步简化村民兑换积分的，最多得2分
18			智慧安防（3分）	村区域内视频监控范围达到全覆盖的，得1分
19				在视频监控的基础上加强智能感知设备建设，实现自动识别、预警等功能，最多得2分
20			民情地图（3分）	以数字化形式对治理、民生、产业等信息进行分析，以多图层形式进行展示，最多得3分
21		"互联网+党建"（3分）	智慧党建（3分）	借助互联网、新型媒介，建设党建党务门户，在多渠道为农村党员和队伍提供党建宣传、党务公开、党员网课、资讯推送等服务，每有一项得1分，最多得3分
22		"互联网+村务管理"（10分）	"三资"管理（5分）	建设或使用省、市、县级市（区）的"三资"管理服务平台，实现农村集体"三资"的保值增效，最多得5分；如在市"三资"平台发现账目不平、数据错误、数据缺失、数据更新不及时等问题，发现一次扣1分，最高扣3分
23			"三地"管理（3分）	为村民提供农村土地、集体经营性建设用地、宅基地的相关业务线上办理，最多得3分
24		成效评价（5分）	村务公开（2分）	村务、财务信息在网上进行公开并为村民自治提供互联网途径，最多得2分
25			治理满意度（4分）	第三方对村民进行治理满意度调查，得分（治理部分）=治理部分调查平均分/治理部分总分×4分
26			特色奖项（1分）	村在近两年内获得与治理相关奖项，国家级得1分，省、市级得0.5分。最高得1分

续表

序号	一级指标	二级指标	三级指标	评价内容及分值
27	服务均等化（23分）	政务服务（3分）	一体化政务服务（3分）	建设村基层政务服务中心、站点，利用信息化手段，提供村民日常政务服务事项办理服务，最多得3分
28		便民服务（15分）	智慧医疗（3分）	运用基础信息通信网络、信息化医疗设备等，与传统医疗卫生机构、医疗健康服务深度融合，提供健康档案、分诊转院、电子处方、家庭医生签约、上门问诊预约、老年人免费体检管理等线上医疗，每有一项得1分，最多得3分
29			智慧教育（3分）	开展包括各类APP使用、网络安全宣传教育和乡村网络文化宣传等农村居民数字素养与技能培训，当年每开展一次得0.5分，最多得2分
30				为农村居民提供多媒体教室、智慧课堂、智慧图书馆等公共服务场所，得1分
31			智慧养老（3分）	使用相关信息系统，实现村内老年人养老档案、服务工单、养老知识推送、用药提醒等智慧化应用，每有一项得1分，最高得2分；结合集中或居家养老模式，利用信息技术，为村内有养老需求的老年人配备智能穿戴设备、家居设备和呼叫设备等，得1分
32			数字金融（3分）	村与金融机构合作建立统一信用模型的，得2分
33				金融服务点提供便捷金融服务，具备多功能自助终端的，得1分
34			特色服务（3分）	镇、村为村民建设的特色便民服务，如租房管理、敲章预约、宴会厅预约、殡葬服务、打印机预约等服务，每有一项并已上线使用的得1分，最高得3分
35		成效评价（5分）	服务满意度（4分）	第三方对村民进行服务满意度调查，得分（服务部分）= 服务部分调查平均分/服务部分总分×4分
36			特色奖项（1分）	村在近两年内获得与服务相关奖项，国家级得1分，省、市级得0.5分。最高得1分

续表

序号	一级指标	二级指标	三级指标	评价内容及分值
37	产业特色化（20分）	特色产业（20分）	乡村数字经济（20分）	数字经济在村产业中的渗透情况，数字经济包括智慧农业、农村电子商务、乡村新业态等，未列举的数字经济产业可参照《数字经济及其核心产业统计分类（2021）》。 智慧农业：主要包括农业生产数字化、农产品加工智能化和农产品质量安全追溯管理等； 农村电子商务：是指利用互联网、计算机、多媒体等现代信息技术，使生产经营主体通过电子化、网络化方式完成产品或服务的销售、购买和电子支付等业务过程，包括农村电商公共服务体系和农村电商培训等； 乡村新业态：是指随着现代农业发展和农村一、二、三产业融合发展，基于互联网、人工智能、大数据等新一代信息技术在乡村农林牧渔、旅游、文化、教育、康养等领域的应用，形成的新型产业组织形态，包括智慧乡村旅游、智慧认养农业等； 根据数字技术与产业的融合程度进行评分，融合程度较好的得15—20分，融合程度一般的得10—14分，融合程度较差的得0—9分

附 录 B
(资料性)
智慧农村满意度调查

表 B.1 规定了智慧农村满地度调查的问题、选项和分值。

表 B.1 智慧农村满意度调查

序号	问题及总分	选项及分值
1	请问您对村里的益农信息社服务是否满意？（10分）	1. 满意（10分）；2. 基本满意（8分）；3. 一般（5分）；4. 不太满意（2分）；5. 不满意（0分）
2	请问您对村里的"智慧农村"系统是否满意？（10分）	1. 满意（10分）；2. 基本满意（8分）；3. 一般（5分）；4. 不太满意（2分）；5. 不满意（0分）
3	请问您对通过数字化治理后的村环境是否满意？（10分）	1. 满意（10分）；2. 基本满意（8分）；3. 一般（5分）；4. 不太满意（2分）；5. 不满意（0分）
4	请问您对村里的积分制度是否满意？（10分）	1. 满意（10分）；2. 基本满意（8分）；3. 一般（5分）；4. 不太满意（2分）；5. 不满意（0分）
5	请问您是否知道可以使用手机查询自己的积分和兑换积分？（10分）	1. 知道且兑换过（10分）；2. 知道但没兑换过（8分）；3. 不知道（0分）
6	请问您对村里的村务或党务等信息网上公开查询是否满意？（10分）	1. 满意（10分）；2. 基本满意（8分）；3. 一般（5分）；4. 不太满意（2分）；5. 不满意（0分）
7	请问您对线上办事服务是否满意？（10分）	1. 满意（10分）；2. 基本满意（8分）；3. 一般（5分）；4. 不太满意（2分）；5. 不满意（0分）
8	请问您对村里的医疗、教育、养老、金融等线上服务是否满意？（20分）	1. 满意（20分）；2. 基本满意（15分）；3. 一般（10分）；4. 不太满意（5分）；5. 不满意（0分）
9	请问您对村里敲公章、订宴会厅等线上预约服务是否满意？（10分）	1. 满意（10分）；2. 基本满意（8分）；3. 一般（5分）；4. 不太满意（2分）；5. 不满意（0分）
10	请问您对村里能够提供的便民服务还有哪些意见建议？	无选项且不赋分

ICS 65.020.99
CCS B 20

DB3205

苏 州 市 地 方 标 准

DB3205/T 1087—2023

智慧农业示范基地建设与评价规范
第 1 部分：智慧农场（大田作物）
Construction and Evaluation of Smart Agricultural Demonstration Base
Part 1：Smart Farm（Field Crop）

2023-10-09 发布　　　　　　　　　　　　　　　　2023-10-16 实施

苏州市市场监督管理局　发　布

前　言

本文件按照 GB/T 1.1—2020《标准化工作导则　第 1 部分：标准化文件的结构和起草规则》的规定起草。

请注意本文件的某些内容可能涉及专利。本文件的发布机构不承担识别专利的责任。本文件由苏州市农业农村局提出并归口。

本文件起草单位：苏州市农业信息中心、江苏省农业科学院、建信金融科技（苏州）有限公司、苏州市农业农村局、苏州市农业机械技术推广站、苏州市农业技术推广中心。

本文件主要起草人：任志强、卢必慧、刘好丽、邱琳、严宇、谭建林、朱谈立、李跃文、蒋荣隽、单捷、李俊、田苗、蒋澄刚、孙晓甜、王海山、严凯。

附 录

智慧农业示范基地建设与评价规范
第1部分：智慧农场（大田作物）

1 范围

本文件规定了智慧农场（大田作物）示范基地的建设要求、建设内容和评价。

本文件适用于智慧农场（大田作物）示范基地的综合评价。

注：在不引起混淆的情况下，本文件中的"智慧农场（大田作物）示范基地"简称为"基地"。

2 规范性引用文件

下列文件中的内容通过文中的规范性引用而构成本文件必不可少的条款。其中，注日期的引用文件，仅该日期对应的版本适用于本文件；不注日期的引用文件，其最新版本（包括所有的修改单）适用于本文件。

GB/T 30600 高准农田建设 通则

GB/T 35274 信息安全技术 大数据服务安全能力要求

NY/T 4056 大田作物物联网数据监测要求

YD/T 2437 物联网总体框架与技术要求

YDB 101 物联网安全需求

3 术语和定义

下列术语和定义适用于本文件。

3.1 智慧农业（smart agricultural）

以信息和知识为核心要素，通过互联网、物联网、大数据和人工智能等现代信息技术及智能装备与农业跨界融合，实现农业生产全过程的信息感知、定量决策、智能控制、精准投入、个性化服务的全新农业生产方式。

3.2 大田作物 field crop
本文件中仅指水稻和小麦。

3.3 智慧农场（大田作物）示范基地 smart farm（field crop）demonstration base
农业生产组织或生产单位运用智慧农业技术进行大田作物生产的示范区域。

4 建设要求

4.1 主体要求
依法设立并具有独立承担民事责任能力的农业企业、农民专业合作社、家庭农场、涉农科研院所等，信用记录良好，财务会计制度健全。

4.2 场地建设要求
基地的农田基础设施建设工程和农田地力提升工程应符合 GB/T 30600 中的要求。

4.3 人员要求

4.3.1 人员应具有信息化专业背景、资历证书或完成信息化培训。

4.3.2 从事农业机械作业人员应取得拖拉机、农用无人植保飞机、联合收割机的驾驶证。

4.4 物联网建设及数据安全要求

4.4.1 物联网网络架构与技术应用应符合 YD/T 2437 的规定，安全应符合 YDB 101 的规定。

4.4.2 物联网数据监测点的选址和布设、监测内容、监测设备、监测时间和频次应符合 NY/T 4056 的规定。

4.4.3 系统数据安全应符合 GB/T 35274 的要求。

4.5 成效要求

4.5.1 通过基地建设应实现用工减少、成本降低和经济效益提升。

4.5.2 通过基地建设应实现生态效益提升，包括化肥减量和农药减量等。

4.5.3 应形成具有特色的智慧农业应用模式，并在其他农业企业、农户中推广复制。

5 建设内容

5.1 智慧化系统建设

5.1.1 智慧农场管理系统
应建设基于物联网技术的智慧农场管理系统，能够收集基地各类传感器、智能设备采集的作物生长环境、作物长势等数据，并结合作物生长模型，对农业生产数据进行分析和展示，提供决策支持。

5.1.2 智能灌排系统

应对基地内的水泵、电磁阀加装远程智能控制器，根据土壤墒情/农田水位物联网设备监测数据，基于作物生长模型进行自动进水或排水作业。

5.1.3 质量安全追溯系统

应自建或使用省市县追溯平台，自建系统应包含投入品管理、产品管理、农事管理、地块管理、人员管理等功能模块。自建系统可通过区块链技术将农产品的生产、流通、消费等环节串联，建立起透明、准确的农产品数据信息库。

5.1.4 电子商务系统

应自建或使用第三方电商平台，自建系统应包含商品管理、会员管理、订单管理、库存管理、在线支付等功能模块。

5.2 智慧化装备建设

5.2.1 智慧化农机

5.2.1.1 升级改造现有农机，按需加装北斗导航、远程运维、无人驾驶系统、高精度自动作业、作业过程自动测量等设备，或购置国产智能农机，在大田作物耕、种、管、收各环节进行智能精准作业。

5.2.1.2 配置植保无人机，根据作物需要，开展精准变量施肥施药。

5.2.1.3 对育苗设备、粮食初加工机械进行数字化改造，或购置智能设备，自动化、精准化控制育苗和粮食加工。

5.2.2 感知设备

5.2.2.1 配置虫情测报仪、孢子捕捉仪等设备，智能识别病虫害的数量、种类，分析预测病虫害发生时间、趋势和危害程度，并通过手机App或短信方式，提示防治时间、防治区域、防治办法。

5.2.2.2 配置多光谱无人机（或多光谱采集终端）、小型田间气象观测站、土壤墒情仪等设备，结合高分辨率遥感数据和数字化田间调查，实时监测田间气象信息、农作物种植和长势情况。

6 评价

6.1 组织与实施

基地评价工作由市级农业农村行政主管部门组织，委托第三方成立由农业农村信息化领域经验丰富的人员或专家组成的评审小组负责具体评价实施，评审小组包括现场踏勘组和评审专家组,其中评审专家组不少于5人。

6.2 评价内容
评价内容由基本情况、产销过程、管理决策、产出效益和创新与规划5部分组成,按附录A对申报主体进行评价。

6.3 评价流程

6.3.1 申报
申报主体可自愿申报,向县级市(区)农业农村行政主管部门提交申报材料。

6.3.2 初审
县级市(区)农业农村行政主管部门对申报材料的真实性和完整性进行审查,初审后向市级农业农村行政主管部门提交材料。

6.3.3 现场踏勘
现场踏勘组对申报主体进行现场踏勘,按照附录A逐项检查实际建设和使用情况,并进行写实性记录。

6.3.4 专家评审
评审专家组听取申报主体的汇报,对汇报人进行现场提问、情况质询,结合申报材料和写实性记录审阅情况,各评审专家按照附录A进行独立评分。

6.4 评价得分
评价得分取评审专家组内各专家评分的平均分,根据评价得分,大于等于60分为合格,小于60分为不合格。

6.5 评价报告
评价工作完成后由评审小组形成评价报告,评价报告应包括评价得分、评价得分情况分析以及改进建议等。

附 录

附 录 A
（资料性）
智慧农场（大田作物）示范基地评价内容

表 A.1 规定了智慧农场（大田作物）示范基地的评价内容及分值。

表 A.1 智慧农场（大田作物）示范基地评价细则

序号	一级指标	二级指标	三级指标	评价内容及分值
1	基本情况（15分）	规模（5分）	连片种植规模（5分）	连片规模大于等于500亩得5分；连片规模大于等于200亩小于500亩得3分；连片规模小于200亩得0分
2		产地环境（5分）	高标准农田建设（5分）	产地选择在生态条件良好，排灌方便，远离污染源，并具有可持续生产能力的农业生产区域，符合GB/T 30600中的要求得5分；不符合上述要求得0分
3		信息化投资（5分）	软硬件投资（5分）	近4年软硬件投资大于200万元得5分；介于100万—200万元之间得3分；小于100万元得1分；没有投入得0分
4	产销过程（50分）	耕整（5分）	耕整地（5分）	采用智能耕整地农机装备进行耕整作业得5分；未采用得0分
5		种植（7分）	育苗（2分）	采用数字化育苗方式得2分；未采用得0分
6			插秧和播种（5分）	采用无人驾驶插秧机、智能播种机得5分；未采用得0分
7		田间管理（24分）	作物农情遥感监测（4分）	围绕大田作物耕种管收各环节，提供作物长势、产量、倒伏（灾害）农情动态监测模型的，有一个得1分，最高得3分；形成实地采样样本和遥感多光谱影像农情分析机制的，再得1分
8			土壤墒情和水层高度监测（2分）	采用土壤墒情/农田水位物联网监测设备得2分；未采用得0分
9			农田小气候监测（2分）	建有小型自动气象站，可进行农田小气候监测和分析，为农场的灌排提供决策信息得2分；未采用得0分

续表

序号	一级指标	二级指标	三级指标	评价内容及分值
10	产销过程(50分)	田间管理(24分)	施药(4分)	采用无人机或无人自走式植保机进行变量精准施药得4分；采用无人机或无人自走式植保机进行定量精准施药得2分；未采用得0分
11			施肥(4分)	采用无人机、无人自走式施肥机或侧深施肥机进行变量精准施肥得4分；采用无人机、无人自走式施肥机或侧深施肥机进行定量施肥得2分；未采用得0分
12			除草(2分)	采用智能除草机器人进行精准除草得2分；未采用得0分
13			病虫情监测(2分)	采用物联网病虫情智能识别监测设备得2分；未采用得0分
14			灌排控制(2分)	采用物联网智能灌排控制系统得2分；未采用得0分
15			生长过程模拟和调控(2分)	采用作物生长模型进行作物生长过程模拟和调控得2分；未采用得0分
16		收获(5分)	收割(5分)	采用无人驾驶收割机得5分；未采用得0分
17		质量管理(3分)	可追溯(3分)	建有区块链追溯系统且接入省市县追溯平台，投入品、产品、农事作业记录可查，得3分；采用常规质量追溯系统或接入省市县追溯平台，投入品、产品、农事作业记录可查，得2分；不可追溯得0分
18		销售(6分)	加工(2分)	采用智能化粮食加工设备得2分；未采用得0分
19			包装(2分)	采用智能设备进行包装得2分；未采用得0分
20			电子商务(2分)	利用现代信息化技术和互联网平台，搭建或采用第三方电商平台进行线上销售，有交易记录的得2分；没有得0分

续表

序号	一级指标	二级指标	三级指标	评价内容及分值
21	管理决策（10分）	人员管理（2分）	信息化人员（2分）	具有信息化专业背景、资历证书或完成信息化培训的人员，能够熟练使用农场智慧化系统和智慧化装备的，每有1人得1分，最高得2分
22		决策支持（8分）	互联互通（4分）	实现各类软硬件设备互联互通的得4分；未实现得0分
23			决策模式（4分）	具有智能决策支持中心，能根据监测数据自动给出决策指令得4分；需辅以人工判断的半自动决策方式得2分；完全依靠人工决策得0分
24	产出效益（15分）	经济效益（10分）	减工降本（5分）	通过全产业链机械化和智能化实现用工减少超过50%得3分；介于30%-50%之间得2分；介于10%—30%之间得1分；低于10%得0分
25				通过全产业链机械化和智能化实现生产成本减少超过30%得2分，介于10%—30%之间得1分，低于10%得0分
26			提质增效（5分）	每有一项"两品一标"认证得1分，最多得2分
27				实现亩均收益提升超过10%得3分；介于5%—10%之间得2分；低于5%得0分
28		生态效益（5分）	资源节约（5分）	单位播种面积化肥施用折纯量减少超过20%得2分；低于20%得1分；未实现化肥减量得0分
29				病虫害正常发生的年份，单位播种面积农药施用量减少超过20%得3分；介于10%—20%之间得2分；低于20%得1分；未实现农药减量得0分
30	创新与规划（10分）	创新（8分）	模式培育（5分）	培育形成具有特色的智慧农业应用模式创新，并在其他农业企业、农户中推广复制得5分；仅培育形成具有特色的智慧农业应用模式创新得2分；未形成具有特色的智慧农业应用模式创新得0分
31			科技项目申报（3分）	近3年牵头申报并成功入选市级以上与智慧农业相关的科技项目得3分；作为参与单位申报并成功入选智慧农业相关的科技项目得1分；未承担科技项目得0分
32		规划（2分）	规划（2分）	对农场未来三年的智慧化建设有清晰的规划得2分；没有清晰的规划得0分

注："两品一标"是"绿色食品""有机农产品""地理标志农产品"的统称。

ICS 65.020.01
CCS B 40

DB3205

苏 州 市 地 方 标 准

DB3205/T 1087.2—2024

智慧农业示范基地建设与评价规范
第 2 部分：智慧牧场（生猪）

Construction and Evaluation of Smart Agricultural Demonstration Base
Part 2：Smart Ranch（Pig）

2024-04-12 发布　　　　　　　　　　　　　　　　　　　　2024-04-19 实施

苏州市市场监督管理局　发　布

前　言

本文件按照 GB/T 1.1—2020《标准化工作导则　第 1 部分：标准化文件的结构和起草规则》的规定起草。

请注意本文件的某些内容可能涉及专利。本文件的发布机构不承担识别专利的责任。

本文件由苏州市农业农村局提出并归口。

本文件起草单位：苏州市农业信息中心、江苏省农业科学院、建信金融科技（苏州）有限公司、苏州市农业农村局、苏州市畜牧兽医站。

本文件主要起草人：李跃文、田苗、徐嘉萍、任志强、邱琳、朱谈立、刘好丽、蒋荣隽、单捷、李俊、卢必慧、蒋澄刚、顾津僮、孙晓甜。

智慧农业示范基地建设与评价规范
第2部分：智慧牧场（生猪）

1 范围

本文件规定了智慧牧场（生猪）示范基地的建设要求、建设内容和评价。

本文件适用于智慧牧场（生猪）示范基地的综合评价。

注：在不引起混淆的情况下，本文件中的"智慧牧场（生猪）示范基地"简称为"基地"。

2 规范性引用文件

下列文件中的内容通过文中的规范性引用而构成本文件必不可少的条款。其中，注日期的引用文件，仅该日期对应的版本适用于本文件；不注日期的引用文件，其最新版本（包括所有的修改单）适用于本文件。

GB/T 17824.1　规模猪场建设

GB/T 35274　信息安全技术　大数据服务安全能力要求

YD/T 2437　物联网总体框架与技术要求

YDB 101　物联网安全需求

DB3205/T 1087.1　智慧农业示范基地建设与评价规范　第1部分：智慧农场（大田作物）

3 术语和定义

DB3205/T 1087.1界定的以及下列术语和定义适用于本文件。

3.1 智慧牧场（生猪）示范基地（smart ranch (pig) demonstration base）

农业生产组织或生产单位运用智慧农业技术进行生猪养殖的示范区域。

4 建设要求

4.1 主体要求

应符合 DB3205/T 1087.1 中 4.1 的规定。

4.2 场地建设要求

建设场地必须在苏州大市范围内。建设场地应符合 GB/T 17824.1 中的要求。

4.3 人员要求

人员应具有信息化专业背景、资历证书或完成信息化培训，能够熟练操作牧场的智慧化系统和装备。

4.4 物联网建设及数据安全要求

4.4.1 物联网网络架构与技术应用应符合 YD/T 2437 的规定，安全应符合 YDB 101 的规定。

4.4.2 系统数据安全应符合 GB/T 35274 的要求。

4.5 成效要求

4.5.1 通过基地建设实现用工减少、成本降低和经济效益提升。

4.5.2 通过基地建设实现生态效益提升，包括疫病净化、兽用抗菌药减量使用等。

5 建设内容

5.1 智慧化系统建设

5.1.1 智慧牧场管理系统

连接牧场所有传感器、智能设备、信息系统等，汇聚人员、成本等各类数据，构建环境智能调控、精准饲喂、在线健康监测、疫病诊疗预警、繁育管理、市场分析等智能模型，打造牧场生产经营数字化管理中枢，实现生产经营过程的自动预警和辅助决策，提高生产经营管理效率。

5.1.2 质量安全追溯系统

具备投入品管理、产品管理、农事管理等功能。

5.2 智慧化装备建设

5.2.1 环境测控与粪污清理

5.2.1.1 配置多个环境监测传感器、大中小型气象监测站及风机、喷淋降温、湿帘降温等温控设备，实现猪舍内外环境温度、湿度、风速、有害气体等参数分布式测量与智能测控。

5.2.1.2 配置音视频监控设备，实现对生猪生长远程监控与异常状态识别。

5.2.1.3 配置风机、料线等生产设备运行状态监测系统，实现对猪舍主要设施能耗的实时监测与异常预警。

5.2.1.4 配置自动刮粪系统、发酵罐体/贮存池温湿度、酸碱度及臭气监测设施设备，实现粪污自动清理与资源化处理数字化。

5.2.2 体征监测与饲喂管理

5.2.2.1 配置个体电子识别、猪只个数盘点、体重体尺自动监测设备，实现对生猪群体/个体体征自动记录。

5.2.2.2 配置妊娠母猪小群养智能饲喂站、限位栏智能饲喂机、哺乳母猪精准饲喂器、保育猪粥料智能饲喂机、育肥猪自动分群系统、料塔称重、数字化水表等设施设备，实现猪场饲喂管理数字化。

5.2.3 疫病诊断与数字防疫

5.2.3.1 配置接触式个体测温耳标、红外群体温度异常监测及健康移动巡检、远程诊断、自助诊疗等软硬件设备，实现生猪疫病早发现、早诊断和早预警。

5.2.3.2 配置疫苗自动注射、智能变量喷雾消毒、生物安全联控系统及病死无害化处理设备，实现疫病主动防控与生物安全管理。

5.2.4 繁育管理

配置种猪性能测定系统、母猪发情检测系统、母猪背膘厚度等表型测定设备，实现自动查情、适时配种、转群提醒与分娩预警。

6 评价

评价内容见附录 A，组织与实施、评价流程、评价得分和评价报告应符合 DB3205/T 1087.1 中 6 的规定。

附 录

附 录 A
（资料性）
智慧牧场（生猪）示范基地评价内容

表A.1规定了智慧牧场（生猪）示范基地的评价内容及分值标准。

表A.1 智慧牧场（生猪）示范基地评价细则

序号	一级指标	二级指标	三级指标	评价内容及分值
1	基本情况（10分）	规模（5分）	养殖规模（5分）	养殖场年设计出栏量大于等于1万头得5分；小于1万头得0分
2		信息化投资（5分）	软硬件投资（5分）	近2年软硬件投资大于600万得5分；介于300万—600万之间得3分；小于300万得1分；没有投入得0分
3	生产过程（52分）	繁育和投入品（7分）	繁殖方式（3分）	自繁自养得3分；外购品种得1分；其他得0分
4			体况检查（2分）	采用自动化非接触体况检查系统得2分；未采用得0分
5			投入品管理（2分）	采用信息化系统对饲料、兽药等投入品进行管理，每有1个投入品纳入管理得1分，最多得2分
6		育肥（10分）	自动饲喂系统（4分）	采用自动饲喂系统得3分，实现饲喂系统残渣自动处理再得1分，最多得4分
7			智能估重系统（3分）	采用智能估重系统得3分；未采用得0分
8			个体体征行为监测（3分）	采用个体体征行为监测系统，智能化视频监测得3分；人工视频监测得1分；未采用得0分
9		环境（13分）	外围环境监测系统（3分）	采用排放污水水质在线监测系统得2分；未采用得0分
10				采用小型自动气象站得1分；未采用得0分
11			环境控制（5分）	系统自动控制猪舍环境得5分；远程人工控制猪舍环境得3分；无法远程控制得0分
12			环境监测（5分）	采用物联网设备监测温度、湿度、二氧化碳、氨气、硫化氢和光照度等环境要素，每监测1个环境要素得1分，最多得5分

续表

序号	一级指标	二级指标	三级指标	评价内容及分值
13	生产过程(52分)	生产过程管理(5分)	工作人员智能化管理(2分)	通过摄像头和人工智能方式对工作人员进行监控和管理得2分；没有得0分
14			养殖场档案管理(3分)	采用完善的智能化养殖场档案管理系统得3分；未采用得0分
15		防疫(12分)	防疫系统(3分)	采用自动化疫苗注射系统得3分；未采用得0分
16			消毒系统(3分)	采用自动化消毒系统得3分；未采用得0分
17			粪便无害化处理(3分)	采用自动粪便处理系统得3分；未采用得0分
18			病死猪智能巡检和无害化处理(3分)	采用病死猪智能巡检和无害化处理系统得3分；未采用得0分
19		质量管理(5分)	可追溯(5分)	建有区块链追溯系统且接入省市县追溯平台，投入品、产品、农事作业记录可查，得5分；采用常规质量追溯系统或接入省市县追溯平台，投入品、产品、农事作业记录可查，得3分；不可追溯得0分
20	管理决策(10分)	人员管理(2分)	信息化专业背景人员(2分)	具有信息化专业背景、资历证书或完成信息化培训的人员，能够熟练使用智慧化系统和智慧化装备的，每有1人得1分，最高得2分
21		决策支持(8分)	互联互通(4分)	实现各类软硬件设备互联互通的得4分；未实现得0分
22			决策模式(4分)	具有智能决策支持中心，能根据监测数据自动给出决策指令得4分；需辅以人工判断的半自动决策方式得2分；完全依靠人工决策得0分

续表

序号	一级指标	二级指标	三级指标	评价内容及分值
23	产出效益（18分）	经济效益（10分）	减工降本（5分）	通过全产业链机械化和智能化实现用工减少超过50%得3分；介于30%—50%之间得2分；介于10%—30%之间得1分；低于10%得0分
24				通过全产业链机械化和智能化实现生产成本减少超过30%得2分；介于10%—30%之间得1分；低于10%得0分
25			提质增效（5分）	每有一项"两品一标"认证得1分，最多得2分
26				全程成活率大于95%得3分；介于92%—95%之间得2分；低于92%得0分
27		生态效益（8分）	疫病净化（3分）	获评国家级动物疫病净化创建场称号得3分；获评省级动物疫病净化场称号得2分；没有得0分
28			生态健康养殖（3分）	获评农业农村部畜禽养殖标准化示范场称号得3分；获评江苏省畜牧生态健康养殖示范场称号得2分；没有得0分
29			兽药减抗（2分）	获评全国兽用抗菌药使用减量化行动试点达标养殖场称号得2分；获评省级兽用抗菌药使用减量化行动试点达标养殖场称号得1分；没有得0分
30	创新与规划（10分）	创新（8分）	模式培育（5分）	培育形成具有特色的智慧农业应用模式创新，并在其他农业企业、农户中推广复制得5分；仅培育形成具有特色的智慧农业应用模式创新得2分；未形成具有特色的智慧农业应用模式创新得0分
31			科技项目申报（3分）	近3年牵头申报并成功入选市级以上与智慧农业相关的科技项目得3分；作为参与单位申报并成功入选智慧农业相关的科技项目得1分；未承担科技项目得0分
32		未来规划（2分）	未来规划（2分）	对养殖场未来3年的智慧化建设有清晰的规划得2分；没有清晰的规划得0分

注：两品一标指的是绿色食品、有机农产品和农产品地理标志。

ICS 65.020.01
CCS B 50

DB3205

苏 州 市 地 方 标 准

DB3205/T 1087.3—2024

智慧农业示范基地建设与评价规范
第 3 部分：智慧渔场

Construction and Evaluation of Smart Agricultural Demonstration Base
Part 3：Smart Fishery

2024-04-12 发布　　　　　　　　　　　　　　　　2024-04-19 实施

苏州市市场监督管理局　发　布

前 言

本文件按照 GB/T 1.1—2020《标准化工作导则 第 1 部分：标准化文件的结构和起草规则》的规定起草。

请注意本文件的某些内容可能涉及专利。本文件的发布机构不承担识别专利的责任。

本文件由苏州市农业农村局提出并归口。

本文件起草单位：苏州市农业信息中心、江苏省农业科学院、建信金融科技（苏州）有限公司、苏州市农业农村局、苏州市吴江区农业信息中心。

本文件主要起草人：李跃文、邱琳、任志强、施赞红、陈枫、田苗、朱谈立、刘好丽、蒋荣隽、单捷、李俊、卢必慧、蒋澄刚、孙晓甜。

智慧农业示范基地建设与评价规范
第3部分：智慧渔场

1 范围

本文件规定了智慧渔场示范基地建设与评价的建设要求、建设内容和评价。

本文件适用于智慧渔场示范基地的综合评价。

注：在不引起混淆的情况下，本文件中的"智慧渔场示范基地"简称为"基地"。

2 规范性引用文件

下列文件中的内容通过文中的规范性引用而构成本文件必不可少的条款。其中，注日期的引用文件，仅该日期对应的版本适用于本文件；不注日期的引用文件，其最新版本（包括所有的修改单）适用于本文件。

GB 11607　渔业水质标准

GB/T 22213　水产养殖术语

GB/T 35274　信息安全技术　大数据服务安全能力要求

NY/T 5361　无公害农产品　淡水养殖产地环境条件

SC/T 1132　渔药使用规范

YD/T 2437　物联网总体框架与技术要求

YDB 101　物联网安全需求

DB3205/T 1087.1　智慧农业示范基地建设与评价规范　第1部分：智慧农场（大田作物）

3 术语和定义

GB/T 22213、DB3205/T 1087.1 界定的以及下列术语和定义适用于本文件。

附 录

3.1 智慧渔场示范基地（smart fishery demonstration base）
农业生产组织或生产单位运用智慧农业技术进行渔业生产的示范区域。

4 建设要求

4.1 主体要求
应符合 DB3205/T 1087.1 中 4.1 的规定。

4.2 场地建设要求
4.2.1 选址应充分考虑水源充足、周边无污染，水质应符合 GB 11607 的规定。
4.2.2 选址应充分考虑土壤、土质状况，应符合 NY/T 5361 的规定。

4.3 人员要求
人员应具有信息化专业背景、资历证书或完成信息化培训，能够熟练操作渔场的智慧化系统和装备。

4.4 物联网建设及数据安全要求
4.4.1 物联网网络架构与技术应用应符合 YD/T 2437 的规定，安全应符合 YDB 101 的规定。
4.4.2 系统数据安全应符合 GB/T 35274 的要求。

4.5 成效要求
4.5.1 通过基地建设实现用工减少、成本降低和经济效益提升。
4.5.2 通过基地建设实现生态效益提升，包括尾水排放达标、渔药减量等。

5 建设内容

5.1 智慧化系统建设

5.1.1 智慧渔场管理系统
连接基地所有传感器、智能设备、信息系统等，实现渔业养殖全过程的监测，构建养殖环境精准测控、精准饲喂、养殖对象行为监测、生物量估计、疫病诊疗与预警等智能模型，打造渔场生产经营数字化管理中枢，实现生产经营过程的自动预警和辅助决策，提高生产经营管理效率。

5.1.2 质量安全追溯系统
具备投入品管理、产品管理、农事管理等功能。

5.1.3 电子商务系统
具备通过互联网销售水产品，查询线上交易订单等功能。

5.2 智慧化装备建设

5.2.1 养殖环境与养殖对象信息监测设备

5.2.1.1 配置水质传感器、空气环境信息监测设备，实现养殖水质溶解氧、水温、pH、盐度、氨氮、亚硝酸盐等水质参数自动监测，空气温度、空气湿度、水面气压、太阳辐射等环境参数实时采集。尾水监测中还应配置总磷、总氮、COD（锰法、高锰酸盐指数）等指标。

5.2.1.2 配备养殖对象行为监测设备，实现养殖对象生长和活动状态的监测，包括摄食行为、异常行为、繁育行为。

5.2.2 养殖智能装备

5.2.2.1 配置水质精准调控设施设备，通过实时水质和环境小气候数据预测未来时段的水质变化趋势（应至少包括溶解氧、pH值、水温），实现水质预测预警和溶解氧、pH值等水质参数调控。

5.2.2.2 配置智能增氧装备，通过多源数据融合和自动控制技术实现养殖池溶氧含量的精准预测控制。

5.2.2.3 配置精准投饵设备，结合机器视觉系统采集的养殖对象活动状况，输出精确投饵量和投饵时间，评估养殖对象的体长和体重。

5.2.2.4 配置鱼池清洗装备，实现池底吸污或池壁清洗等自动化作业。

5.2.2.5 配置自动分级装备，根据表型或体重等指标进行分类统计和自动分级分池。

5.2.2.6 加装特定传感器监视养殖智能装备的工作状态，实现养殖设备的远程故障诊断和预警。

5.2.3 疾病诊断与数字防控

配置水下移动巡检、远程诊断、自助诊疗等软硬件设施设备，实现养殖对象疾病早预警、早发现、早诊断和早治疗。工程化养殖池塘宜采用无人机或无人船智能变量喷药安全联控系统及水面死鱼自动捡拾设备，实现疫病主动防控与安全管理。工厂化养殖池宜采用轨道式智能变量喷药安全联控系统及水面死鱼自动捡拾装备，实现养殖对象疫病主动防控与安全管理。用药应符合SC/T 1132的规定。

6 评价

评价内容见附录A，组织与实施、评价流程、评价得分和评价报告应符合DB3205/T 1087.1中6的规定。

附 录

附 录 A
（资料性）
智慧渔场示范基地评价内容

表 A.1 规定了智慧渔场示范基地评价内容及分值。

表 A.1 智慧渔场示范基地评价细则

序号	一级指标	二级指标	三级指标	评价内容及分值
1	基本情况（15分）	规模（5分）	养殖规模（5分）	池塘养殖面积大于等于 100 亩或陆基工厂养殖面积大于等于 5000 平方米得 5 分；池塘养殖面积大于等于 75 亩或陆基工厂养殖面积大于等于 4000 平方米得 3 分；池塘养殖面积大于等于 50 亩或陆基工厂养殖面积大于等于 3000 平方米得 1 分；池塘养殖面积小于 50 亩或陆基工厂养殖面积小于 3000 平方米得 0 分
2		产地环境（5分）	产地环境监测（5分）	水质应符合 GB 11607 的规定；土壤、土质状况应符合 NY/T 5361 的规定。满足所有要求的得 5 分，任何一个条件不符合得 0 分
3		信息化投资（5分）	软硬件投资（5分）	近 2 年软硬件投资大于 400 万得 5 分；介于 200 万—400 万之间得 3 分；小于 200 万得 1 分；没有投入得 0 分
4	产销过程（50分）	清塘和投入品（5分）	清塘管理（3分）	采用智能化清塘装备得 3 分；未采用得 0 分
5			投入品管理（2分）	采用信息化系统对饲料、渔药等投入品进行管理得 2 分，每有 1 个投入品纳入管理得 1 分，最多得 2 分
6		养殖管理（27分）	空气环境监测（3分）	采用物联网设备监测空气温度、空气湿度、水面气压、太阳辐射、扬尘等环境要素，每监测 1 个环境要素得 0.5 分，最多得 3 分
7			水环境监测（5分）	采用物联网设备监测水中溶解氧、水温、pH、盐度、氨氮、亚硝酸盐等环境要素，每监测 1 个环境要素得 1 分，最多得 5 分
8			自动化供水（2分）	采用自动供水系统得 2 分；未采用得 0 分
9			饵料投喂（5分）	采用无人船或无人机智能投喂饵料得 5 分；未采用得 0 分
10			喷药（2分）	采用无人机或无人船智能变量喷药得 2 分；未采用得 0 分
11			模拟和调控（2分）	采用生长模型进行生长模拟和调控得 2 分；未采用得 0 分

续表

序号	一级指标	二级指标	三级指标	评价内容及分值
12	产销过程（50分）	养殖管理（27分）	活动监测（3分）	结合机器视觉系统采集的养殖对象活动状况，实现精确投饵量和投饵时间输出，评估养殖对象的体长和体重等功能，每实现1个功能得1分，最高得3分
13			增氧系统（5分）	根据水中溶解氧浓度自动进行增氧得5分；采用定时或人工远程控制增氧方式得2分；无法远程控制得0分
14		养殖尾水处理（8分）	尾水监测（5分）	采用传感器或化学分析自动监测设备，监测氨氮、总氮、总磷、高锰酸盐指数、亚硝酸盐等指标，每有1个指标得1分，最高得5分
15			尾水质量（3分）	尾水处理后满足1级排放标准得3分；尾水处理后满足2级排放标准得2分；尾水处理后不满足1、2级排放标准得0分
16		质量管理（5分）	可追溯（5分）	建有区块链追溯系统且接入省市县追溯平台，投入品、产品、农事作业记录可查，得5分；采用常规质量追溯系统或接入省市县追溯平台，投入品、产品、农事作业记录可查，得3分；不可追溯得0分
17		销售（5分）	分拣（2分）	智能分拣得2分；人工分拣得0分
18			电子商务（3分）	利用现代信息化技术和互联网平台，搭建或采用第三方电商平台进行线上销售，有交易记录的得3分；没有得0分
19	管理决策（10分）	人员管理（2分）	信息化专业背景人员（2分）	具有信息化专业背景、资历证书或完成信息化培训的人员，能够熟练使用智慧化系统和装备的，每有1人得1分，最高得2分
20		决策支持（8分）	互联互通（4分）	实现各类软硬件设备互联互通的得4分；未实现得0分
21			决策模式（4分）	具有智能决策支持中心，能根据监测数据自动给出决策指令得4分；需辅以人工判断的半自动决策方式得2分；完全依靠人工决策得0分
22	产出效益（15分）	经济效益（10分）	减工降本（5分）	通过全产业链机械化和智能化实现用工减少超过50%得3分；介于30%—50%之间得2分；介于10%—30%之间得1分；低于10%得0分
				通过全产业链机械化和智能化实现生产成本减少超过30%得2分；介于10%—30%之间得1分；低于10%得0分
23			提质增效（5分）	每有一项"两品一标"认证得1分，最多得2分
				实现单位面积收益提升超过10%得3分；介于5%—10%之间得2分；低于5%得0分
24		生态效益（5分）	资源节约（5分）	渔药减量使用超过20%得5分；介于10%—20%之间得3分；低于10%得1分；未实现渔药减量得0分

续表

序号	一级指标	二级指标	三级指标	评价内容及分值
25	创新与规划（10分）	创新（8分）	模式培育（5分）	培育形成具有特色的智慧农业应用模式创新，并在其他农业企业、农户中推广复制得5分；仅培育形成具有特色的智慧农业应用模式创新得2分；未形成具有特色的智慧农业应用模式创新得0分
26		规划（2分）	科技项目申报（3分）	近3年牵头申报并成功入选市级以上与智慧农业相关的科技项目得3分；作为参与单位申报并成功入选智慧农业相关的科技项目得1分；未承担科技项目得0分
27			规划（2分）	对渔场未来3年的智慧化建设有清晰的规划得2分；没有清晰的规划得0分
注："两品一标"是"绿色食品""有机农产品""地理标志农产品"的统称				

ICS 65.020.01
CCS B 30

DB3205

苏 州 市 地 方 标 准

DB3205/T 1087.4—2024

智慧农业示范基地建设与评价规范
第 4 部分：智慧菜园

Construction and Evaluation of Smart Agricultural Demonstration Base
Part 4：Smart Vegetable Garden

2024-04-12 发布　　　　　　　　　　　　　　　　2024-04-19 实施

苏州市市场监督管理局　发　布

附 录

前 言

本文件按照 GB/T 1.1—2020《标准化工作导则 第 1 部分：标准化文件的结构和起草规则》的规定起草。

请注意本文件的某些内容可能涉及专利。本文件的发布机构不承担识别专利的责任。

本文件由苏州市农业农村局提出并归口。

本文件起草单位：苏州市农业信息中心、江苏省农业科学院、建信金融科技（苏州）有限公司、苏州市农业农村局。

本文件主要起草人：刘好丽、邱琳、李跃文、商贵艳、俞广建、田苗、朱谈立、任志强、蒋荣隽、单捷、李俊、卢必慧、蒋澄刚、孙晓甜。

智慧农业示范基地建设与评价规范
第4部分：智慧菜园

1 范围

本文件规定了智慧菜园示范基地建设与评价的建设要求、建设内容和评价。

本文件适用于智慧菜园示范基地的综合评价。

注：在不引起混淆的情况下，本文件中的"智慧菜园示范基地"简称为"基地"。

2 规范性引用文件

下列文件中的内容通过文中的规范性引用而构成本文件必不可少的条款。其中，注日期的引用文件，仅该日期对应的版本适用于本文件；不注日期的引用文件，其最新版本（包括所有的修改单）适用于本文件。

GB/T 35274　信息安全技术　大数据服务安全能力要求

GB/T 51057　种植塑料大棚工程技术规范

NY/T 391　绿色食品　产地环境质量

NY/T 3696　设施蔬菜水肥一体化技术规范

YD/T 2437　物联网总体框架与技术要求

YDB 101　物联网安全需求

DB3205/T 1087.1　智慧农业示范基地建设与评价规范　第1部分：智慧农场（大田作物）

3 术语和定义

DB3205/T 1087.1界定的以及下列术语和定义适用于本文件。

3.1 智慧菜园示范基地（smart vegetable garden demonstration base）

农业生产组织或生产单位运用智慧农业技术进行蔬菜设施栽培的示范区域。

4 建设要求

4.1 主体要求

应符合 DB3205/T 1087.1 中 4.1 的规定。

4.2 场地建设要求

4.2.1 基地应做到周边无污染、交通便捷、灌溉排水方便。符合 NY/T 391 规定。

4.2.2 设施农业种植塑料大棚建设应符合 GB/T 51057 的要求，玻璃温室建设可参照执行。

4.3 人员要求

人员应具有信息化专业背景、资历证书或完成信息化培训，能够熟练操作基地的智慧化系统和装备。

4.4 物联网建设及数据安全要求

4.4.1 物联网网络架构与技术应用应符合 YD/T 2437 的规定，安全应符合 YDB 101 的规定。

4.4.2 系统数据安全应符合 GB/T 35274 的要求。

4.5 成效要求

4.5.1 通过基地建设实现用工减少、成本降低和经济效益提升。

4.5.2 通过基地建设实现生态效益提升，包括化肥和农药减量等。

5 建设内容

5.1 智慧化系统建设

5.1.1 智慧菜园管理系统

连接基地所有传感器、智能设备、信息系统等，汇聚生产任务、生产过程、人员、仓库、成本等各类数据，构建环境智能调控、水肥精准管理、精准作业、生产任务管理等智能模型，打造智慧菜园生产经营数字化管理中枢，实现生产经营全过程的自动预警和辅助决策，提高生产经营管理效率。

5.1.2 质量安全追溯系统

具备投入品管理、产品管理、农事管理等功能。

5.1.3 电子商务系统

具备通过互联网销售蔬菜产品，查询线上交易订单等功能。

5.2 智慧化装备建设
5.2.1 智能环境测控

配置监测传感器及参与环境控制的设备，监测传感器包括环境温度、湿度、光照、二氧化碳浓度、监控摄像头、电能计量表等室内传感器和室外气象站。环境控制设备应根据实际情况选配加温/降温设备、空气循环风机、加湿设备、补光设备、通风设备、二氧化碳补充设备等。

5.2.2 种植智能装备

5.2.2.1 按需配置适宜的水肥一体化设备和控制策略，应符合 NY/T 3696 的要求。配置 EC/pH 传感器、流量传感器及净水设备、灌溉施肥机、回水过滤/消毒设备等，施肥机可以根据种植实际需求实时调整灌溉溶液的 EC/pH 值，控制系统可以根据累积光照量和温/湿度情况调整灌溉频次和时间，自动记录每个频次的灌溉量。

5.2.2.2 育苗工厂栽培设备配置育苗基质配制、蔬菜精量播种等智能设备，实现种苗繁育生产快速、优质、高产、高效；配置智能控制的人工环境育苗室，提供组培/催芽/炼苗的最适环境，采用潮汐灌溉方式的苗床系统，每个苗床应该对应不同的编号或 RFID 标记，实现为同一个批次种苗准确灌溉，并对每个苗床内种苗定植时间、生长时间、出货时间和生长状况等进行信息化管理。

5.2.2.3 配置智能化定植、移栽、采收设备，实现无人化或少人化作业。

5.2.2.4 配置智能化运输设施设备，用于生产过程中物质的运输和采收后蔬菜的短距离运输、装卸等作业。

5.2.2.5 配置采后产品称重、清洗、分级、计量化包装等数字化智能设备，实现采后商品信息的数字化管理。

6 评价

评价内容见附录 A，组织与实施、评价流程、评价得分和评价报告应符合 DB3205/T 1087.1 中 6 的规定。

附 录 A
（资料性）
智慧菜园示范基地评价内容

表 A.1 规定了智慧菜园示范基地评价内容及分值。

表 A.1 智慧菜园示范基地评价细则

序号	一级指标	二级指标	三级指标	评价内容及分值
1	基本情况（10分）	规模（5分）	设施规模（5分）	设施面积大于等于20000平方米得5分；设施面积大于等于15000平方米小于20000平方米得4分；设施面积大于等于10000平方米小于15000平方米得3分；设施面积大于等于5000平方米小于10000平方米得2分；小于5000平方米得0分
2		信息化投资（5分）	软硬件投资（5分）	近3年软硬件投资大于300万得5分；介于150万—300万之间得3分；小于150万得1分；没有投入得0分
3	产销过程（55分）	育苗和投入品（8分）	投入品管理（4分）	采用信息化管理系统对种子、农药、肥料、农用覆盖薄膜等投入品进行管理，每有1个投入品纳入管理得1分，最多得4分
4			育苗设施（4分）	采用数字化育苗方式得4分；未采用得0分
5		栽培方式（2分）	定植方式（2分）	采用自动定植方式得2分；未采用得0分
6		生长环境监测调控（12分）	环境监测（6分）	采用物联网设备监测温度、湿度、光照、二氧化碳等空气环境要素，每监测1个环境要素得1分，最多得4分
7				采用物联网设备监测土壤/水/基质的pH和EC等环境要素，每监测1个环境要素得1分，最多得2分
8			温室控制（6分）	系统自动控制温室环境得6分；远程人工控制温室环境得4分；无法远程控制温室环境得0分
9		生长过程监测调控（15分）	水肥一体化（8分）	采用变量精准控制水肥一体化设备得8分；采用定量水肥一体化设备得3分；未采用水肥一体化设备得0分
10			模拟和调控（2分）	采用生长模型进行生长模拟和调控得2分；未采用得0分
11			病虫害监测与防控（5分）	实现智能监测病虫害得2分；未采用得0分
12				实现智能防控病虫害得3分；未采用得0分

续表

序号	一级指标	二级指标	三级指标	评价内容及分值
13	产销过程（55分）	产品采收与运输（4分）	采收（2分）	自动化采收得2分；半自动化采收得1分；人工采收得0分
14			运输（2分）	自动化运输得2分；半自动化运输得1分；人工运输得0分
15		产品分级与包装（4分）	分级（2分）	采用机器进行产品自动分级得2分；未采用得0分
16			包装（2分）	采用机器进行产品自动包装得2分；未采用得0分
17		尾菜处理（2分）	尾菜资源化利用（2分）	采用智能化装备进行尾菜处理得2分；未采用得0分
18		销售（3分）	电子商务（3分）	利用现代信息化技术和互联网平台，搭建或采用第三方电商平台进行线上销售，有交易记录的得3分；没有得0分
19		质量管理（5分）	可追溯（5分）	建有区块链追溯系统且接入省市县追溯平台，投入品、产品、农事作业记录可查，得5分；采用常规质量追溯系统或接入省市县追溯平台，投入品、产品、农事作业记录可查，得3分；不可追溯得0分
20	管理决策（10分）	人员管理（2分）	信息化专业背景人员（2分）	具有信息化专业背景、资历证书或完成信息化培训的人员，能够熟练使用智慧化系统和智慧化装备的，每有1人得1分，最高得2分
21		决策支持（8分）	互联互通（4分）	实现各类软硬件设备互联互通的得4分；未实现得0分
22			决策模式（4分）	具有智能决策支持中心，能根据监测数据自动给出决策指令得4分；需辅以人工判断的半自动决策方式得2分；完全依靠人工决策得0分

续表

序号	一级指标	二级指标	三级指标	评价内容及分值
23	产出效益（15 分）	经济效益（10 分）	减工降本（5 分）	通过全产业链机械化和智能化实现用工减少超过 50% 得 3 分；介于 30%—50% 之间得 2 分；介于 10%—30% 之间得 1 分；低于 10% 得 0 分
24			提质增效（5 分）	通过全产业链机械化和智能化实现生产成本减少超过 30% 得 2 分；介于 10%—30% 之间得 1 分；低于 10% 得 0 分
				每有一项"两品一标"认证得 1 分，最多得 2 分
25				实现单位面积收益提升超过 10% 得 3 分；介于 5%—10% 之间得 2 分；低于 5% 得 0 分
26		生态效益（5 分）	资源节约（5 分）	化肥减量使用超过 20% 得 2 分；低于 20% 得 1 分；未实现化肥减量得 0 分
27				农药减量使用超过 20% 得 3 分；介于 10%—20% 之间得 2 分；低于 10% 得 1 分；未实现农药减量得 0 分
28	创新与规划（10 分）	创新（8 分）	模式培育（5 分）	培育形成具有特色的智慧农业应用模式创新，并在其他农业企业、农户中推广复制得 5 分；仅培育形成具有特色的智慧农业应用模式创新得 2 分；未形成具有特色的智慧农业应用模式创新得 0 分
29			科技项目申报（3 分）	近 3 年牵头申报并成功入选市级以上与智慧农业相关的科技项目得 3 分；作为参与单位申报并成功入选智慧农业相关的科技项目得 1 分；未承担科技项目得 0 分
30		规划（2 分）	规划（2 分）	对基地未来 3 年的智慧化建设有清晰的规划得 2 分；没有清晰的规划得 0 分

注：两品一标指的是绿色食品、有机农产品和农产品地理标志

ICS 65.020.01
CCS B 30

DB3205

苏 州 市 地 方 标 准

DB3205/T 1087.5—2024

智慧农业示范基地建设与评价规范
第 5 部分：智慧园艺

Construction and Evaluation of Smart Agricultural Demonstration Base
Part 5：Smart Horticultural

2024-04-12 发布　　　　　　　　　　　　　　　　2024-04-19 实施

苏州市市场监督管理局　发　布

前　言

本文件按照GB/T 1.1-2020《标准化工作导则　第1部分：标准化文件的结构和起草规则》的规定起草。

请注意本文件的某些内容可能涉及专利。本文件的发布机构不承担识别专利的责任。

本文件由苏州市农业农村局提出并归口。

本文件起草单位：苏州市农业信息中心、江苏省农业科学院、建信金融科技（苏州）有限公司、苏州市农业农村局、苏州市园艺站。

本文件主要起草人：刘好丽、单捷、张玉枝、李跃文、王芳、田苗、朱谈立、任志强、蒋荣隽、邱琳、李俊、卢必慧、蒋澄刚、孙晓甜。

智慧农业示范基地建设与评价规范
第5部分：智慧园艺

1 范围

本文件规定了智慧园艺示范基地建设与评价的建设要求、建设内容和评价。

本文件适用于智慧园艺示范基地的综合评价。

注：在不引起混淆的情况下，本文件中的"智慧园艺示范基地"简称为"基地"。

2 规范性引用文件

下列文件中的内容通过文中的规范性引用而构成本文件必不可少的条款。其中，注日期的引用文件，仅该日期对应的版本适用于本文件；不注日期的引用文件，其最新版本（包括所有的修改单）适用于本文件。

GB/T 35274 信息安全技术 大数据服务安全能力要求

YD/T 2437 物联网总体框架与技术要求

YDB 101 物联网安全需求

DB3205/T 1087.1 智慧农业示范基地建设与评价规范 第1部分：智慧农场（大田作物）

3 术语和定义

DB3205/T 1087.1 界定的以及下列术语和定义适用于本文件。

3.1 园艺作物（horticultural crop）

本文件中仅指花卉、果树和茶树。

3.2 智慧园艺示范基地（smart horticultural demonstration base）

农业生产组织或生产单位运用智慧农业技术进行园艺作物生产的示范区域。

4 建设要求

4.1 主体要求

应符合 DB3205/T 1087.1 中 4.1 的规定。

4.2 场地环境要求

基地应周边无污染、交通便捷、灌溉排水方便。

4.3 人员要求

人员应具有信息化专业背景、资历证书或完成信息化培训，能够熟练操作基地的智慧化系统和装备。

4.4 物联网建设及数据安全要求

4.4.1 物联网网络架构与技术应用应符合 YD/T 2437 的规定，安全应符合 YDB 101 的规定。

4.4.2 系统数据安全应符合 GB/T 35274 的要求。

4.5 成效要求

4.5.1 通过基地建设实现用工减少、成本降低和经济效益提升。

4.5.2 通过基地建设实现生态效益提升，包括化肥和农药减量等。

5 建设内容

5.1 智慧化系统建设

5.1.1 智慧园艺管理系统

连接基地所有传感器、智能设备、信息系统等，汇聚生产任务、产销过程、人员、仓库、成本等各类数据，构建环境智能调控、水肥精准管理、精准作业、生产任务管理等智能模型，打造智慧园艺生产经营数字化管理中枢，实现生产经营全过程的自动预警和辅助决策，提高生产经营管理效率。

5.1.2 质量安全追溯系统

具备投入品管理、产品管理、农事管理等功能。

5.1.3 电子商务系统

具备通过互联网销售农产品，查询线上交易订单等功能。

5.2 智慧化装备建设

5.2.1 智能环境测控

5.2.1.1 设施栽培果树和花卉配置监测传感器及参与环境控制的设备，监测传感器包括环境温度、湿度、光照、二氧化碳浓度、监控摄像头、电能计量表等室内传感器和室外气象站。环境控制设备应根据 实际情况选配加温/降温设备、空气循环风机、加湿设备、补光设备、通风设备、二氧化碳补充设备等。

5.2.1.2 果园配置多光谱无人机（或多光谱采集终端）、气象观测站、作物生长高清图像采集设备、土壤肥力检测、作物本体营养检测、土壤墒情仪、积温积光仪、果实监测、移动式叶绿素监测等设施装备，实时监测果园生产环境和作物生长情况。配置虫情测报仪、孢子捕捉仪、病虫害诱捕灯等设备，智能识别病虫害的数量、种类，分析预测病虫害发生时间、趋势和危害程度。

5.2.1.3 茶园过配置自动气象站（监测空气温度、湿度、光照、降水、风速、风向、二氧化碳浓度等）、土壤理化指标监测设备（监测土壤温度、湿度、盐度、pH、电导率等）、茶树生长状况监测设备（叶温与树茎无损监测传感器、冠层反射光谱、高清摄像头、高光谱无人机监测等），实时监测茶园生长小气候和长势情况。

5.2.2 种植智能装备

5.2.2.1 按需配置适宜的水肥一体化设备和控制策略。配置 EC/pH 传感器、流量传感器及净水设备、灌溉施肥机、回水过滤/消毒设备等，施肥机可以根据种植实际需求实时调整灌溉溶液的 EC/pH 值，控制系统可以根据累积光照量和温/湿度情况调整灌溉频次和时间，自动记录每个频次的灌溉量。

5.2.2.2 配置智能化定植、移栽、采收设备，实现无人化或少人化作业。

5.2.2.3 配置智能化运输设施设备，用于生产过程中物质的运输和采收后产品的短距离运输、装卸等作业。

5.2.2.4 根据种植方式，按需配置植保无人机或无人自走式植保机，实现精准变量施药。

5.2.2.5 花卉育苗配置潮汐灌溉方式的苗床系统，每个苗床应该对应不同的编号或 RFID 标记，实现为同一个批次种苗准确灌溉，并对每个苗床内种苗定植时间、生长时间、出货时间和生长状况等进行信息化管理。

6 评价

根据种植品种和栽培方式的不同，设施果树、设施花卉、果（茶）园应分别按照附录 A、附录 B、附录 C 进行评价，组织与实施、评价流程、评价得分和评价报告应符合 DB3205/T 1087.1 中 6 的规定。

附 录

附 录 A
（资料性）
智慧园艺（设施果树）示范基地评价内容

表 A.1 规定了智慧园艺（设施果树）示范基地评价内容及分值。

表 A.1 智慧园艺（设施果树）示范基地评价细则

序号	一级指标	二级指标	三级指标	评价内容及分值
1	基本情况（10分）	规模（5分）	设施规模（5分）	设施面积大于等于20000平方米得5分；设施面积大于等于15000平方米小于20000平方米得4分；设施面积大于等于10000平方米小于15000平方米得3分；设施面积大于等于5000平方米小于10000平方米得2分；小于5000平方米得0分
2		信息化投资（5分）	软硬件投资（5分）	近3年软硬件投资大于300万得5分；介于150万—300万之间得3分；小于150万得1分；没有投入得0分
3	产销过程（55分）	投入品（4分）	投入品管理（4分）	采用信息化管理系统对种子、农药、肥料、农用覆盖薄膜等投入品进行管理，每有1个投入品纳入管理得1分，最多得4分
4		栽培方式（2分）	定植方式（2分）	采用自动定植方式得2分；未采用得0分
5		生长环境监测调控（12分）	环境监测（6分）	采用物联网设备监测温度、湿度、光照、二氧化碳等空气环境要素，每监测1个环境要素得1分，最多得4分
6				采用物联网设备监测土壤/水/基质的pH和EC等环境要素，每监测1个环境要素得1分，最多得2分
7			温室控制（6分）	系统自动控制温室环境得6分；远程人工控制温室环境得4分；无法远程控制温室环境得0分
8		生长过程监测调控（19分）	水肥一体化（8分）	采用变量精准控制水肥一体化设备得8分；采用定量水肥一体化设备得3分；未采用水肥一体化设备得0分
9			模拟和调控（6分）	采用大数据技术建模进行果树生长模拟和调控得6分；采用生长模型进行生长模拟和调控得4分；未采用得0分
10			病虫害监测与防控（5分）	实现智能监测病虫害得2分；未采用得0分
11				实现智能防控病虫害得3分；未采用得0分

续表

序号	一级指标	二级指标	三级指标	评价内容及分值
12	产销过程（55分）	产品采收与运输（4分）	采收（2分）	自动化采收得2分；半自动化采收得1分；人工采收得0分
13			运输（2分）	自动化运输得2分；半自动化运输得1分；人工运输得0分
14		产品分级与包装（4分）	分级（2分）	采用机器进行产品自动分级得2分；未采用得0分
15			包装（2分）	采用机器进行产品自动包装得2分；未采用得0分
16		销售（5分）	电子商务（5分）	利用现代信息化技术和互联网平台，搭建或采用第三方电商平台进行线上销售，有交易记录的得5分；没有得0分
17		质量管理（5分）	可追溯（5分）	建有区块链追溯系统且接入省市县追溯平台，投入品、产品、农事作业记录可查，得5分；采用常规质量追溯系统或接入省市县追溯平台，投入品、产品、农事作业记录可查，得3分；不可追溯得0分
18	管理决策（10分）	人员管理（2分）	信息化专业背景人员（2分）	具有信息化专业背景、资历证书或完成信息化培训的人员，能够熟练使用智慧化系统和智慧化装备的，每有1人得1分，最高得2分
19		决策支持（8分）	互联互通（4分）	实现各类软硬件设备互联互通的得4分；未实现得0分
20			决策模式（4分）	具有智能决策支持中心，能根据监测数据自动给出决策指令得4分；需辅以人工判断的半自动决策方式得2分；完全依靠人工决策得0分
21	产出效益（15分）	经济效益（10分）	减工降本（5分）	通过全产业链机械化和智能化实现用工减少超过50%得3分；介于30%—50%之间得2分；介于10%—30%之间得1分；低于10%得0分
22				通过全产业链机械化和智能化实现生产成本减少超过30%得2分；介于10%—30%之间得1分；低于10%得0分
23			提质增效（5分）	每有一项"两品一标"认证得1分，最多得2分
24				实现单位面积收益提升超过10%得3分；介于5%—10%之间得2分；低于5%得0分
25		生态效益（5分）	资源节约（5分）	化肥减量使用超过20%得2分；低于20%得1分；未实现化肥减量得0分
26				农药减量使用超过20%得3分；介于10%—20%之间得2分；低于10%得1分；未实现农药减量得0分

附 录

续表

序号	一级指标	二级指标	三级指标	评价内容及分值
27	创新与规划（10分）	创新（8分）	模式培育（5分）	培育形成具有特色的智慧农业应用模式创新，并在其他农业企业、农户中推广复制得5分；仅培育形成具有特色的智慧农业应用模式创新得2分；未形成具有特色的智慧农业应用模式创新得0分
28			科技项目申报（3分）	近3年牵头申报并成功入选市级以上与智慧农业相关的科技项目得3分；作为参与单位申报并成功入选智慧农业相关的科技项目得1分；未承担科技项目得0分
29		规划（2分）	规划（2分）	对基地未来3年的智慧化建设有清晰的规划得2分；没有清晰的规划得0分

注：两品一标指的是绿色食品、有机农产品和农产品地理标志。

附 录 B

(资料性)

智慧园艺(设施花卉)示范基地评价内容

表 B.1 规定了智慧园艺(设施花卉)示范基地评价内容及分值。

表 B.1 智慧园艺(设施花卉)示范基地评价细则

序号	一级指标	二级指标	三级指标	评价内容及分值
1	基本情况(10分)	规模(5分)	设施规模(5分)	设施面积大于等于20000平方米得5分;设施面积大于等于15000平方米小于20000平方米得4分;设施面积大于等于10000平方米小于15000平方米得3分;设施面积大于等于5000平方米小于10000平方米得2分;小于5000平方米得0分
2		信息化投资(5分)	软硬件投资(5分)	近3年软硬件投资大于300万得5分;介于150—300万之间得3分;小于150万得1分;没有投入得0分
3	产销过程(55分)	育苗和投入品(8分)	投入品管理(4分)	采用信息化管理系统对种子、农药、肥料、农用覆盖薄膜等投入品进行管理得4分,每有1个投入品纳入管理得1分,最多得4分
4		栽培方式(2分)	育苗设施(4分)	采用数字化育苗方式得4分;未采用得0分
5			定植方式(2分)	采用自动定植方式得2分;未采用得0分
6		生长环境监测调控(12分)	环境监测(6分)	采用物联网设备监测温度、湿度、光照、二氧化碳等空气环境要素,每监测1个要素得1分,最多得4分
7				采用物联网设备监测土壤/水/基质的pH和EC等环境要素,每监测1个环境要素得1分,最多得2分
8			温室控制(6分)	系统自动控制温室环境得6分;远程人工控制温室环境得4分;无法远程控制温室环境得0分
9		生长过程监测调控(20分)	水肥一体化(8分)	采用变量精准控制水肥一体化设备得8分;采用定量水肥一体化设备得3分;未采用水肥一体化设备得0分
10			模拟和调控(7分)	采用大数据技术建模对花卉生长模拟和调控得7分;采用生长模型对生长模拟和调控得4分;未采用得0分
11			病虫害监测与防控(5分)	实现智能监测病虫害得2分;实现智能防控病虫害再得3分;未采用得0分

续表

序号	一级指标	二级指标	三级指标	评价内容及分值
12	产销过程（55分）	产品采收与运输（4分）	采收（2分）	自动化采收得2分；半自动化采收得1分；人工采收得0分
13			运输（2分）	自动化运输得2分；半自动化运输得1分；人工运输得0分
14		产品分级与包装（4分）	分级（2分）	采用机器进行产品自动分级得2分；未采用得0分
15			包装（2分）	采用机器进行产品自动包装得2分；未采用得0分
16		销售（5分）	电子商务（5分）	利用现代信息化技术和互联网平台，搭建或采用第三方电商平台进行线上销售，有交易记录的得5分；没有得0分
17	管理决策（10分）	人员管理（2分）	信息化专业背景人员（2分）	具有信息化专业背景、资历证书或完成信息化培训的人员，能够熟练使用智慧化系统和智慧化装备的，每有1人得1分，最高得2分
18		决策支持（8分）	互联互通（4分）	实现各类软硬件设备互联互通的得4分；未实现得0分
19			决策模式（4分）	具有智能决策支持中心，能根据监测数据自动给出决策指令得4分；需辅以人工判断的半自动决策方式得2分；完全依靠人工决策得0分
20	产出效益（15分）	经济效益（10分）	减工降本（5分）	通过全产业链机械化和智能化实现用工减少超过50%得3分；介于30%—50%之间得2分；介于10%—30%之间得1分；低于10%得0分
21				通过全产业链机械化和智能化实现生产成本减少超过30%得2分；介于10%—30%之间得1分；低于10%得0分
22			提质增效（5分）	实现单位面积收益提升超过10%得5分；介于5%—10%之间得2分；低于5%得0分
23		生态效益（5分）	资源节约（5分）	化肥、农药减量使用超过20%得5分；介于10%—20%之间得3分；低于10%得1分；未实现化肥、农药减量得0分
24	创新与规划（10分）	创新（8分）	模式培育（5分）	培育形成具有特色的智慧农业应用模式创新，并在其他农业企业、农户中推广复制得5分；仅培育形成具有特色的智慧农业应用模式创新得2分；未形成具有特色的智慧农业应用模式创新得0分
25			科技项目申报（3分）	近3年牵头申报并成功入选市级以上与智慧农业相关的科技项目得3分；作为参与单位申报并成功入选智慧农业相关的科技项目得1分；未承担科技项目得0分
26		规划（2分）	规划（2分）	对基地未来3年的智慧化建设有清晰的规划得2分；没有清晰的规划得0分

附 录 C
（资料性）
智慧园艺（果园、茶园）示范基地评价内容

表 C.1 规定了智慧园艺（果园、茶园）示范基地评价内容及分值。

表 C.1 智慧园艺（果园、茶园）示范基地评价细则

序号	一级指标	二级指标	三级指标	评价内容及分值
1	基本情况（10分）	规模（5分）	种植规模（5分）	种植面积大于等于50亩得5分；大于等于30亩小于50亩得3分；小于30亩得0分
2		信息化投资（5分）	软硬件投资（5分）	近3年软硬件投资大于300万得5分；介于150—300万之间得3分；小于150万得1分；没有投入得0分
3	产销过程（55分）	投入品（4分）	投入品管理（4分）	采用信息化管理系统对种子、农药、肥料、包装物等投入品进行管理，每有1个投入品纳入管理得1分，最多得4分
4		农情监测（6分）	遥感监测（3分）	采用卫星遥感/无人机进行长势、灾害监测得3分；未采用得0分
5			虫情监测（3分）	采用虫情智能识别物联网设备监测得3分；未采用得0分
6		环境监测（4分）	土壤墒情监测（2分）	采用土壤墒情监测物联网设备监测土壤水分得2分；未采用得0分
7			气象监测（2分）	采用小型自动气象站记录气象信息得2分；未采用得0分
8		生长管理（23分）	水肥一体化（8分）	采用变量精准控制水肥一体化设备得8分；采用定量水肥一体化设备得3分；未采用水肥一体化设备得0分
9			模拟和调控（7分）	采用大数据技术建模进行果树、茶树生长模拟和调控得7分；采用生长模型进行生长模拟和调控得3分；无法进行生长模拟和调控得0分
10			除草（3分）	采用智能装备除草得3分；未采用得0分
11			施药（5分）	采用无人机或无人自走式植保机进行变量精准施药得5分；采用无人机或无人自走式植保机进行定量精准施药得2分；采用人工施药得0分

附 录

续表

序号	一级指标	二级指标	三级指标	评价内容及分值
12	产销过程（55分）	产品采收与运输（4分）	采收（2分）	自动化采收得2分；半自动化采收得1分；人工采收得0分
13			运输（2分）	自动化运输得2分；半自动化运输得1分；人工运输得0分
14		产品分级与包装（4分）	分级（2分）	采用机器进行产品自动分级得2分；未采用得0分
15			包装（2分）	采用机器进行产品自动包装得2分；未采用得0分
16		销售（5分）	电子商务（5分）	利用现代信息化技术和互联网平台，搭建或采用第三方电商平台进行线上销售，有交易记录的得5分；没有得0分
17		质量管理（5分）	可追溯（5分）	建有区块链追溯系统且接入省市县追溯平台，投入品、产品、农事作业记录可查，得5分；采用常规质量追溯系统或接入省市县追溯平台，投入品、产品、农事作业记录可查，得3分；不可追溯得0分
18	管理决策（10分）	人员管理（2分）	信息化专业背景人员（2分）	具有信息化专业背景、资历证书或完成信息化培训的人员，能够熟练使用智慧化系统和智慧化装备的，每有1人得1分，最高得2分
19		决策支持（8分）	互联互通（4分）	实现各类软硬件设备互联互通的得4分；未实现得0分
20			决策模式（4分）	具有智能决策支持中心，能根据监测数据自动给出决策指令得4分；需辅以人工判断的半自动决策方式得2分；完全依靠人工决策得0分
21	产出效益（15分）	经济效益（10分）	减工降本（5分）	通过全产业链机械化和智能化实现用工减少超过50%得3分；介于30%—50%之间得2分；介于10%—30%之间得1分；低于10%得0分
22				通过全产业链机械化和智能化实现生产成本减少超过30%得2分；介于10%—30%之间得1分；低于10%得0分
23			提质增效（5分）	每有一项"两品一标"认证得1分，最多得2分
24				实现单位面积收益提升超过10%得3分；介于5%—10%之间得2分；低于5%得0分
25		生态效益（5分）	资源节约（5分）	化肥减量使用超过20%得2分；低于20%得1分；未实现化肥减量得0分
26				农药减量使用超过20%得3分；介于10%—20%之间得2分；低于10%得1分；未实现农药减量得0分

续表

序号	一级指标	二级指标	三级指标	评价内容及分值
27	创新与规划（10分）	创新（8分）	模式培育（5分）	培育形成具有特色的智慧农业应用模式创新，并在其他农业企业、农户中推广复制得5分；仅培育形成具有特色的智慧农业应用模式创新得2分；未形成具有特色的智慧农业应用模式创新得0分
28			科技项目申报（3分）	近3年牵头申报并成功入选市级以上与智慧农业相关的科技项目得3分；作为参与单位申报并成功入选智慧农业相关的科技项目得1分；未承担科技项目得0分
29		规划（2分）	规划（2分）	对基地未来3年的智慧化建设有清晰的规划得2分；没有清晰的规划得0分

注：两品一标指的是绿色食品、有机农产品和农产品地理标志。